세상을 바꾼
10개의
토마토

일러두기

- 원어 표기: 주요한 인명이나 작품명, 개념 등은 외래어 표기용례에 따라 맨 처음,
주요하게 언급될 때 원어를 병기했다. 단, 널리 알려진 이름이나 명칭은 원어 병기
를 생략했다.
- 제목 표기: 본문에 나오는 도서나 영화, 드라마 등의 제목은 원제를 그대로 번역
표기하는 것을 원칙으로 했다. 단 국내에 다른 제목으로 소개되었을 경우 괄호 안
에 한국어판 제목을 소개했다.
- 주석: 원서의 저자 주석 및 옮긴이 주석은 괄호 안에 넣어 처리하되, 옮긴이 주석
은 줄표를 두어 따로 표기했다. (예: ―옮긴이)

토마토와 함께하는 세계사 수업

세상을 바꾼
10개의
토마토

윌리엄 알렉산더 | 이은정 옮김

황소자리

금보다 귀한

1520년 7월 1일 멕시코, 테노치티틀란

스페인의 정복자 에르난도 코르테스Hernando Cortés는 심각한 오판을 했다. 원주민을 학살하고 7개월 전에 아즈텍의 수도 테노치티틀란 섬으로 진군한 그와 소규모 원정대는 곤경에 빠지고 말았다. 그의 수호자이자 포로였던 몬테수마Montezuma(1486~1520, 아즈텍 최후의 황제로 목테주마 혹은 몬테주마라고도 불린다-옮긴이)가 분노한 백성들의 돌에 맞아 죽은 후 사람들의 분노가 달갑지 않은 방문객들에게로 향한 것이다.

수적으로 열세인 데다 본토와 차단되고 적에게 포위당한 정복자에게는 부하 250명의 목숨을 보전하는 것만이 유일한 희망이었다. 만약 실패하면 전사한 병사들은 운이 좋은 편에 속했다. 운나쁘게 사로잡힌 포로들은 여전히 펄떡이는 심장이 가슴에서 도려져 나가는 끔찍한 고문을 당할 수도 있었다.

스페인 사람들은 훔친 보석을 옮길 수 있을 만큼 챙긴 다음, 비밀리에 방죽을 가로질러 임시 건설한 다리로 필사적인 심야의 탈출을 감행했다. 그러나 많은 양의 금덩이가 거추장스러워서 텍스코코호수 바닥에 던져버린 것으로 밝혀졌다. 세상이 결코 본 적 없는 막대한 부의 손실이었다. 어찌 되었든 코르테스는 탈출했고, 전열을 재정비한 뒤 불타는 복수심으로 다시 정복에 나섰다. 그 후 14개월 만에 한때 번성했던 이 문명은 폐허가 되었다. 스페인의 침략과 바이러스, 그리고 금과 은에 대한 정복자들의 지치지 않는 탐욕에 철저히 짓밟혔다.

다만 멕시코의 진정한 보물, 귀금속에 비할 데 없이 막대한 영향을 전 세계에 끼친 특별한 식물은 살아남아 유럽행 배에 실렸고, 이후 세계 문화사의 경로를 영원히 바꾸어 놓았다. 내가 말하려는 것은 당연히 토마토다.

차 례

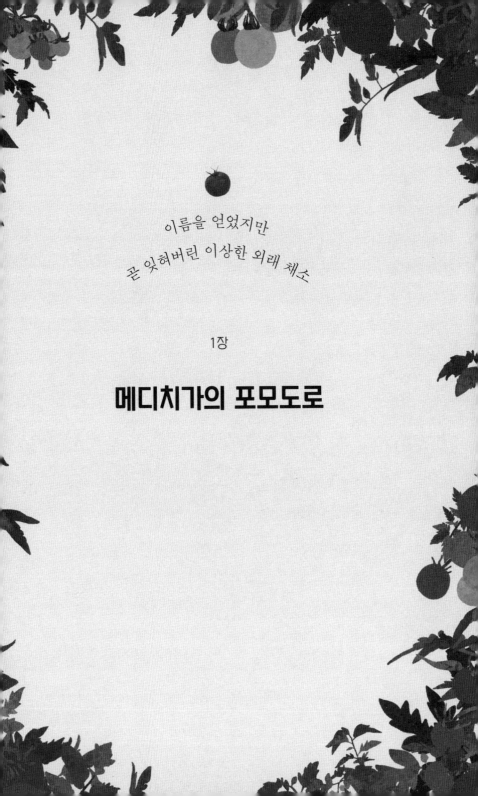

이름을 얻었지만
곧 잊혀버린 이상한 외래 채소

1장

메디치가의 포모도로

1548년, 핼러윈 전야의 이탈리아 피사

토스카나 대공 코시모 데 메디치Cosimo de' Medici(1519~1574, 코시모 1세 데 메디치, 예술후원가─옮긴이)는 피렌체 외곽에 위치한 공작 소유 농장에서 바구니가 도착했다는 말을 집사로부터 듣고는 팔라초 베키오의 긴 계단을 서둘러 내려왔다. 가족들도 신대륙에서 온 이상한 채소를 구경하기 위해 함께 모였다. 저명하고 영향력 있는 코시모 데 메디치에 의해 이탈리아에 첫선을 보이려는 채소는 바로 토마토였다. 토마토로서는 참으로 멋진 데뷔였다. 17세 이후 공적 생활에서 예술과 과학의 아낌없는 후원자였던 대공은 그때 막 들어선 피사 최초의 식물원을 재정적으로 지원하기 시작했고 아마추어 식물학자로서 신대륙의 식물들에 특별한 관심을 기울였다. 그의 많은 토스카나 부동산 중 하나인 빌라 디 카스텔로를 찾은 방문객들이 줄지어 늘어선 옥수수를 보며 놀랐던 사실을 보면 정말 그렇다. 게다가 그에게는 스페인 출신 아내 엘레노라 디 톨레도가 있었다. 스페인에 있는 그의 처가는 아메리카 대륙에서 온 많은 식물 종을 접할 수 있었다.

이제 코시모의 손에 들어간 토마토는 장차 이탈리아와 거의 동의어가 될 뿐만 아니라 미국의 케첩부터 인도의 티카 마살라까지, 전 세계 요리에 영향을 끼치게 될 운명이었다. 참으로 역사적인 순간이 아닐 수 없었다! 그 뒤로 어떻게 되었을까? 피자와 스파게티의 탄생? 미켈란젤로의 만찬에 초대? 당시의 극적인 순간은 성경을 읽는 듯 경건한 집사의 어조로 기록되었다. "바구니는 열렸고, 사람들은 생각 많은 얼굴로 서로를 바라보았다."

사람들이 뭐라고 말했는지 기록되지는 않았지만, 추측건대 눈을 치켜뜨며 "대체 이게 뭐야?"라고 중얼거리지 않았을까 싶다.

이튿날이 전통 축제일인 만성절All Saints Day이었음을 고려할 때 토마토가 어떻게 이용되었을지도 궁금하다. 그러나 토마토는 만찬에 등장하지 않았다. 그 날은 물론이고 그 후에도 나오지 않았다. 일년 후, 10년 후에도 등장하지 않았다. 심지어 1세기 후에도 마찬가지였다. 사실 그 채소가 이탈리아 음식과 워낙 깊은 관련이 있어서 이탈리아 토종식물이라고 믿는 사람마저 있을 정도다. 그러나 이후 300년 가까이 토마토는 이탈리아 요리에서 어떤 위치도 갖지 못했다.

그날의 이벤트는 토마토가 이탈리아에 소개된 최초의 기록으로 여겨지는 만큼 여전히 역사적이다. 집사가 바구니의 무사 도착을 알리려 농장에 정중한 답장을 보내던 때, 신대륙에서 온 이 이상한 수입물에 붙인 이름은 '포모도로pomodoro'였다.

'포모도로'의 역사를 찾아 여기까지 왔건만…,

팔라초 베키오에 잠깐 들렀던 요상한 신대륙 최신 수입품의 역사를 더듬어보겠다며 먼 길을 날아왔건만 현 입주자들은 그게 나에게 어떤 의미인지, 내가 왜 미국에서 현재 피사의 지방 관청인 프레페투라prefettura로 이용되는 이곳을 방문하러 왔는지 전혀 이해하지 못하는 눈치였다. 한때 공작과 공작부인(한때는 토마토도)이 모였던 장소는 현재 낚시 면허증을 발급받거나 세금을 내러 오는 관청이 되었다. 또한 코시모 데 메디치의 웅장하고 화려한 방들은 철제 책상과 서류 캐비닛이 놓인 사무실로 바뀌었다. 크리스털 샹들리에는 눈부신 형광등으로 교체되었다. 무엇보다 실망스러운 점은 여기 있는 그 누구도 과거의 팔라초palazzo(궁전이라는 의미의 이탈리아어)가 식물학적으로 얼마나 중요한 의미를 지니는지 모른다는 사실이다.

솔직히 나는 토마토를 기리는 명판 따위는 기대하지도 않았다. 하기야 코시모 역시 토마토와 관련해 그것밖에 하지 않았을 것이다. 게다가 피사에는 기울어진 모 탑을 비롯해 역사적으로 의미가 더 큰 곳이 한두 군데 있다. 그럼에도 나는 여전히 실망스러웠다. 나를 안내하던 비서가 오피스 데포Office Depot(사무용품을 판매하는 미국의 대형 유통업체—옮긴이)의 로고를 맥 빠지게 응시하는 나를 발견한 게 틀림없었다. "만약 우리가 역사적인 건물을 원형대로 유지해야 한다면 우리에겐 살 곳도, 일할 곳도 없을 거예요. 여기는 이탈리아예요." 그녀가 이렇게 설명했다.

괜찮다. 대신 코시모가 행정사무 공간으로 세운 피렌체의 우피치가 오늘날 세계 최대 미술관으로 이용되고 있으니 균형이 맞고도 남는다. 말 그대로 피장파장이다. 그래서 잠시 위안이 되었지만 이탈리아의 관료주의와 언어장벽을 뚫고, 설상가상 글로벌 팬데믹까지 겹쳐서 여행 준비로만 몇 달을 보낸 터라 (돌이켜보면 그저 이탈리아에 낚시를 하러 간다고 말했어야 했다) 기껏 복사기로 가득 찬 방을 보겠다고 4,000마일을 날아온 것 같은 심정이었다.

삭막한 사무실을 나온 비서는 마당을 가로질러 그녀가 팔라초에서 개조하지 않은 건물동이라고 설명한 곳으로 나를 안내했다. 그 지역의 행정관인 프레페토prefetto가 2층과 3층을 사용한다는데, 그곳으로 오르는 계단은 인상적인 사자머리 조각 난간으로 보호를 받고 있었다. 나는 문으로 안내를 받았다. *와, 대체 뭐야?*

우리는 벽 한 면을 따라 긴 나무 식탁이 놓인 코시모의 낡은 부엌에 들어와 있었다. 실내용 배관이 더해지고 최신식 주방기구가 갖추어져 있지만 나머지는 코시모 시절과 거의 달라진 게 없다고 한다. 바람이 잘 통하고 요리사 대여섯 명이 들어갈 수 있을 정도로 널찍했다. 하지만 내 시선을 끄는 것은 바닥부터 벽 꼭대기까지 이어지는, 아찔할 정도로 아름다운 푸른색과 흰색의 16세기 타일이었다. 그 말은 음식 준비로 지저분해진 부엌을 바닥에서 천장까지 걸레질로 간단히 치울 수 있다는 뜻이다. 나는 부러운 시선으로 그 타일을 주목했다.

묵직한 나무 덧문이 달린 창문은 자연광을 흠뻑 제공하고, 부엌은 곧장 큰길과 그 길 건너 아르노강과 접해 있다. 비서의 말대로 부엌은 이런 접근성이 중요하다. 육상이나 해상에서 궁으로 배달되는 물건을 곧장 받을 수 있기 때문이다. "잠깐만요. 그러니까 여기가…." "맞아요." 내 말이 끝나기도 전에 그녀가 웃으면서 확인해주었다. 이곳은 데 메디치 가족이 다른 문명에서 가져온 신기한 과일바구니를 맞이하러 모인 곳이 분명했다.

단지 요리를 하던 곳만이 아니었다.

피사 대성당 청동문의 토마토

코시모의 토마토는 어떻게 생겼을까? 당시의 집사는 화가 날 정도로 모든 설명을 생략했다. 그러나 나는 마을을 지나 대성당으로 향하며 어떤 착상이라도 떠오르기를 바랐다. 대성당에 가려면 부자연스럽기 짝이 없는 하얀 탑의 그림자를 통과해야 한다. 어찌나 위태롭게 기울어져 있는지 적어도 내 눈에는 탑 꼭대기로 올라가 있는 여행자들이 한쪽으로 몰려서면 포커 칩 더미처럼 와르르 무너질 것처럼 보였다.

"피사의 기울어진 탑에 올라가도 됩니까?" 놀란 내가 물었다.

나는 지금껏 이 탑에 일반인의 출입이 허용되는 줄 몰랐다. 하기야 코시모가 토마토를 시큰둥하게 여기던 때에도 이 탑은 이미 149년째 여기에 서 있었고 그때도 남쪽으로 기울어지는 중이었다. 이 주제로 말하는 김에 미래의 탑 제작자들에게 귀띔하고 싶다. '피사Pisa'는 '습지'를 뜻하는 그리스어다. 그대들이 거대한 탑 건설을 염두에 두고 있다면 부디 '기반암'이라는 뜻을 가진 이름의 도시에 건설하기 바란다.

이 탑은 비록 오늘날에는 근방에서 가장 인기 있는 명소지만, 인접한 대성당이 1118년에 완공되고 난 후 추가로 지어진 종탑이다. 당시 이 대성당은 유럽에서 가장 크고 웅장했다. 다만 현재의 문들은 원래의 것이 화재로 타버린 후 비교적 '최근인' 1600년에 주조된 것이다. 거대하고 섬세하게 꾸며진 이 청동문 세 개는 구약과 신약 속 장면들을 새긴 패널들로 구성되고, 테두리에는 이 지역 토종 및 외래 동식물이 묘사되어 있었다. 오이와 완두꼬투리, 사과, 땅콩, 다람쥐, 거북이, 심지어 코시모의 사촌이자 피렌체의 전임 공작 알레한드로 데 메디치Alessandro de' Medici를 상징하는 코뿔소도 있다. 그가 1537년 절친한 친구에게 암살당하는 바람에 10대인 코시모는 어쩔 수 없이 권한을 물려받았다.

피사의 대성당 청동문 프리즈에는 16세기 토마토가 등장한다. (저자 사진)

당신이 자세히 들여다본다면 가장 오른쪽 문의 왼쪽 하단, 시간이 갇혀있는 그곳에 새겨진 것은 틀림없는 토마토다. 물론 오늘날 볼 수 있는 전형적인 토마토는 아니다. 그 토마토는 분할되어 있다. 도토리호박처럼 골이 지거나 주름이 깊게 져서 여섯 쪽으로 나뉜 모습이다. 이 굴곡진 토마토는 피사 시장에서 여전히 인기가 있다. 다만 매끄럽고 둥근 토마토는 그 후 또 다른 200년 동안에도 여전히 선보이지 않았다.

대성당의 문은 코시모 데 메디치가 1563년에 세운 일류예술학교Accademia delle Arti del Disegno의 창립 회원이자 플랑드르의 조각가인 쟘볼로냐Giambologna(1529~1608. 이탈리아에 기반을 둔 플랑드르 조각가로, 늦은 르네상스 또는 매너리즘 스타일로 대리석과 청동을 사용한 조각가로 유명하다―옮긴이)의 제작소에서 제작되었다. *또 코시모다!* 실제로 코시모는 쟘볼로냐와 잘 아는 사이였다. 다만 코시모의 토마토와 쟘볼로냐의 토마토 간 흥미로운 연결고리는 없다. 대성당 문이 주조되기 25년 전에 코시모 대공이 사망했기 때문이다. 대공은 54세의 나이로 세상을 떠났다. 그럼에도 토마토가 (실제로 두 개) 조각되었다는 사실은 1600년 이탈리아에서 포모도로가 건재했음을 반증한다. 단지 식용이 아니었을 뿐이다.

반면 신대륙에서 넘어온 다른 식용 식물은 빠르게 받아들여졌다. 옥수수는 갈아서 폴렌타polenta(이탈리아 요리에 쓰이는 옥수숫가루―옮긴이)가 되었다. 콩은 끓여서 수프와 스튜로 먹었다. 유럽 전역은 금세 담배 연기로 매캐해졌고, 감자는 멀리 아일랜드까지 퍼져나가 소작농들의 주식이 되고 처참한 결과를 초래했다. 모두 이탈리아에서 토마토를 먹기 전에 일어난 일이다. 무엇 때문에 그렇게 오래 걸렸을까?

참으로 더디게 받아들여진 금단의 채소

나는 토마토 박물관을 방문했을 때 안내를 맡은 지울리아 마리넬리에게 그 질문을 했다. 피사에서 북쪽으로 두 시간 걸리는 도시 에밀리아-로마냐에는 세계 유일의 토마토 박물관이 있다.

"토마토는 오랫동안 관상용으로 취급받았어요." 그녀의 말에 따르면 토마토는 식물원에서 진기한 식물로 재배했다. "비록 16세기의 한 프란치스코회(성 프란치스코의 수도규칙을 따르는 그리스도교의 수도회를 일컫는 말—옮긴이) 수사는 멕시코인들이 조리하거나 소스를 만들어 또는 날로 먹는다는 사실을 알았지만요."

스페인 원정대에 뒤이어 1529년 선교사로 멕시코에 간 스페인 출신 프란치스코회 수사 베르나디노 데 사아군Bernardino de Sahagún을 가리키는 말이다. 그가 얼마나 그곳에 머물 계획이었는지 모르지만 61년이 좀 못 되는 세월을 그곳에서 보냈다. 베르나디노는 코르테스가 "믿을 수 없을 정도로 신기하다"고 표현한 도시 테노치티틀란에 남아있는 아즈텍 문화에 매료되었다. 정복자에 의해 연기 자욱한 폐허가 되기 전, 그 섬 도시는 다섯 개의 둑길로 본토와 연결되어 있었다. 십자 모양 수로에는 소형 배와 카누가 가득했고 공원과 시장, 심지어 동물원까지 있었다. 유럽에 동물원의 개념이 도입되기 훨씬 전이었다. 테노치티틀란(현재 멕시코시티의 유적지)은 세계에서 가장 크고 깨끗하고 번성한 도시였고, 그곳의 보석 세공인들은 르네상스 시대 유럽 최고 장인들의 예술적 기교에 뒤지지 않는 정교하고 섬세한 작품을 남겼다.

세련된 아즈텍 문명은 농업에까지 영향을 미쳤다. 경작은 대부분 수상 논인 치남파chinampa에서 이루어졌다. 얕은 호수 바닥에 인간의 배설물을 포함해 유기물질을 채운 상자를 깔고 직사각형 격자무늬로 말뚝을 박은 다음 그 안에 엮은 갈대를 깐 수중재배 논은 총 2.3에이커(약 9,308제곱미터)에 이르렀다. 여기서 옥수수, 칠리페퍼, 호박, 콩, 아즈텍 사람들이 시토마틀xitomatle이라고 부른 빨간색이나 노란색의 둥근 열매채소를 재배했다.

토마토는 스페인군이 도착하기 최소 수천 년 전에 멕시코에서 작물화되었다. 아즈텍 사람들은 수프나 스튜로 조리해서 먹거나, 고추와 함께 볶아 먹거나, 아니면 생으로 잘게 잘라 칠리와 허브를 곁들여 요즘 스페인 사람들이 살사(단순히 '소스'라는 뜻이다)라고 부르는 것을 만들어 생선이나 고기(때로 사람고기)에 곁들여 먹었다. 아즈텍인들의 승리 연찬에는 종종 패잔병들의 고기가 상에 올랐다. 한 정복자의 말에 따르면 전투 전날 적의 캠프에서 불길하게 토마토 끓이는 향이 나면 자신이 그 재료가 되지 않을까 전 전긍긍했다고 한다. 그것은 어쩌면 우리가 알고 있는 스페인식 토마토 스튜의 최초 레시피일지도 모른다. 베나르디노 데 사하군 은 테노치티틀란에서 21세기의 흔한 농산물 시장과는 비교도 안 될 만큼 풍부하고 다양한 토마토를 보았다.

토마토 상인들은 큰 토마토, 작은 토마토, 초록 토마토, 잎사귀 달린 토마토, 가느다란 토마토, 달콤한 토마토, 커다란 뱀 같은 토마토, 젖꼭지 모양의 토마토를 판다. 또 코요테 토마토, 샌드 토마토, 누런색, 노랑색, 진노랑색, 빨강, 새빨간색, 선홍색, 불그스름한 색, 밝은 빨강, 검붉은색, 진홍색의 토마토를 판다.

단, 누구한테서 살 것인지 조심해야 한다고 그는 경고했다. "고약한 판매자의 썩은 토마토, 멍든 토마토는 설사를 일으킬 수 있다." 세월이 흘러도 어떤 것은 결코 변하지 않는다!

그 프란치스코회 수사는 방법론적 전략을 개척한 독창적인 연구로 '최초의 인류학자'라 일컬어진다. 토착문화를 연구하고, 노인과 여성을 가치 있게 평가하고, 나우아틀Nahuatl 원주민 언어를 배웠으며 토착민의 시각에서 역사를 기술했다. 이 같은 연구 결과는 《뉴스페인 문물에 관한 일반 역사General History of the Things of New Spain》라는 2,400페이지 분량의 획기적인 아즈텍 문화 연구서로 집대성되었다. 베나르디노는 아즈텍 문화와 식품에 관한 자세한 연구 초안을 주기적으로 스페인과 바티칸으로 보냈고, 1590년 그곳에서 사망할 때까지 조사를 계속했다. 그의 설명은 토마토의 식용 여부에 관한 질문도 해결했다.

"그러나," 지울리아의 설명에 따르면 이교도에 지나치게 온정적이라는 이유로 교회의 억압을 받은 탓에 "그 원고는 1929년에야 발표되었죠." 베나르디노는 서구의 종교와 문화를 전파하라는 임무를 띠고 파견되었지만 정반대의 행동을 했다. 게다가 토착민의 시각에서 정복을 설명하는 그의 글은 스페인 귀족들이 책 출간을 꺼리게 하는 요소였다. "그래서 300년이나 걸린 거죠." 지울리아가 한숨 섞인 투로 설명했다.

책이 일찍 발표되었더라도 토마토의 초기 운명은 달라지지 않았을 것이다. 다른 스페인 선교사와 자연과학자들도 멕시코에서 토마토의 쓰임에 대한 기록을 남겼지만, 토마토는 매력적이기보다 도전의 대상이었다. 토마토는 초록색일 때는 먹을 수 없고 익자마자 상하기 시작하며 요리하면 짓물러졌다. 유럽인의 식품 중에 비슷한 맛과 식감을 가진 것은 없었다. 토마토가 일주일 단위로 아메리카 대륙에서 들어오던 신기한 수십 종의 새로운 식품들(총 127종의 식물 종)과 대중의 관심을 얻기 위해 경쟁해야 했다는 사실은 차치하고라도, 솔직히 토마토는 우리가 사랑하는 초콜릿만큼 매혹적이지 않다.

토마토는 언제 본격적으로 유럽에 상륙했을까? 정복의 수많은 사건을 시간대까지 정확하게 기술할 수 있는 역사가들조차 토마토가 유럽에 상륙한 시기는 특정하지 못한다. 그 이유는 세비야의 항구에서 퀸토 레알quinto real(신하가 전쟁 전리품으로 획득한 모든 귀금속 및 기타 상품의 20%를 군주에게 유보하는 오래된 왕실 세금─옮긴이)을 징수하던 카스티야의 세금징수원들이 갈레온(15~17세기에 사용되던 스페인의 대형 범선─옮긴이)에서 나온 동전이나 목걸이, 은 접시 따위는 낱낱이 기록했지만 식물에는 통 관심이 없었고, 씨앗 따위는 신경도 쓰지 않았기 때문이다.

지울리아의 말에 따르면 토마토가 이탈리아 전역에 유통되기 시작했을 때 워낙 이질적이어서 이탈리아인들은 식물의 어떤 부분을 먹어야 하는지도 몰랐다. 어떤 미식가는 이파리를 씹어본 뒤 식용이 아니라고 단언했다. 아울러 지울리아가가 덧붙이기를 "많은 사람들은 토마토에, 특히 잎사귀에 독이 들었다고 생각했다." 토마토가 가짓과에 속하니 맛이 없는 게 당연하다. 같은 가짓과에 속하는 벨라돈나는 식물계에서 가장 독소가 강한 식물로, 교황과 추기경, 로마의 황제들을 매독보다 더 많이 죽음으로 몰아넣었다. 이탈리아어로 '아름다운 여인'을 뜻하는 벨라돈나는 위협적이지 않은 이름으로 독성을 속이는데, 과거 이탈리아 여성들이 동공을 매력적인 크기로 확장하기 위해 이 식물을 이용하던 데서 유래한다. 반복해서 사용하다 'bella'에서 실명으로 간

'donna'들이 있는 것을 보면 그 매력이 대단했음을 증명한다.

그런데 왜 토마토는 독성이 있다고 배제하면서, 벨라돈나보다 토마토와 더 가까운, 예컨대 가지와 고추를 포함해 다른 가짓과의 채소는 오랫동안 이탈리아에서 식용으로 이용되어왔는지 여전히 궁금하다. 실제로 16세기 식물학자들은 토마토를 새로운 타입의 가지로 분류했고, 따라서 독소가 없다는 사실을 분명히 인지하고 있었다.

토마토는 1600년대 초반에야 비로소 식용으로 인정되었다. 수입 항구인 세비야가 있는 스페인의 안달루시아 지방에서 가장 먼저 받아들였을 가능성이 있다. 세비야의 델 라 상그레 병원 기록에는 1608년 여름에 토마토를 구입한 사실이 나와 있다. 그러나 환자들이 더 이상 요구하지는 않았던 듯 추가 기록은 없다. 스페인에서 토마토를 오일과 칠리를 넣어 볶은 아즈텍 스타일로 먹기 시작했다는 사실은 그리 놀랍지 않다. 토마토가 유럽에 데뷔하고 300년이 지난 19세기에야 스페인 사람들은 전통음식인 가스파쵸와 파에야에 토마토를 넣었다.

사실 16세기에 토마토를 '발견한' 것 외에 스페인이 토마토에 끼친 중요한 영향은 토마토를 토마티요와 혼동한 것이리라. 아즈텍인은 토마토를 시토마틀xitomatl 또는 (먼 친척관계인) 토마티요 밀토마틀tomatillo miltomatl이라고 불렀다. '둥근 열매'를 뜻하는 각각의 어근인 tomatle에 서로 다른 품종을 구분하기 위해 접두어를 붙인 것이다. 안타깝게도 16세기의 스페인 작가들은 어근만을 가지고 두 종류 모두 tomate라고 불렀다. 그중에는 스페인의 저명한 내과의사이자 자연과학자였던 프란시스코 에르난데스Francisco Hernández도 포함되었다.

에르난데스는 1571년 필립 2세의 명으로 신대륙의 동식물 연구를 위해 멕시코에 파견되었다. 일년 후 그는 자신이 발견한 동식물을 상세하게 설명한 16권의 안내서를 편찬했다. 그의 허술한 명명법 때문에 토마토에 대한 설명에 엉뚱한 토마티요의 삽화가 들어갔지만 감탄할 만한 작업이었다. 설상가상 채소들이 이탈리아에 전해질 때 토마토 · 토마티요에 관한 실수도 함께 건너갔다. 그리고 당신이 알 수 있듯 그곳에서 두 채소 모두 포모도로가 되었고, 그 실수는 지금까지도 학자들을 괴롭히고 있다.

이탈리아에서 토마토가 처음 소비되던 시기, 그것은 부자들이 즐기는 이국적인 취미로 오늘날 모험적인 식도락가들이 일본에 가서 목숨 걸고 복어요리를 맛보는 것과 비슷했을 것이다. 하지만 대다수 유럽인 사이에서 토마토가 식용 가능한 식물로 알려진 후에도 르네상스 시대 내내 별로 소비되지 않았다. 사실 중요한 이유는 르네상스 때문이었다.

아이러니하게도 유럽을 어둠의 시대에서 끌어낸 전례 없는 문화와 지식의 시대가 토마토에게는 300년 어둠의 시대를 예고했다. 왜 그랬을까? 르네상스를 촉발한 불씨는 과거의 재발견과 재평가였다. 즉, 고대 로마와 그리스의 문화 그리고 모든 낡은 것을 글자 그대로 새롭게 다시 보는 것이었다. 미켈란젤로는 우리의 친구 코시모의 사촌인 로렌초 데 메디치Lorenzo de' Medici(1449~1492. 이탈리아의 정치가이자 피렌체 공화국의 실질적 통치자, 르네상스의 열렬한 후원가—옮긴이)의 궁정에서 도제로 10대 시절을 보냈다. 그는 초창기에 고대 로마 시대의 큐피드 상 복제품을 만들어줄 것을 의뢰받았다. 자잘한 흠집까지 어찌나 완벽하게 복제했는지, 파렴치한 중개인들이 갓 발굴한 유물이라며 판매할 정도였다. 위조 사실은 곧 밝혀졌지만(예술적 기교가 아닌 시간이 흐르면서 나타난 자연스러운 결함 때문에) 미켈란젤로는 그 스캔들로 인해 경력이 끝나기는커녕 고전 작품을 완벽하게 복제할 만큼 재능 있는 젊은 조각가로서 명성을 얻었다.

실제로 사기를 당해 구매한 로마의 추기경은 위조를 비난하면서도 그 사기꾼을 통해 미켈란젤로를 로마로 초청할 만큼 깊은 인상을 받았다. 나머지는 다들 아는 대로다. 미켈란젤로가 알면서도 예술품 위조에 가담하는 것으로 경력을 시작했는지에 대한 호기심 어린 질문은 여전히 논란거리다.

한편 미켈란젤로는 로마의 카피톨리노 언덕 앞 광장을 재설계해달라는 요청을 받았다. 유일하게 남아있는 고대 로마의 기마상이자 실물보다 큰, 마르쿠스 아우렐리우스의 장엄한 청동상에 멋진 배경을 제공하기 위해서였다. 본론으로 돌아와서, 이 마르쿠스 아우렐리우스의 주치의였던 페르가몬의 갈렌Claudius Galenus(129-199?. 로마 제국의 의학자이자 철학자—옮긴이)이 다름 아닌 르네상스 시대의 토마토를 으깨버린 장본인이었다.

"차고 습하고 역겨운 독초"

르네상스 시대에 구현된 고전에 대한 포용은 예술과 과학에 한 정되지 않았다. 더 나은 삶을 사는 방법의 단서를 찾기 위해 고대 의 문학, 과학, 의학 등을 모두 발굴해서 녹을 벗기고 광을 냈다. 나아가 르네상스 시대의 이탈리아인들은 갈렌으로부터도 배울 것이 많다고 믿었다.

그리스에서 태어난 페르가몬의 갈렌은 의사들의 저거너트였 다. 현대로 치면 스포크 박사Spock Benjamin Spock(1903~1998. 아이들 을 비교적 자유롭게 키우는 혁명적인 육아법을 소개—옮긴이)나 소크 Jonas Edward Salk(1914~1995. 미국 의학연구자와 바이러스학자로, 소아 마비백신을 최초로 개발한—옮긴이), 오즈Mehmet Cengiz Oz(1960~. 튀 르기예계 미국인, 닥터 오즈라는 별명으로 각종 티비 쇼에서 의학 상담 을 해주며 유명세를 얻음—옮긴이) 같은 이들이 그런 부류에 속할 것이다. 갈렌은 33세에 로마에 정착한 후 여러 황제의 주치의가 됨으로써 빠르게 명의의 반열에 올랐고, 평생 자신이 독살당할지 모른다는 두려움 속에 살았을 정도로 같은 업계 동료들 사이에서 질투심을 불러일으켰다.

갈렌은 야심 많은 자기 홍보의 달인이었지만, 후세에 남긴 업적 역시 만만치 않다. 의사이면서 과학자, 철학자이기도 했던 그는 꿀꿀거리는 돼지의 신경을 적절히 절단함으로써 후두에서 음성이 나온다는 사실을 최초로 확인했다. 동맥과 정맥혈의 차이를 최초로 인지한 사람도 갈렌이었다. 나아가 감각 신경과 운동 신경의 차이를 발견했고 최초로 백내장 수술에 성공했다.

그는 약리학에 관한 책을 썼고 '정신분석psychoanalysis'이라고 불리는 것의 초기 형태를 시도했다. 그의 해부학 연구(고대 로마에서 인체 해부는 불법이었기 때문에 원숭이와 돼지를 가지고 실시했다)는 놀랍게도 유럽에서 1500년 동안이나 교과서처럼 사용되었다. 의심할 여지 없이 갈렌은 로마 시대에 가장 우수한 정신의 소유자였다. 넘치는 에고 외에 유일한 결점이라면 히포크라테스와 고대 그리스 의사의 체액이론에 사로잡혀 가망 없이 기원전 4세기로 회귀한 점일 것이다.

체액이론humorism은 코미디가 아니라 '체액humors' 즉, 인간의 건강과 행동을 통제한다고 여긴 체내 물질들에 관한 연구라는 점을 언급할 필요가 있다. 히포크라테스는 체내 물질을 혈액, 점액, 황담즙, 흑담즙으로 구분했고, "건강함은 근본적으로 이 구성 물질이 적절한 비율을 유지한 상태다"라고 정의했다. 히포크라테스 이전에는 모든 질병을 신의 탓으로 돌렸던 점을 이해하지 못하면

이 말이 딱히 혁명적으로 들리지 않을 것이다. 히포크라테스가
'의학의 아버지'로 간주되는 이유도 이 때문이다.

AD 2세기의 갈렌은 히포크라테스 이론을 확장해 특정한 음식
과 체질, 체질과 성격 유형 간의 관계를 규정했다. 만약 당신이
우울하다면 흑담즙의 비율이 너무 높기 때문이다. 낙관주의자의
명랑한 사고방식은 혈액이 풍부하기 때문이다. "당신이 먹는 것
이 바로 당신이다"의 초기 제안자 갈렌(세계 최초의 다이어트 의사
라고 불릴 만한 자격이 있다)은 식이를 조절함으로써 건강과 기질
을 바꿀 수 있다고 믿었다.

사우스비치 식이요법이든 앳킨스 식이요법이든 갈렌 식이요법
이든, 다이어트 이론은 음식을 분류하도록 요구한다. 갈렌은 간
단한 양방향의 그리드를 선택해서 덥거나 찬 것, 습하거나 건조
한 것을 서로 교차시켰다. 따라서 어떤 식품은 따뜻하고 건조한
반면 어떤 식품은 차고 습하거나 차고 건조할 수 있다. 뜨거운 체
질의 로마인은 불균형을 바로잡기 위해 '차다'고 분류되는 식품을
섭취하도록 처방받았다. 콧물이 흐를 때는? 점액에 대응하는 따
뜻하고 건조한 음식을 먹어라. 주어진 분류법에 의하면 어떤 식
품은 아예 피하는 것이 최선이었다.

갈렌의 1400년 된 저술(그보다 무려 500년 전에 확립된 이론을 토
대로 한 것이다)은 르네상스 시대에 재발견되고 재해석되었다.
더불어 비슷한 시기 신대륙에서 들어온 낯선 채소들도 열·냉,

습·건, 건강에 이로운가 해로운가의 도식에 따라 분류되었다.

토마토는 평가가 썩 좋지 않았다. 갈렌이 가장 선호하지 않는, 눅눅한 지하실처럼 '차고 습한' 조합의 식품으로 폄하되었다. "아마도 냉함이 최고도"인 "위험하고 해로운" 채소일 거라는 게 대다수 식물학자의 의견이었다. 1588년의 어느 서술에서는 새로운 채소지만 뿌리에 환각 유발 성분이 있다는 설에 살짝 동의하면서 "냉하지만 맨드레이크mandrake(흰독말풀. 가짓과 맨드레이크 속에 속하는 식물들의 일반적인 명칭. 뿌리 모양이 사람의 손가락과 유사하기 때문에 마법 의식에서 오랫동안 사용되었다—옮긴이)만큼 냉하지는 않다"고 인정했다. 토마토의 차고 습한 성질은 소화에 나쁘다고 여겨졌는데, 그런 인상은 토마토의 신맛 때문에 강화되었을 가능성이 있다.

토마토에 대한 갈렌식 분류는 안타깝게도 정확했다. 토마토는 차고 축축하다. 무더운 날 햇볕 내리쬐는 밭에서 딴 잘 익은 토마토를 베어 물면 얼마나 시원한지 깜짝 놀라곤 한다. 아마 높은 수분 함유량 때문일 것이다. 토마토는 수분 함량이 95퍼센트로, 모든 과채류 중 높은 편에 속한다.

게다가 토마토를 먹고 싶어하는 사람도 거의 없었기 때문에 건강에 해롭다고 분류되기 쉬웠다. 열매는 약간 신맛이 나고, 잎사귀는 여러 식물학자의 표현을 빌리면 "악취가 났다." 내가 늘 생각해온 것인데, 토마토는 10센티미터도 안 되는 묘목이나 잎사

따뜻한 ⟶ 차가운

건조한

습한

토마토는 갈렌의 식품 도식표에서 차고 습한 식품으로 분류되었다. 차트에서
밑바닥 구석에 처박혀 있다. (저자 그림)

귀, 열매의 냄새가 정말 비슷하다. 이런 식물은 또 없다. 요리사
는 토마토의 이런 점을 이용해서 소스에 이파리를 넣기도 한다.
하지만 오늘날 토마토 애호가들이 그 냄새를 여름철 BLT 샌드
위치 시즌이 가까워진 신호로 여기는 반면, 르네상스인의 감수
성에는 강한 향(지금보다 그때는 더 강했을 것이다)이 맞지 않았던
것으로 보인다. 1581년 플랑드르의 본초학자 마티아스 데 로벨
Matthias de l'Obel은 "강하고 역한 냄새만으로도 먹기에 얼마나 고역
이며 건강에 해로울지 확인시켜준다"고 경고했다. 16세기 말 영

국의 식물학자 존 제라드John Gerard 역시 토마토를 "역겹고 냄새가 고약하다"고 평가했다. 1731년 말 영국의 《가드너 사전Gardeners Dictionary》에는 "그 식물은 악취가 심하므로 주택가나 사람들이 자주 드나드는 장소에 심기에 적당하지 않다"고 적혀있다.

그 시대, 토마토의 맛에 대한 후기라고 해서 더 낫지 않다. 발견된 기록은 많지 않다. 사람들은 자기가 먹지 않는 식품에 대한 맛은 잘 평가하지 않는다. 파도바 출신 의사 지오반니 도메니코 살라Giovanni Domenico Sala는 1628년, 혐오스럽게 메뚜기나 거미, 귀뚜라미를 먹는 다른 문화에 관해 쓴 글에서 "일부 어리석은 사람들"이 먹는 "이상하고 혐오스러운 것들"에 토마토를 포함시켰다. 에르난데스 역시 토마토를 "역겹고 신맛 나는 식물" 항목에 포함시켰고, 토마토를 먹는 "어리석은 사람들"에게 토마토가 달게 느껴지도록 신포도와 함께 먹을 것을 권장했다.

분명 1600년대의 토마토는 오늘날의 품종만큼 먹기에 좋지 않았다. 그 후 수 세기 동안 더 달콤하고 덜 신 토마토를 얻기 위한 교배를 통해 품종이 개량되었다. 아즈텍인들은 토마티요를 선호했고(그 사실은 시사하는 바가 있다) 토마토만 단독으로는 먹는 법은 거의 없었다. 앞서 말한 것처럼 일반적으로 칠리와 향신료, 이따금 두 발로 걷는 포획물과 함께 조리해서 먹었다.

건강에 해롭고 냄새가 나고 이상하다. 이쯤 되면 르네상스 시대 유럽에서 토마토가 쉽게 팔리지 않은 건 결코 미스터리가 아니다. 그리고 아직 끝나지 않았다. 부활한 갈렌의 식품 분류체계가 토마토에 끼친 해로는 성에 차지 않았는지, 이 신대륙 채소의 명성은 저 유명한 의사와 관련된 또 다른 스캔들로 한층 더 타격을 받았다. 일부 사람들이 토마토를 '갈렌의 울프 피치'라고 믿은 것이다. 갈렌이 설명한, 냄새가 강하고 노란 즙이 나오며 골이 진 모양에 독소가 있는 멸종 식물. 그것은 1500년대 이탈리아에서 발견된 노란색 토마토에 대한 묘사와 정확히 일치했다. 에르난데스를 포함한 당시 일부 식물학자들은 그런 믿음이 틀렸다고 지적했지만(에르난데스는 토마토가 1500년대가 되어서야 이탈리아에 소개되었기 때문에 '갈렌의 울프 피치'일 가능성이 없다고 분명히 말했다) 의혹은 쉽게 해소되지 않았다. 오늘날에도 토마토의 학명 또는 라틴어 이름인 Solanum lycopersicum에는 '울프 피치'를 뜻하는 lycopersicum이라는 속명이 살아있다.

갈렌의 울프 피치와의 연관성이나 이탈리아 토스카나에서 토마토의 이름이 '포모도로'였던 사실은 모두 이탈리아에 들어온 초기 토마토가 대체로 빨간색이 아니었음을 암시한다. 포모도로(본래 스펠링은 pomod'oro: pom(apple), di(of), ore(gold)라는 의미다 —옮긴이)는 '골든 애플' 더 적절하게는 '골든 애플과 비슷한 과실'이라는 의미다. '황금색 과실'은 분명 나무에서 자라지 않는 어떤 것에 대한 임시 명칭이다. 그러나 역사가 데이비드 젠틸코어David Gentilcore는 포모도로pomod'ore가 당시 무화과, 멜론, 심지어 감귤에 이르기까지 온갖 열매를 가리키는 데 일반적으로 사용되었다고 주장한다. 그리스의 님프와 맛있는 황금 사과가 관련된 이야기에 등장하는 신화 속 과일 포도모로pomod'ore도 있었다. 그러니까 토스카나인들은 새로운 이름을 추가하기보다 옛것에서 새로 들어온 과일 이름을 취했던 것 같다. *그리고 잊지 마라. 당시에는 옛것에 손을 뻗는 풍조가 한창이었다.*

적어도 이름으로는 토마토를 열매로 구분한 이탈리아인들의 공로를 인정하자. 고백하건대 나는 지금까지 토마토를 보통 '채소'로 규정했다. 이 논쟁적인 질문을 해결하기 위해 우리는 다음 장에서 미국 대법원으로 갈 것이다. 그 전까지는 대체로 채소로 부르기로 한다. 내가 토마토를 아이스크림이 아닌 샐러드에 넣어 먹기 때문이다. 다만 상황에 따라 그 용어를 쓰는 게 적합해 보일 때는 '과일'로도 부를 것이다.

16세기 대다수 이탈리아인에게 포모도로는 과일도 채소도 아니었다. 토마토는 식품이 아니었다. 훗날 토마토가 스타덤에 오른 나라이기 때문에 우리가 이탈리아에 초점을 맞추고 있지만, 토마토는 유럽에서 인기가 없었다. 심지어 영국에는 1590년대가 되어서야 상륙했다. 1590년대 초기의 영국인들은 토마토를 '러브 애플love apple' 또는 'apple of love'라고 불렀다. 마찬가지로 프랑스인들은 'pommes d'amour'(사랑의 사과라는 의미—옮긴이)라고 불렀다. 당시 애플은 모든 과일의 일반적인 이름이었다.

영국인과 프랑스인들이 어떻게 토마토를 사랑과 관련지었는지에 대해서는 의견이 분분하다. 우선 최음 성분이 있다는 주장, 인간 심장과 유사한 모양, 성경 시대 이후 다산과 관련돼온 맨드레이크(히브리어로 'love plant')와 식물학적으로 같은 분류에 들어가면서 그런 이름이 붙었다는 설이 있다. 반면 젠틸코어는 토마티요와 혼돈한 실수로 말미암아 토마토가 사랑과 연관되었다고 주장한다. 토마티요는 껍질이 건조되면 갈라지면서 그 안의 열매가 드러나는데 그것이 연녹색에서 자주색으로 바뀐다. 스페인의 식물학자 프란시스코 에르난데스는 여성의 외음부를 연상시키는 이 "관능적이고 도발적인" 모습을 "불쾌하고 외설적"이라고 생각했다. 덜 불쾌하게 느껴지는 사람들은 '러브 애플'이라며 환호했을 테지만.

개인적으로 외국어가 얼마나 어려운지 별 세 개짜리 파리 레스토랑에서 갓 배운 프랑스어로 웨이터에게 "나는 신문의 햄을 주시고, 내 아들은 내 딸을 주세요."라고 주문했던 사람으로서, 진정한 설명은 간단한 법이라고 생각한다. 즉, 포모도로는 외국인들에게 포마모로pom'amoro 즉 '러브 애플'처럼 들렸다. 유래가 어떻든 '러브 애플'이라는 별명은 19세기까지 붙어 다녔던 것 같다. 19세기에 들어서며 영국과 프랑스 모두 '러브'를 떼고 이탈리아 단어가 아닌 스페인어 단어를 채택해서 각각 tomato와 tomate로 명명했다. 다만 남성형 el tomate는 프랑스로 넘어오면서 la tomate로 바뀌었다. 언어학적으로 토마토 진영은 두 세계로 분리되었다. 이탈리아를 제외한 서부 유럽과 북아프리카는 스페인어의 tomate 변형을 사용한 반면, pomodoro의 파생어는 아드리아해와 발칸반도를 넘어 폴란드와 러시아, 우크라이나를 비롯한 동유럽 국가에 상륙했다.

사람들이 어떻게 불렀든 1600년대에도 토마토는 여전히 인기 없고 사랑받지 못했으며 즐겨 먹는 식품도 아니었다. 물론 많은 증거들(이곳에서 내가 먹은 마지막 두 번의 식사를 비롯해)은 어느 시점에 변화가 생겼음을 암시한다. 토마토 박물관으로 가는 길에 나는 지울리아 마리넬리에게 왜 이탈리아인들은 그 시절에 토마토를 먹지 않았는지 물었다. 그리고 지금 박물관을 떠나면서 나는 그녀에게 반대로 묻는다. "이탈리아인들이 어쩌다 토마토를 먹게 된 거죠? 문화가 바뀐 건가요, 아님 토마토가 바뀌었나요?"

잠깐 생각에 잠기던 그녀가 입을 열었다. "여러 가지 이유가 있어요. 그런데 아시다시피, 19세기 초반 미국에서 그 과실에 독이 없다는 것을 증명해줬잖아요."

세상에, 나는 전혀 모르는 사실이었다.

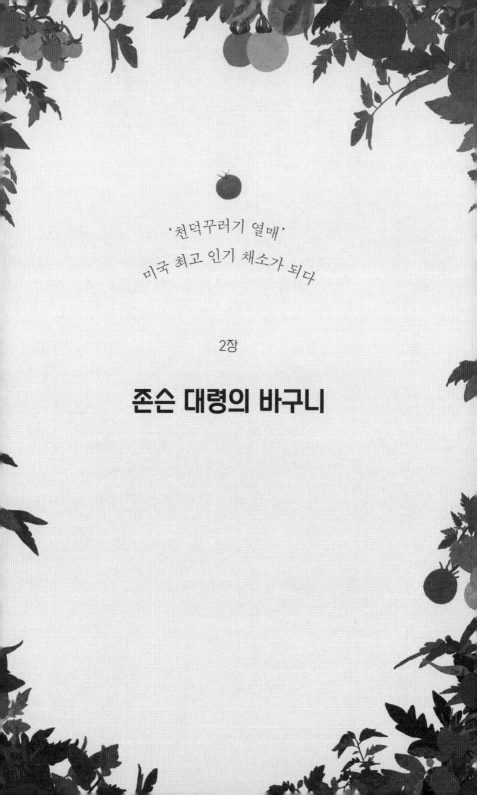

'천덕꾸러기 열매'
미국 최고 인기 채소가 되다

2장

존슨 대령의 바구니

초기 아메리카라고 해서 상황이 좋았던 것은 아니다. 토마토를 험담했던 히포크라테스와 갈렌의 유령들은 없었지만 일부 사람들은 토마토에 독이 있다고 믿었고, 나머지 사람들은 이유 없이 그냥 싫어했다. 원예 잡지 〈호티컬처리스트_Horticulturist_〉(1846년 A.J. Downing이 창간한 농업 관련 잡지—옮긴이)는 토마토에 "역겹고 악취가 나는" 열매라는 딱지를 붙였다. 1863년 〈플로리다 애그리컬처리스트_Florida Agriculturist_〉(1878~1907년까지 플로리다에서 발간되었던 주간지)는 "순 엉터리 열매"라고 결론 내렸다. 〈아메리칸 파머_American Farmer_〉(1819~1834년까지 발간된 미국 최초의 농업 잡지)는 비록 첫맛은 입에 맞지 않지만, "걱정 마라, 거슬리는 것도 계속 먹다 보면 그 맛에 익숙해진다"고 인정했다. 랄프 왈도 에머슨은 토마토를 후천적으로 습득하게 되는 맛이라고 선언하며 대부분의 동료 뉴잉글랜더(19세기 뉴잉글랜드 지역을 중심으로 초절주의 운동을 전개했던 작가와 철학가들을 가리킴. 시인이자 사상가였던 에

머슨, 문학가 헨리 데이비스 소로가 대표적인 인물)들을 대변했지만, 〈보스턴 쿠리어*Boston Courier*〉의 편집자 조지프 T. 버킹햄Joseph T. Buckingham은 1834년에 토마토에게 결정적인 말을 내뱉었다.

손에 나는 냄새를 없애려면 즉시 비누와 오데코롱을 떨어뜨린 물로 씻지 않고는 함부로 만질 수도 없는 한낱 역겨운 곰팡이 같은 식물, 시큼하고 부패하는 감자의 쌍둥이 형제, 토마토. 오 호사의 조달자들이여, 요리의 신과 여신이여! 우리를 토마토로부터 구하소서.

묘하게도 그런 비방이 나온 직후 두 개의 토마토 레시피가 미국에 등장했다.

멕시코와 인접한 땅임에도 불구하고 최초의 토마토는 두 번의 대서양 횡단을 통해 미국에 우회 상륙했을 가능성이 높다. 멕시코에서 스페인으로 갔다가 다시 아메리카로, 특히 오늘날 조지아와 캐롤라이나의 스페인 정착촌에서 처음 토마토가 재배되었다. 또다른 토마토는 카리브해의 스페인 사람들 소지품과 영국 식민주의자들(그들은 여전히 러브 애플이라고 불렀다)의 짐 가방에 담겨 미국에 도착했다. 영국은 이탈리아나 스페인보다 토마토를 늦게 받아들여 1700년대에도 별로 인기가 없었다. 그런데 어째서 영국인 이민자들의 편도 여행 재산 목록에 인기도 없는 토마토 종자가 포함되었는지 의아하다. 어쨌든 토마토는 잉글랜드에서 뉴잉

'과일과 채소가 있는 정물화', 라파엘 필, 1795~1810경. (코네티컷주 하트퍼드, 워즈워스 아테네움 미술관 소장)

글랜드로 왔고, 나는 아내와 그 조롱의 대상을 직접 보러 다녀왔다. 미국의 회화에 최초로 묘사된 것으로 알려진 토마토를.

유명 초상화가 찰스 윌슨 필Charles Willson Peale(1741~1827. 미국 화가이자 군인, 과학자, 발명가, 정치가 및 자연주의자, 미국 혁명의 주요 인물들을 그린 것으로 유명하다―옮긴이)의 장남 라파엘 필Raphaelle Peale(라파엘의 형제 렘브란트, 티티안, 루벤스 모두 화가 교육을 받았다)은 미국 초기의 정물화가였다. 코네티컷주 하트퍼드의 워즈워스 아테네움 미술관 작은 갤러리에 걸린 그의 그림 '과일과 채소가 있는 정물화Still Life with Fruit and Vegetables'는 미국 초기 정물화들 중 하나다. 그 그림 왼쪽에 빨갛게 잘 익은 토마토가 큼지막하게 그려져 있다.

"브랜디와인처럼 보여." 아내 앤이 말했다.

흡사 구근처럼 생긴 이 열매가 와인의 재료일 리 없다고 반박하려던 나는 그녀의 말이 내 못생긴 토마토 '브랜디와인'을 가리키는 것임을 깨닫고 입을 다물었다. *당신 말이 맞아.*

"어째 빨간색 피망 같기도 하고." 꼭지 위로 울퉁불퉁 어깨 근육처럼 튀어나오고 깊게 굴곡진 모양이 피망처럼 보인다고 그녀가 덧붙였다. 우리는 점점 정답에 가까워지고 있었다. 실제로 어느 초기 미술학자는 엉뚱하게 가지로 오해했다.

대서양을 두 번 횡단한 토마토, 금단의 열매를 처음 시식한 사람은 누구였을까?

그러나 무엇보다 피사의 대성당 문 프리즈에 새겨진 토마토와 놀랄 만큼 닮았다. 이 말은 유럽에 소개되고 200년이 지난 후에도 토마토는 현대판과 별로 닮지 않은 올록볼록 골이 진 모양이었다는 의미다. 내 관심을 끄는 건 그뿐만이 아니었다. 나는 미술관 큐레이터인 에린 몬로에게 왜 토마토가 포도, 복숭아, 당근 세 개와 캔버스를 나눠 쓰고 있는지, 이 세 가지가 당시 사람들이 즐겨 먹던 과일과 채소였는지 물었다. 필은 필라델피아 출신이었고, 소개 글에 적힌 그림 제작연도인 1795년에는 토마토를 식용으로 사용했을 가능성이 없었다.

"그러고 보니 흥미롭네요." 그녀가 수첩을 넘긴 후 말했다. "우리가 이 그림을 소장목록에 포함시킨 (1942년) 후 날짜가 바뀐 것 같아요. 초기 자료에는 빨라도 1810년경이라고 기록되어 있거든요. 제 전임자가 1795년으로 고친 듯해요."

나는 연대기 상이나 혹은 다른 정당한 이유로 이 그림이 완성된 날짜를 18세기로(이는 현존하는 다음 정물화보다 거의 20년이나 앞선 날짜다) 옮겼을 거라고 추측했다. 그러나 식물학적으로 말하면 1810년이 더욱 타당하다. 그 이전 미국 북동부에서 토마토의 가장 열광적인 소비자는 토마토 박각시벌레tomato hornworm였기 때문이다.

열매와 잎사귀를 모두 즐기는 놀라운 생명체, 꼬리의 위협적인 뿔을 과시하는 손가락만한 이 애벌레(북아메리카에서는 가장 큰 축에 속한다)는 자신을 위장하기 위해 얼룩덜룩한 초록색을 띤다. 토마토를 딸 때 얼굴을 바짝 갖다 대지 않으면 잘 보이지 않을 정도다. 징그러운 모습 때문에 위험하다고 여겨지는 면도 있다. 1838년 랄프 왈도 에머슨은 이 벌레를 가리켜 "정말 지독한 상대다. 그 자체로도 독성이 있지만 과일 속으로 들어가면 과일에도 독성을 나눠준다"고 묘사했다. 〈오하이오 파머Ohio Farmer〉에

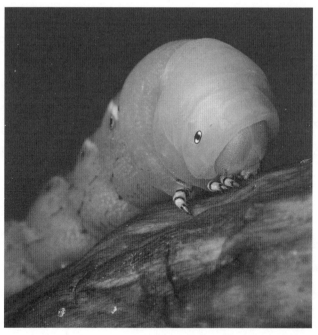

토마토 박각시벌레. 랄프 왈도 에머슨이 말한 "지독한 상대"가 바로 이 녀석이다.
(Daniel Schwen / CC BY-SA-3.0)

어떤 소녀가 그 벌레에 쏘인 후 "끔찍한 고통으로 죽었다"는 기
사가 실린 것을 보면 벌레에 독성이 있다는 인식은 1860년대에도
계속되었다. 한편 〈시라큐스 스탠더드Syracuse Standard〉는 그 벌레
가 "방울뱀처럼 독이 있고" 2피트까지 독거품을 내뿜을 수 있다
고 썼다. 하지만 실제로 이 작은 녀석은 사람들이 혐오하는 것만
큼 해롭지 않다.

　니코틴 중독인 '담배 박각시벌레'에 익숙한 남부인들은 토마토

박각시벌레에 덜 까다로웠을 것이다. 게다가 1700년대 중반에는 남부 전역에서 토마토가 발견되었고, 19세기 초반에는 버지니아까지 퍼져나갔다. 1809년 토머스 제퍼슨Thomas Jefferson은 몬티첼로에서 토마토를 기르고 먹기 시작했다. 초기 남부인들이 토마토를 받아들인 것은 노예 교역이 이루어지던 카리브해의 섬에서 토마토를 먹었던 노예들(가정부, 요리사를 포함해서)의 영향인 경우가 종종 있었다. 에린 몬로의 말에 따르면 라파엘 필은 여행광이었다. 따라서 남부 혹은 그가 방문한 적 있는 멕시코나 남미에서 토마토를 먹었을 가능성이 있다. 어쩌면 그 점이 그의 캔버스에서 포도, 당근 옆에 토마토가 자리 잡게 된 이유일 것이다.

그런데 어떻게 토마토가 필의 팔레트에서 미국인의 식탁으로 이동하고, "역겹고 혐오스러운" 대상에서 일년 열두 달 재배하는 채소로 바뀌었을까? 한 가지 이야기는(분명 토마토 박물관에 기록되었을 것이다) 1820년 9월 26일, 그 하루를 기린다. 그 날 토마토가 화분에서 저녁 식탁으로 올라왔다. 그 날 뉴저지주 세일럼의 로버트 기번 존슨Robert Gibbon Johnson 대령은 법원 계단 꼭대기에 올라가 토마토가 독이 없을 뿐만 아니라 맛이 있음을 증명했다고 알려진다. 계단 아래에는 주민들이 두려움 가득한 표정으로 모여 있었다. 대령은 아마도 한 바구니의 '저지 토마토Jersey tomato'를 게걸스럽게 먹었을 것이다.

나는 그 바구니의 진상을 규명하려고, 다시 말해 이 용감한 대령에 대해 좀 더 알기 위해 법원 앞에서의 시식 200주년 기념일에 맞춰 차를 타고 세일럼까지 왔다. 세일럼 역사학회 회원들을 만날 생각이었다. 우리는 법원에서 한 블록 떨어진 세인트 존 성공회 교회묘지 내 존슨의 납골묘에 모였다. 납골묘에 드리워진 그림자는 웅장한 교회 첨탑의 것인데, 얼마나 높은지 그림자가 마을까지 뒤덮을 정도였다. 그러나 이 첨탑은 성공회 교회가 아닌 인근 장로교 교회의 것으로, 그곳에 존슨의 초상화가 걸려있다. 초상화 속 존슨의 이미지는 참을성이 많이 약해진 듯한 인상을 풍긴다. 그가 성공회 교인들과 싸우느라 참을성이 바닥나던 때 그려진 것 같다. 결국 그는 인접한 땅에 장로교 교회를 짓기 위해 기금을 모았고, 새로운 장로교 교회의 첨탑이 성공회 교회 탑보다 1피트 높아질 때마다 1달러를 보너스로 제공했다.

그러니까 첨탑은 그가 치른 돈의 대가였다.

상속받은 재산에 결혼으로 더욱 큰 부자가 된 존슨은 세일럼의 주요한 지주이자 열성적인 원예가로 뉴저지 원예학회의 창립자였다. 또 북부에서 마지막으로 노예제를 철폐한 뉴저지주의 노예 소유주였다.

세일럼은 1980년대부터 매년 로버트 기번 존슨의 날을 제정해 법원 계단에서 행한 대령의 업적을 기념해오고 있다. 의상을 입은 배우들이 그날의 광경을 재연하고, 토마토 콘테스트, 토마토 파이 만들기, 콜로니얼 시대 복장에다 토마토 가면을 쓴 채 법원 앞에서 활짝 웃는 존슨을 묘사한 티셔츠 판매 행사 등을 벌인다. 1988년 이 기념식의 가장행렬을 보도하던 ABC 방송 프로그램 〈굿모닝아메리카〉의 리포터는 즉흥적으로 존슨이 미국에서 최초로 토마토를 먹었다는, 지금까지 알려지지 않았던 사실을 자세하게 설명했다. 분명 제퍼슨이 들었으면 놀랄 내용이었다.

매년 열리던 축제는 몇 년 후 차츰 시들해졌다. 그러나 나는 오늘 200주년을 맞아 최소한 토마토 애호가 커플의 스냅 사진이라도 찍을 수 있지 않을까 기대를 했다. 만약 그게 안 되면 나라도 미국에서 두 번째로 역사가 깊고, 현재도 사용되는 법원 앞에서 토마토를 맛있게 먹으며 나름대로 재연할 준비가 되어있었다. 법원으로 가려고 계단을 오르다 우리를 보고 놀라는 세일럼 주민들 앞에서.

그런데 계단이 없다. 존슨의 업적을 기리는 수많은 감명 깊은 기사를 읽은 나는 순진하게도 존슨이 계단에 서 있고, 그 아래 군중이 운집해있는 미국 연방대법원 계단의 작은 버전을 상상했다. 그런데 현실 속 법원은 바닥에서 경사진 벽돌 보도로 이어지는 1층짜리 작은 계단이었다. 게다가 법원은 잠겨있었다. 주차위반이나 개에게 목줄을 하지 않은 경미한 법 위반 사건을 다루기 위해 일주일에 2~3일만 개방한다는 것이다. 그건 나의 퍼포먼스를 통해 토마토에 대한 생각을 전향시킬 행인이 없다는 의미이자, 존슨 대령에 대한 나의 오마주를 봐줄 사람이 없다는 뜻이었다.

법원 계단도 없고, 관객도 없고, 200주년 행사도 없다. 혹시 로 버트 기번 존슨도 없는 것일까?

존슨의 전설이 태어난 세일럼, 미국 최대 토마토 산지로 우뚝 서다

가장 확실한 이야기는 세일럼 카운티 역사협회의 전·현직 회장 인 커트 하커와 론 맥길 씨가 법원에서 존슨의 예전 주택(현재는 무료급식소로 이용되고 있다)으로 걸어가는 길에 들려준 내용이었 다. 사실 대령은 1845년에 설립된 초대 역사협회 부회장이었다. 존슨의 걸출함 덕택에 우리는 실제로 그에 대해 제법 상세히 알 고 있다. 토마토에 관한 일화 빼고는. 존슨과 토마토는 존슨 사 후 58년이 지날 때까지 그의 이력에 등장한 적이 없었다. 1908년 윌리엄 츄William Chew가 발간한 《세일럼 카운티 편람》에 "1820년, 로버트 G. 존슨 대령이 세일럼에 최초로 토마토를 들여왔다. (…) 당시 이 채소는 대중의 쓰임에 적합하지 않다고 여겨졌다."라고 언급되었을 뿐이다.

이후 전설에 대한 도금이 시작되었다. 1937년 세일럼의 역사 책에서 마을 우체국장이자 아마추어 역사가인 조지프 S. 시클러 Joseph S. Sickler는 "존슨은 주민들을 상대로 토마토가 식용 가능하 고 영양가도 높다는 사실을 알려주며 토마토의 질적인 장점을 끈

로버트 기번 존슨(1771~1850), 미국에 토마토를 소개했다는 그의 신화는 윤색되고 검증되어왔다. 조지 W. 코너스가 1840년대에 그린 초상화. (뉴저지 세일럼, 세일럼 카운티 역사협회 소장)

기 있게 교육했다"고 정교하게 덧붙였다.

3년 후 해리 에머슨 와일즈Harry Emerson Wildes는 역사책《델라웨어*The Delaware*》에서 시클러의 버전에 '법원'을 추가해 존슨이 "법원 계단들 위에서 과감하게 공개적으로 토마토를 먹은 덕분에 신중한 남부 저지 주민들이 현재 이 지역 최대 수확물인 그 채소를 식용 가능한 것으로 받아들였다"고 썼다(나와 달리 와일즈가 쓴 글에서 법원 '계단들'이라고 복수로 표기했음을 주목하라).

9년 후 스튜어트 홀브룩Stewart Holbrook은 저서《미국 역사의 잃어버린 인물들*Lost Men of American History*》에서 이 법원 장면에 더욱 풍성한 살을 붙였다.

존슨은 세일럼의 법원 계단에 서서 자신이 이 치명적인 것을 직접 시식하겠노라고 우렁차게 선언했다. 그러고는 즙을 뚝뚝 떨어뜨리며 먹었고, 입이 떡 벌어진 군중은 그가 몸부림을 치다 거품을 물며 쓰러지기를 기다렸다.

다른 작가들도 상상력을 발휘해 조롱하는 수많은 구경꾼이라든가 실신하는 여성들, 심지어 특정한 날짜까지 덧붙였다. 놀랍게도 이 '다른 작가들' 중에 조지프 시클러도 포함되어 있었다. 1948년 그는 애초 자신이 쓴 글에 후배들이 다채롭게 윤색한 내용을 모두 포함시킨, 개정판 오리지널 버전을 내놓았다.

시클러는 당시 우체국 기금과 관련된 수상한 거래로 세일럼에서 쫓겨나 뉴욕에 거주하고 있었다. 그는 자신이 개정한, 거칠게 윤색된 버전의 잉크가 마르기도 전에 역사적인 사건을 재연하는 CBS의 라디오 프로그램 〈당신은 거기에 있다You Are There〉 (1947~1957까지 CBS 라디오와 텔레비전 네트워크에서 방영되었던 미국 역사에 관한 교육적 프로그램—옮긴이)의 1949년 1월 30일자 방송에 자문을 해주고 돈을 받았다. 그가 CBS에 접근했는지 아니면 그 반대인지 알 수 없지만, 그 방송이 시클러에게 결정적인 기회였던 것만은 분명하다. 그는 자신이 "역사의 수호자로 전국적인 찬사를 받았다"고 자랑했다. 〈당신은 거기에 있다〉가 가벼운 오락물이 아니었다는 점을 주목해야 한다. 그 프로그램이 라디오에서 텔레비전으로 이동하고 월터 크롱카이트Walter Cronkite(미국의 저명한 저널리스트이자 뉴스 캐스터. CBS 이브닝 뉴스의 진행자로 유명하다—옮긴이)가 사회를 맡게 되면서 프로그램 내용은 신빙성 높은 역사적 사실로 간주되었고, 방송 다음 날 신문에서 기사화되는 경우도 종종 있었다. 따라서 시청자들은 제작팀이 법원의 계단을 오르기 전 자료를 꼼꼼히 점검했을 거라고 믿었다.

시클러는 원래 이야기를 이미 고인이 된 어떤 남자한테 들었다고 해명했다. 또 그 남자는 사건을 목격한 자신의 조부 찰스 J. 캐스퍼에게서 이야기를 들었다고 덧붙였다. 만약 시클러가 신뢰할 만한 출처를 찾았다고 생각했다면 대상을 잘못 골랐다. 캐스퍼의 아들은 세일럼의 유명한 통조림 제조업자로 "필라델피아 출신의 몇몇 숙녀들이 1829년 뉴저지의 세일럼에 토마토를 들여왔다"고, 이 열매의 역사를 짧게 언급한 글을 남겼다. 캐스퍼가 존슨의 법원 시식 같은 중요한 이벤트를 목격하고도 토마토 통조림 사업을 하는 아들에게 그 사실을 말하지 않았다는 것은 믿기 어렵다. 더구나 시클러에게 말해줬다고 지목되는 손자에게만 그 이야기를 들려줬다는 건 앞뒤가 안 맞는다.

이것이 우리가 접하게 될 대령의 마지막 토마토 전설은 아니다. 이 전설은 〈사이언티픽 아메리칸Scientific American〉과 〈뉴욕타임스New York Times〉처럼 신뢰도 높은 출판물에도 등장할 만큼 확실히 끈질긴 생명력을 발휘하고 있다. 심지어 깐깐하게 사실 확인을 하는 것으로 유명한 〈뉴요커New Yorker〉에서도 1993년 기사화했다. 잘못된 정보를 세계적으로 급속히 전파하는 최근의 전례 없는 능력에 힘입어 이 이야기는 지금도 계속해서 새롭게 윤색되고 있다. 어떤 이야기에선 장송곡을 연주하는 한 소방수 밴드가 그 장면에 등장한다. 또 다른 버전에서는 불쌍한 토마토가 말 그대로 법원 재판에 회부되었다는 식으로 진화되었다. 그 결과는 대령이 피고를 먹음으로써 토마토에게 유리하게 판결이 났다나!

따라서 결코 일어난 적 없는 그 이벤트의 200주년 기념일에, 나는 이 전설에 일말의 진실이 있는지 세일럼의 역사가들에게 묻고 싶었다. 당시 대령의 토마토 시식을 보도한 신문기사는 없었다. 존슨 자신이 1838년에 펴낸《세일럼 카운티 편람》에는 심지어 토마토에 관한 언급조차 없다. 게다가 농업박람회를 후원한 ⟨RGJ*Reno Gazette Journal*⟩(네바다 주 리노의 주요 일간지, 1870년 ⟨*the Nevada State Journal*⟩로 창간되어 ⟨리노 이브닝 가제트⟩와 합병됨―옮긴이)의 관련 기사에는 심사받는 작물에 토마토가 포함되지 않았음을 보여주는 기록이 있다.

"존슨이 토마토를 재배했는지 알 수 있을까요? 아니, 그가 토마토에 대해 알기나 했던 건가요?"

나의 도발을 예상한 듯 론 맥길은 존슨의 서재에서 가져온 책을 서류 가방에서 꺼냈다. 1812년에 출판된 《유용한 지식 아카이브: 상업, 제조업, 농촌과 내수 경제, 농업과 유용한 기술에 도움이 되는 자료》란 제목의 책자였다. 빌리는 사람이 책 주인을 잊지 않도록 두 페이지에 대령의 사인이 들어있었다. 맥길이 '토마토 혹은 러브 애플 케첩' 레시피가 나와 있는 306쪽을 펼쳤다. 존슨이 토마토 레시피가 실린 책을 소유했다는 것은 토마토가 식용이라는 사실을 그가 알았음을 시사한다. 다만 19세기 판 ⟨줄리 앤 줄리아*Julie & Julia*⟩(노라 에프런이 각본과 감독을 맡아 2009년에 개봉한 미국의 코미디 영화. 뉴요커인 줄리가 유명 요리사 줄리아 차일드의 요리책에 나온 524개 레시피를 365일 안에 모두 요리하는 도전을 그린 영화―옮긴이)의 주인공처럼 책에 실린 모든 레시피를 요리로 구현했다는 증거가 있지 않은 한, 그 자체가 무엇을 증명하는 것은 아니다. 그러나 지역 역사가들은 덜 드라마틱한 방식으로, 법원 앞 시식이 아니더라도 존슨이 남부 뉴저지에 토마토를 소개했다는 사실을 굳건히 믿고 있다. 시클러의 첫 번째 버전, 그러니까 존슨이 주민들에게 이 맛없는 열매를 먹어도 된다고 확인시켜주었다는 내용은 정확하다고 그들은 말한다. 그런 믿음은 구전 역사나 신문기사에서 알게 된 내용에 근거했을 가능성도 있다. 그런 보도가 있지만 아직 누구도 파헤치지 않았을 수 있다. 구전 역사는 놀랍게도 종종 믿을 만한 것으로 입증되므로 무시하지 말아야 한다.

존슨의 전설을 뒷받침할 증거들은 몇 개 더 있다. 1908년에 출간된 윌리엄 츄의 저서가 대령을 "호기심 많고 진보적이며 새로운 곡물에 관심이 많은 열렬한 원예가였다"고 묘사한 걸로 미루어볼 때 믿을만하다. 사실 여기에 대항할 만한 스토리도 없다. 누군가 세일럼 카운티에 토마토를 들여왔다면 로버트 기번 존슨일 가능성이 높아 보인다.

타이밍도 좋았다. 이후 수십 년 사이에 토마토는 무명의 천덕꾸러기에서 누구에게나 사랑받는 최고 인기 과실로 격상되고, 토마토 레시피가 온갖 잡지와 요리책을 뒤덮었기 때문이다. 토마토는 원예가들의 열정과 종자 카탈로그의 표지를 장악했다. 케첩은 모든 미국인의 식탁을 지저분하게 만들었다. 그리고 존슨의 세일럼 카운티는 미국 최대 토마토 산지가 되었다.

"소화불량, 황달, 기침, 임파설 부종, 심장병까지."
이토록 신묘한 망병통치약이라니…,

세일럼 법원 계단에서 존슨 대령이 보여줬다는 호기 어린 행동 같은 전설은 흔히 불가해한 일을 설명하기 위해 동원된다. 그렇지 않으면 "역겹고 악취 나는 열매" 토마토가 어떻게 전국적으로 인기 있는 채소로 급부상한 과정을 설명할 수 있겠는가? 속시원한 해답이 없는 어려운 질문이다. 하지만 토마토가 엄청난 행운을 얻은 것은 수완 좋은 가짜 약 판매상과 갑작스럽게 얻게 된 '건강식품'이라는 평판, 그리고 팬데믹이 합쳐진 덕택이었다.

1830년대는 미국에서 근심의 10년이었다. 전 국민이 갑자기 '건강'뿐만 아니라 그 반대의 것도 깨달았다. 앤드류 잭슨 대통령Andrew Jackson(1767~1845, 미국의 7대 대통령—옮긴이)의 반지성주의자 시각(거기에는 인습적인 의학과 과학에 대한 불신이 포함되어 있었다)에서 단서를 얻은 대중건강운동이 바야흐로 무르익고 있었다. 〈건강 저널 및 생리적 개혁 옹호Health Journal and Advocate of Physiological Reform〉 같은 타이틀의 주간지가 번성하고, 보스턴의 한 서점은 오직 건강 서적만 판매했다. 합숙하면서 신선한 과일과 채소를 섭취하거나 전례 없이 일주일에 3회 목욕을 요구하는 등 건강에 좋은 라이프스타일을 추종하는 열성가들이 생겨났다.

건강한 생활에 대한 갑작스러운 관심은 유럽을 휩쓸던 콜레라

팬데믹에 의해 일부 촉발된 면이 있다. 1830년 러시아에 상륙한 콜레라는 니콜라이 1세Czar Nicholas I(1796~1855. 러시아 제국의 황제 겸 폴란드 국왕―옮긴이)가 파견한 침략군에 의해 폴란드와 동프러시아까지 전파되었다. 1831년경에는 유럽 전역이 위험에 빠졌고, 일년 후는 아메리카 해안에 도착했다. 콜레라의 원인은 아직 밝혀지지 않았고 예방 수단도 없었다. 다만 좋은 영양과 위생적인 생활이 역병을 막아줄 것이라고 합리적으로 추정할 뿐이었다.

그레이엄 크래커로 유명한 실베스터 그레이엄(1794~1851. 채식주의, 절제 운동, 통곡물빵 섭취에 중점을 둔 것으로 알려진 미국 장로교 목사이자 식이개혁가―옮긴이)이나 아모스 브론슨 올코트(1799~1888. 미국의 교사이자 작가, 철학자, 개혁가.《작은 아씨들》의 작가 루이자 메이 올코트의 아버지다―옮긴이)처럼 저명한 이들은 채식과 목욕, 그리고 섹스와 알코올 절제가 건강에 유익하다고 부르짖었다. 그런가 하면 존 쿡 베넷John Cook Bennett이라는 오하이오 출신 순회 의사는 토마토 복음으로 유명해졌다. 의과대학에서 해고당한 뒤 다른 일을 시작하지 못하고 있던 베넷은 교수 시절 학생들에게 토마토의 건강상 이점에 대해 강의했던 내용을 1834년에 책으로 출판해 전국적인 명사로 떠올랐다. 여전히 인기 없던 채소가 건강을 증진하고 위장과 장 질환을 예방해준다는 베넷의 주장은 언론에 의해 무비판적으로 받아들여져 (의료계에서는 인정받지 못했더라도) 200여 개의 미국 신문을 통해 재생산되었다. 독자들은 특히 토마토가 "콜레라의 공격에 덜 취약하게 해주고 (…) 대다수 질병 예방에 도움이 된다"는 그의 장담에 솔깃했다.

그렇게 토마토는, 몇십 년 뒤에 나온 코카콜라처럼 만병을 치료해준다고 보증하는 강장제로 소개되며 미국인의 식단에 올랐다. 그런데 어떻게 먹었을까? 베넷의 주장에 대한 후속 조치라도 내놓듯, 토마토 레시피가 많지 않았다는 점을 인지한 신문과 요리책, 잡지들은 토마토 피클부터 소스, 스튜까지 온갖 요리법을 소개하기 시작했다. 구운 토마토부터 속을 채운 토마토, 잘게 썬 토마토, 토마토 잼, 토마토 오믈렛, 토마토 페이스트, 토마토 파이, 심지어 토마토 와인을 위한 레시피도 있었다. 이들 레시피는 〈본 아페티*Bon Appétit*〉(1956년에 창간된 미국의 대표적인 요리 관련 잡지—옮긴이) 최신호에 실려도 어색하지 않다. 가령 '이탈리안 스타일'의 토마토소스 레시피는 토마토, 양파, 타임, 월계수 잎, 올스파이스 향신료, 그리고 (감각이 놀랍다) 사프란이 필요하다.

1830년대 말, 토마토는 널리 받아들여졌을 뿐만 아니라 보잘것없게 보이고 싶지 않았던 지난 시절의 안주인들에게는 '패셔너블한 것'이 되었다. 위스콘신주 매디슨의 아메리칸 호텔에 투숙했던 런던 출신 신문기자는 이렇게 불평했다.

토마토는 아침부터 밤까지 들리는 노랫말이었다. 아침 식사 때 거만하게 행차한 진홍색의 과일 대여섯 접시를 손님들의 진심 어린 권유를 받으며 열심히 먹었다. 어떤 이는 우유와 먹고, 어떤 이는 식초와 머스터드를 곁들여 먹고, 어떤 이는 설탕과 당밀을 뿌려 토마토를 먹었다. 나도 그들이 하는 대로 따라 했고, 식탁 위의 내 아침 식사는 비워지기 무섭게 다시 채워졌다.

그가 만약 구운 토마토가 전통적인 '잉글리시 블랙퍼스트'의 핵심이 되리라는 것을 알았다면 얼마나 기겁했을지 상상해보라. 가히 토마토 토네이도였다. 믿을 수 없게도 그 기자는 티타임과 저녁 만찬에서도 토마토 파이와 토마토 패티, 선드라이드 토마토, 토마토 통조림, 메이플 슈가에 절인 토마토를 먹었다.

1830년대에는 음식 역사가 앤드류 F. 스미스Andrew F. Smith가 미국의 "엄청난 토마토 광풍great tomato mania"이라고 이름 붙인 현상의 조짐이 나타나기 시작했다. 동시대의 관찰자들도 그 채소의 무서운 부상을 인지했다. 1858년 뉴욕의 종자상 토머스 브리지먼Thomas Bridgeman은 이렇게 썼다.

지난 18년을 되돌아보면 이렇게 단시일에 인기를 얻은 채소는 없었다. (…) 1828~1829년에만 해도 토마토는 거의 기피 대상이었다. 그런데 10년 사이에 거의 모든 종류의 알약과 만병통치약이 토마토 추출물로 만들어졌다. 토마토밭은 이제 양배추밭만큼이나 이 나라 국토의 많은 부분을 차지하며, 곳곳에서 일년 내내 재배된다.

모든 종류의 알약이라고? 아니나 다를까, 베넷의 주장과 막 상 승곡선을 탄 토마토의 운명은 오하이오주 브런즈윅 출신의 아치 볼드 마일즈Archibald Miles라는 가짜 약장수의 관심을 끌었다. 그는 '아메리칸 하이진 필American Hygiene Pills'이라는, 원리가 수상한 제 품을 팔았지만 성공하지 못한 장사꾼이었다. 그 약은 과거 신문 의 뒷면 광고를 가득 채웠던 수많은 '만병통치' 특허 약들 중 하 나였다. 가장 인기 있는 약은 수은과 염화수은이 함유된 화합물 인 칼로멜calomel(감홍)이었다.

1837년 마일즈는 어느 이름 모를 의사(아마도 베넷이었을 가능 성이 높다)를 만났다. 그의 제안으로 약품 명을 변경하고, 새로운 상표를 인쇄했다. 그렇게 나온 '닥터 마일즈의 토마토 추출약Dr. Miles' Compound Extract of Tomatoes'은 시장을 강타했다.

"토마토 알약이 당신의 질병을 낫게 한다"고 당당하게 말하는 광고들은 마일즈의 추출 약이 콜레라와 매독은 말할 것도 없고 "소화불량, 황달, 쓸개 질환, 결석, 류머티즘, 기침, 감기, 인플루 엔자, 인후염, 신경질환, 위산과다, 각종 임파선 부종, 변비, 복 통, 두통 등"도 낫게 해준다고 주장했다.

마일즈에 따르면 마법의 성분은 "토마토 농축액으로, 간장이 나 담낭 즉, 간에 특효가 있었다." 사실 그 약의 주된 '특효'는 작 은 양으로 즉각 반응이 나타났다. 그 알약은 기본적으로 하제下劑 였다. 칼로멜의 안전한 대체제(적어도 수은 중독은 일으키지 않았을 것이다)라고 마케팅을 한 그 알약은, 마일즈의 표현을 빌자면 "지금껏 대중의 심판이나 검사를 받기 위해 내놓은 것들 중 가장 가치 있는 품목"이었다.

마일즈는 사람들이 "대중의 심판이나 검사"를 하려고 접근하기 전에 뉴올리언스부터 캐나다 국경까지 배급업자를 줄 세웠고, 그에 더해 의사들과 언론으로부터 제공받은 인상적인 보증서들을 덧붙였다. 그러나 그는 그리 오래 독점적으로 시장을 지배하지 못했다. 출시 일년도 안 되어 닥터 마일즈의 토마토 농축 알약은 코네티컷 출신의 도전자 닥터 펠프스의 토마토 알약과 경쟁을 하게 되었다.

'닥터' 마일즈와 달리 가이 펠프스Guy Phelps는 1825년에 하버드 의대를 졸업한 진짜 의사였다. 펠프스는 자신이 대학에서 연구하는 동안 토마토의 의학적 특성에 정통하게 되었다고 주장했지만, 마일즈는 합리적인 이유로 닥터 펠프스에 회의적이었다. 닥터 마일즈의 토마토 화합추출물의 뉴욕 배급사는 다름 아닌 가이의 형제 조지가 운영하는 제약회사 '호들리, 펠프스 앤 컴퍼니Hoadley, Phelps, and Co.'였던 것이다.

마일즈는 뉴욕의 배급사에 스파이를 보내 자신의 알약을 대량 구입하라고 지시했다. 하지만 '호들리, 펠프스 앤 컴퍼니'는 약 구매를 강력히 말리며, 장래의 바이어에게 그 약의 위험성을 경고했다. 그러면서 대신 놀랍게도(!) 닥터 펠프스의 토마토 알약을 추천했다. 이야기를 듣고 분노한 마일즈가 판매되지 않은 약을 회수하겠다고 통보하자 '호들리, 펠프스 앤 컴퍼니' 측은 마일즈로부터 받았던 약을 고스란히 돌려주었다. 그 말은 뉴욕 배급사가 미국 내 가장 큰 시장에서 지금까지 마일즈의 알약을 한 상자도 팔지 않았다는 의미였다. 이들의 불화는 토마토 각시벌레보다 더 추악해졌다. 서로가 상대방이 사기꾼, 거짓말쟁이에 특허법을 위반했고, 칼로멜이나 다른 형태의 수은이 함유된 약을 생산해서 대중을 위태롭게 했다고 비난했다.

마일즈는 펠프스를 "돌팔이" "사기꾼"이라고 부르며 펠프스가 자신의 제조법을 훔쳤다고 주장했다. 반대로 펠프스는 마일즈를 "내가 기르는 말만큼이나 의사 타이틀을 얻기에 부족한 사람"이라고 비난하는 편지를 공개함으로써 맞받아쳤다.

두 비난 모두 두 사람의 입에서 나온 주장 중 가장 정확한 말들이었다. 그리고 마일즈가 경쟁자의 제품에 토마토가 함유되지 않았다고 단정한 것 역시 뭔가 짚이는 데가 있었기 때문이다. 펠프스가 그 많은 알약을 팔아 떼돈을 벌고 있지만, 정작 "코네티컷에서 생산되는 토마토 전량을 사용해도" 펠프스가 팔아치운 알약을 만들어낼 수 없다는 점을 마일즈는 인지했을 것이다. 가이 펠프스의 1839년 거래 장부를 취재한 〈하트포트 데일리 커런트*Hartford Daily Current*〉지는 감초, 알로에, 수지, 아라비아검(아카시아의 수액을 굳혀서 만든 천연검의 일종—옮긴이), 시나몬, 알코올,

"역사상 가장 안전하고 효과적인 치료 약을 발견했다"고 주장하는 닥터 펠프스의 토마토 조제약 광고. (1838년 12월 7일자 〈벌링턴 프리 프레스Burlington Free Press〉, Library of Congress, SN84023127.)

초록색과 노란색 색소를 주문한 사실을 확인했지만 토마토를 구입한 내역은 찾지 못했다. 한편 마일즈의 알약을 분석한 펠프스는 "알로에, 대황, 페퍼, 콜로신스(강력한 하제 효과가 있는 박과 식물) 그리고 몇 가지 방향유"만 함유하고 있다고 주장했다.

진흙탕 싸움이 이어지며 양쪽 전투원들이 더럽혀지는 동안 추가로 생겨난 경쟁자들, '할록의 토마토 파나세아Hallock's Tomato Panacea' '닥터 페인의 토마토 컴파운드 필Dr. Payne's Compound Tomato Pills' '벤저민 브랜드레스의 유니버설 베지터블 필Benjamin Brandreth's Universal Vegetable Pills'은 시장을 야금야금 잠식해가고 있었다. 일간지들은 이 짧은 싸움의 와중에 수만 건의 토마토 알약 광고로 쏠쏠한 재미를 보았다. 브랜드레스 회사 한 곳만 당시 일년 광고로 10만 달러를 썼다고 주장할 정도였다.

1840년대 초반 경쟁자의 제품을 쓰레기(우리 모두 알듯 말 그대로 쓰레기였을 것이다)라고 비난하는 양쪽의 주장을 대중이 받아들이면서 토마토 알약 시장은 붕괴하기 시작했다. 콜레라 유행이 서서히 잦아든 것도 알약의 소멸을 재촉했다. 설상가상 1837년의 경제 위기가 특히 북동부의 주들을 강타했고, 건강 약품은 소수만 구입할 수 있는 사치품이 되었다.

놀랍게도 마일즈와 펠프스는 치열한 싸움에서 살아남았을 뿐만 아니라 이후로도 계속 번성했다. 마일즈는 성공한 부동산 중개인이 되었다. 가짜 약장수 기질은 그의 핏줄에 흐르는 게 분명하다. 그 세기가 끝나갈 무렵 그의 친척이 '닥터 마일즈의 원기회복 신경진정제Dr. Miles' Restorative Nervine'로 가문의 전통을 부활시켰고, 그 수익금으로 매우 성공적인 마일즈 연구소를 만들었기 때문이다. 그 회사는 1979년 거대 제약회사 바이엘 AG에 팔렸다.

한편 가이 펠프스는 계속해서 다양한 강장제를 판매했다. 그러다 건강보다 더 확실한, 즉 죽음을 이용한 돈벌이에 뛰어들어, 코네티컷 뮤추얼 라이프 보험회사를 설립했다. 펠프스 자신은 1869년, 자본 2,300만 달러가 넘는 회사를 남기고 세상을 떠났다.

가짜 약은 그렇다 치고 토마토가 건강에 이롭다는 주장은 어떻게 근거를 갖게 되었을까? 콜레라나 소화불량을 치료하지는 않지만, 토마토는 실제로 건강에 매우 유익하다. 8온스(약 2,260g)짜리 토마토 한 개는 성인의 일일 비타민 C 권장 섭취량의 60퍼센트, 비타민 A 권장 섭취량의 30퍼센트를 충족시킨다. 토마토에는 비타민 B와 철분뿐만 아니라, (지나치게 비방을 당한 베넷과 마일즈, 펠프스에게 미안하게도) 항암 성분이 있는 것으로 알려진 라이코펜(토마토와 수박의 빨간색에 들어있는 항산화 성분)이 풍부하다. 토마토 섭취시 조심해야 할 유일한 단점은 신맛이 일부 민감한 위장을 탈 나게 할 수 있다는 점이다. 그래서 100년 전부터 신맛이 덜한 토마토 품종을 만들려는 시도가 계속 이어지고 있다.

심지어 오늘날에도 당신은, (대부분 토마토의 라이코펜 성분에 근거하여) 토마토가 건강에 만능이라고 주장하는 사람들을 만날 것이다. 토마토는 전립선암부터 심장병, 낮은 정자 운동성에 이르기까지 뭐든 예방하고 치료하는 데 도움이 된다고 알려져 있다. 그러나 토마토 자체에 대한 이 같은 연구 결과는 적당히 받아들이는 게 최선이다. 그 이유는 이런 연구가 대부분 미리 준비해 둔 토마토 농축액을 이용해서 이루어지기 때문이다. 경우에 따라 매일 그리고 매번 6개의 토마토를 먹거나 토마토 페이스트 반 캔에 해당하는 양을 섭취해야 할 정도로 그 농도가 높다. 아니면 알약을 먹든가.

1840년대에 토마토 알약은 신임을 잃고 추락했다. 하지만 베넷, 마일즈, 펠프스의 활약으로 대중의 의식 속에 확고히 자리 잡은 토마토는 계속해서 미국인의 심장과 위장을 굴복시켰다. 한때 조롱받던 채소가 식물계 최고의 자리에 올라간 데는 건강에 대한 열풍 이상의 것이 있다.

미국은 변화하고 있었다. 농업사회에서 산업사회로, 기술 좋은 장인에서 어셈블리 라인(여러 부품을 모아 컨베이어 체계에서 제품으로 조립하여 가는 공정-옮긴이)의 노동자로 바뀌었다. 그리고 토마토는 그 중심에 놓이게 될 운명이었다. 다가오는 수십 년 사이에 토마토는 최초로 어셈블리 라인으로 들어갔으며 캔과 병에 저장되는 최초의 식품이 되었다. 식품 브랜딩이라는 개념이 도입되었고 우리도 모르는 사이에 가공품이 되어 전쟁터로 갔다. 다시 말해 토마토는 19세기 미국의 스토리가 되었다.

토마토, 마침내 깡통 속으로 들어가다

1800년대를 거치면서 토마토 생산은 승승장구했다. 비옥한 토양과 대서양의 온화한 기후, 인접한 3대 시장(뉴욕, 필라델피아, 윌밍턴)의 조건을 갖춘 세일럼 카운티가 이끄는 뉴저지는 미국 최대의 토마토 생산지가 되었다. 따라서 많은 토마토가 북동부와 대서양에 인접한 중부에서 재배되었고, 수확의 정점인 8월이면 시장가는 가파르게 떨어졌다. 1855년부터 세일럼 카운티에서 10에이커의 토마토 농사를 지어온 에드먼드 모리스Edmund Morris는 조기 수확한 토마토가 한 바구니에 2달러에 팔리는 반면 한여름에는 1부셸(약 27.216킬로그램)에 25센트까지 하락하는 탓에 농부들이 수확 및 운송 비용을 아끼려 밭에 있는 토마토를 그대로 썩게 내버려 둔다는 점을 주목했다.

따라서 토마토를 조기에 재배하기 위한 장려책이 열기를 띠었다. 거름을 찔 때 생기는 열로 온실을 데워 모종의 생장 속도를 높인다든지, 메릴랜드와 버지니아 같은 온난한 지역에 밭을 추가한다든지, 토마토 씨앗을 일찍 파종하는 등 여러 가지 전략이 동원되었다. 하지만 농부들에게는 수확기에 쌓이는 토마토 재고로 수익을 낼 방법이 필요했다.

간접적이지만 구원의 손길을 보낸 것은 가장 어울려 보이지 않는 나폴레옹 보나파르트였다. "군인들도 배를 채워가며 행군을 시켜야 한다"는 유명한 말을 했다고 알려지는 나폴레옹은 1800년 1만 2,000프랑의 상금을 걸고 병사들에게 식품을 효율적으로 공급할 새로운 아이디어를 공모했다. 상금은 과학자가 아닌 파리의 요리사 니콜라 아페르Nicolas Appert(1749~1841. 프랑스 출신의 제과업자이자 발명가로 병조림을 최초로 고안해 '통조림의 아버지'로 알려진 인물이다―옮긴이)에게 돌아갔다. 그는 1806년 박람회에서 고기, 과일, 채소를 (하이라이트는 염소 한 마리를 통째로) 포장하고 저장하는 방법을 시연했다. 유리병에 넣어 코르크와 밀랍으로 밀봉한 다음 끓는 물에 넣었다 빼는 방법으로, 오늘날 가정에서 저장식품을 보관하는 방법과 다르지 않았다. 1820년대 말, 토마토는 병에 담겨 상업적으로 유통하는 최초의 식품이 되었다. 이는 점점 커진 토마토의 인기뿐만 아니라 강한 신맛이 토마토를 덜 상하게 한다는 사실을 보여주는 증거였다.

10년 후 영국인 피터 듀런드Peter Durand(1766~1822. 깡통을 사용해 식품을 보존하는 아이디어로 최초의 특허를 받은 상인―옮긴이)는 깨지기 쉬운 유리병을 철제 깡통으로 대체함으로써 아페르의 발명품을 개선했다. 깡통 내부는 녹스는 것을 막아주는 주석으로 마감했다. 주석은 영국 남서부에서 풍부하게 발견되었다. 그러나 중요한 액세서리인 캔오프너 개발을 간과하는 바람에 안타깝게도 듀런드의 주석 캔은 인기를 끌지 못했다. 그러다 1855년에 또 다른 영국인 로버트 예이츠Robert Yates(영국 미들섹스에 살았던, 칼붙이와 외과수술 기구 제조업자—옮긴이)가 그 골치 아픈 깡통을 따는 수단을 발명했다.

미국은 한창 남북전쟁 중이었다. 세계 최초의 '통조림' 전쟁이라 할 남북전쟁에서 북군은 통조림 식품 덕분에 행군을 중단하고 비우호적인 민가에서 강제로 식량을 조달할 필요 없이 최소한의 군용 식량만 챙겨 이동할 수 있었다. 반면 남부연맹 병사들은 밀가루 같은 마른 식품을 제외한 식량을 구하려고 시골 민가를 샅샅이 뒤져야 했다. 전투에서 승리한 남군이 북군의 식량창고를 습격하는 일도 종종 벌어졌다. 제대로 먹지 못한 남군은 북군의 통조림에 든 고기와 채소를 허겁지겁 맛보았다.

난생처음 캔 토마토를 맛본 양 진영의 병사들은 집으로 돌아온 후에도 통조림을 찾았고, 맛을 발전시켰다. 전쟁은 토마토와 초기 통조림 산업 모두에게 은혜였다. 1870년 100여 개의 통조림 공장에서 매년 3,000만 개의 통조림을 생산해냈다. 전쟁 전보다 무려 6배 증가한 생산량이었다. 인상적으로 들리지만 한 해 일인당 소비량이 한 개가 안 되는, 당시 제조기술의 한계를 보여주는 작은 양이었다.

통조림 제조업은 일일이 손으로 자르고 둥글리고 납땜을 해서 깡통을 만드는 일부터 시작해 모든 과정이 정교하고 손이 많이 갔다. 토마토 재배업자 에드먼드 모리스는 남부 뉴저지의 토마토 통조림 공정을 설명할 때 그 과정부터 시작했다.

방 한쪽 끝에 커다란 열탕기 세 개가 놓여있다. 근처에 있는 또 다른 열탕기는 내용물을 데우는 곳이다. 토마토는 먼저 이 열탕기에서 적당한 시간 데워진 뒤 긴 테이블로 옮겨진다. 그러면 테이블 양쪽에 각각 10~12명씩 앉은 젊은 여성들이 재빨리 토마토의 껍질을 벗긴다. 껍질이 벗겨진 토마토는 다시 열탕기로 옮겨져 물이 끓어오를 때까지 기다렸다가 꺼내어 신속히 캔에 담긴다. 마지막으로 양철공들이 전달받은 캔을 정교하고 놀라운 솜씨로 뚜껑을 봉하고 납땜을 한다.

그런 다음 캔을 끓는 물에 6시간 동안 넣어 세균과 기타 미생물을 살균한다. 그러나 그 캔들은 완전히 밀폐되지 않았다. 캔이 터지지 않고 증기가 빠져나가도록 깡통 위에 작은 구멍을 남겨두었다가 나중에 봉했다. 손으로 밀봉까지 모두 끝내더라도 납땜 부스러기를 삼킨다든지 하는 등의 위험은 언제나 존재했다.

마침내 이 과정의 수고를 덜어주는 도움의 손길이 나타났다. 남북전쟁 이후 이어진 증기 동력의 광범위한 사용과 더불어 언뜻 반복적인 과정처럼 보이는 자동화를 이룩한 미국 혁신들가의 능력은 토마토 통조림 산업의 기하급수적인 성장에 박차를 가했다. 혁신가들은 1분에 40~50개의 캔을 채울 수 있는 벨트로 작동되는 캔 필러, 증기와 물을 이용해 껍질을 쉽게 벗기는 토마토 열탕 소독기를 고안했다.

통조림 제조 과정의 자동화 욕구는 증가하는 시장 수요와 더

불어 남북전쟁 이후 몇 년간 치솟은 숙련공 고용 부담이 맞물려 더욱 커졌다. 캐퍼(마개를 씌우는 사람, 내용물을 채운 깡통의 뚜껑을 납땜하는 '틴맨'을 가리켜 모리스는 이렇게 불렀다)는 특히 인력난이 심각했다. 조합에 속한 캐퍼들은 언제든 파업할 수 있는 위험이 존재했고, 그렇다고 비조합원 캐퍼를 조달하기도 쉽지 않아 통조림 공장주들은 속을 끓였다.

그러나 가장 높은 임금을 받고, 인력 확장에도 가장 큰 장벽이 있는 직군은 프로세서였다. 밀봉한 캔을 끓는 물에 담가 그 안에 든 내용물을 살균하는 가장 중요한 단계를 맡은 직종이었다. 전쟁 이후 10년 동안 프로세싱은 여전히 베일에 싸인 신비의 기술이었다. 마술사들처럼 비밀을 엄수하는 제한된 몇 명만 기술을 행사하면서, 높은 대가를 제시하는 대상에게 자신의 서비스를 팔았다. 프로세싱은 안전하게 저장될 만큼 충분히 가열하되, 지나쳐서 품질을 떨어뜨리지 않는 것 사이의 정교한 균형이 요구되었다. 어느 한쪽에서 실수하면 소비자를 잃고, 다른 한쪽에서 실수하면 소비자의 생명을 위태롭게 만들 수도 있었다. 숙련된 프로세서는 둘 사이의 균형을 맞출 줄 알았다.

1870년대 말 앤드류 슈라이버Andrew Shriver가 압력솥을 발명하면서 통조림 산업에서 프로세서의 지배권이 약화하기 시작했다. 우리가 사용하는 압력 쿠커의 전신인 이 기구는 통조림 공장에서 끓는 물을 압력 증기로 대체시켰고, 프로세싱의 결정적인 단계에서 경험에 의한 어림짐작을 배제시켰다.

1887년 뉴저지주 브리지톤의 J. D. 콕스J. D. Cox라는 기술자가 한 번에 6개의 캔에 뚜껑을 덮고 납땜까지 하는 장비를 개발한 후 가차 없는 자동화의 행진에서 탈락한 다음 직종은 캐퍼들이었다. 그의 무뚝뚝한 세일즈 브로셔 표현대로 "임금을 받으면서 보스가 필요하다고 생각하는 것보다 더 많이 시간을 허비하는 캐퍼"를 없앨 수 있게 되었다. 생계 수단을 지키기 위해 노동자들이 매일같이 방화와 유혈사태를 벌이자 생명의 위협에 직면한 소유주들은 권총을 소지한 공장 경비를 고용했다.

너무도 당연하게 기계가 이겼다. 그 세기의 마지막 몇 년 사이에 접합부를 말아서 붙인 캔이 도입되었고, 현대의 캔조차 거기에서 더 나아갈 필요가 없었다. 마지막으로 남은 통조림 산업의 자동화 과제인 레이블 부착은 1893년 크납Knapp 사가 자동 레이블러를 발명하면서 해결되었다. 레이블 부착은 주로 여성들이 전담하는 저임금의 작업이었다. 자동 레이블러는 자동 캐퍼보다는 저항을 덜 받으며 채택되었다.

이들 혁신은 통조림 산업을 변화시켰다. 그러나 아마도 그 시기의 가장 의미 있고 지속적인 혁신은 통조림 공장에서 다양한 단계를 거쳐 채소를 이동시키는 '자동화 라인'의 도입일 것이다. 헨리 포드가 자동차 제작을 위한 어셈블리 라인을 '고안하기' 수십 년 전의 일이다. 이런 시스템 중 하나인 트라이엄프 플랫폼 컨베이어 필링 테이블Triumph Platform Conveyor Peeling Table은 토마토 껍질을 벗기는 수작업을 간소화시켰다.

자동화로 인해 신선식품 저장이 훨씬 쉬워지고 물량도 많아지면서 사람들은 이런 트렌드를 등에 업은 거대 기업이 작은 통조림 공장을 탈취하게 될 거라고 예견했을지 모른다. 그러나 반대의 현상이 일어났다. 통조림 사업에 뛰어드는 데 필요한 장비가 별로 비싸지 않고 쉽게 구할 수 있었기 때문이다. 게다가 각각의 혁신이 일어날 때마다 숙련된 인력이 덜 필요해졌다. 따라서 통조림, 특히 토마토 통조림 제조는 미국 농가들의 가장 큰 부업이 되었다. 사업주들은 수확기와 지역에 맞춰 토마토밭 근처(때로는 밭 안에)에 소규모 통조림 공장을 세웠다. 실제로 많은 농부들이

트라이엄프 플랫폼 컨베이어 필링 테이블은 토마토 가공에 어셈블리 라인을 도입했다. (1913년 스프라그Sprague 사의 통조림 기계와 서플라이 카탈로그에서. 스미소니언 도서관 기록보관소. 존 호닉 제공)

여름철 수확기에 과잉 생산한 토마토를 처리하기 위해 자신들만의 통조림 공장을 열었다.

미국의 통조림 공장 숫자는, 1870년 100개에서 1900년 무렵 최소 1,800개로 늘어났다. 토마토는 옥수수, 굴, 농축우유와 함께 인기 있는 통조림 제품이었다. 토마토 전설이 만들어지는 데 기여한 존슨 대령의 세일럼 카운티는 이미 생토마토 생산에서 선두였고, 통조림 제품에서도 국가를 이끌었다. 찰스 캐스퍼는 자신의 통조림 공장 역사를 설명한 글에서 31곳의 통조림 공장에서 매년 1,200만 개의 캔을 생산함으로써 "1892년 세일럼 카운티는 통조림 산업에서 전성기를 맞았다"고 썼다. 토마토 산업은 혁신을 자극했고, 혁신은 토마토 산업을 변화시켰다. 그러나 이제 미국에서는 기술의 독창성만큼이나 큰 변화가 캔 안에서 일어나려 하고 있었다.

간편식의 시대를 활짝 열어젖힌 토마토 수프

50세의 조지프 캠벨Joseph Campbell(1817~1900. 1869년에 파트너인 에이브러햄 앤더슨과 그 유명한 캠벨 수프 사를 창립한 미국의 사업가—옮긴이)은 남북전쟁 직후 필라델피아의 과채상 구매 대리인 일을 관두고 뉴저지 통조림 회사의 파트너가 되었다. (세일럼에서 40마일밖에 떨어지지 않은) 캠든에 위치한 회사의 소유주는 전직 함석공 에이브러햄 앤더슨Abraham Anderson이었다. 캠벨은 통조림 뚜껑 발명가 J. D. 콕스를 배출한 브리지톤 근교 과일 농장에서 어린 시절을 보냈다. 1877년 캠벨은 자신들의 시그니처 제품 중 하나가 될 제품의 판권을 보유한 동업자를 끌어들였다. 다름 아니라 캔 한 개에 토마토 한 개가 들어갈 정도로 크다고 광고한 '비프스테이크beefsteak' 토마토(앤더슨이 고안한 용어다)였다. 크기 외에는 시중에서 살 수 있는 수많은 브랜드의 캔 토마토와 별다를 게 없는 평범한 토마토였다. 그러나 캠벨은 브랜딩과 막대한 광고로 (그의 완두콩 통조림 Strictly Fancy Small Peas와 아스파라거스 통조림 Fancy Asparagus과 함께) 비프스테이크 토마토를 다른 데서 살 수 없는 독특한 상품이라고 홍보했다.

그렇게 유명 브랜드의 토마토가 탄생했다.

그러나 대중은 쉽게 설득당하지 않았고 캠벨 사는 돈이 술술 새어나갔다. 1893년 조지프는 사업가인 아서 도랜스Arthur Dorrance에게 기업 경영권을 매각했다. 그리고 4년 뒤 아서의 조카인 존 도랜스John Dorrance가 MIT와 괴팅겐대학교에서 학위를 취득하고 회사에 합류했다. 그는 즉시 캠벨이 버린 토마토를 다시 주워 캠벨 사의 통조림 제품들을 다른 곳에서는 살 수 없는 진정 독특한 제품으로 만들 방법을 모색했다.

그가 내놓은 해법은 토마토 수프, 엄밀히 말하면 농축 토마토

"으음! 으음! 맛있군!" 시선을 잡아끄는 과감하고 간결한 캠벨 수프 캔. (캠벨 수프 사와 그 자회사의 허락을 받아 이미지를 사용함)

수프였다. 명칭이 오해를 불러일으킬 수 있는데, 농축 수프는 수프에서 수분을 날려 만든 게 아니다. 처음부터 아예 물을 넣지 않는다. 그럼에도 농축 수프는 판매에 여러 가지 이점을 지니고 있었다. 캔이 작아서 제작비가 덜 들고, 레이블이나 선적 비용도 마찬가지였다. 식료품점이나 가정집 선반에서 보관 공간을 덜 차지했다. 수프 출시 일년 안에 (농축 콘소메, 채소, 치킨, 쇠꼬리 등과 함께) 캠벨 사는 다시 수익을 내기 시작했다.

새 제품에는 새로운 레이블이 필요했다. 회사는 이미 오렌지색과 검정으로 레이블을 재디자인하는 작업을 하고 있었다. 즉각적으로 "음, 음, 맛있군!M'm! M'm! Good!"(캠벨 사의 광고 슬로건

중 하나—옮긴이)보다는 "사탕 안 주면 골탕 먹일 테야Trick or Treat!"
라는 메시지가 더 강해 보이는 색깔이었다. 1897년 펜실베이니아
대학교가 주최한 추수감사절 풋볼 게임에 코넬대학교를 초청했
을 때였다. 참석한 팬들 중 캠벨 사의 직원이자 장차 회계담당자
가 될 버튼 윌리엄즈Herberton Williams가 있었다. 그는 방문팀인 코
넬대학교 선수들의 과감한 빨강과 흰색 유니폼에 깊은 인상을 받
았다. 회사로 돌아온 그는 새로운 레이블에 그 색깔이 이상적이
라고 제안했다. 상사는 동의했고 두 달에 걸쳐 캔을 뒤덮을 새 디
자인이 만들어졌다. 그 후로 디자인은 거의 바뀌지 않았다.

　대중에게 친숙했던 캠벨 수프의 레이블은 앤디 워홀이 캠벨 수
프 사의 캔(각각 다르다)을 소재로 한 32가지 실크스크린 캔버스
연작을 전시하면서 1962년의 아이콘으로 격상했다. 그 예술가는
왜 그런 소재를 선택했느냐는 질문을 받았을 때 다소 쑥스러워하
며, "평소에 즐겨 먹어요. 난 20년 동안 매일 똑같은 점심 식사를
해요."라고 대답했던 것 같다. 워홀만이 할 수 있는 말처럼 들린
다. 그러나 전직 광고 일러스트레이터였던 앤디는 레이블의 심미
적인 면에도 끌렸던 것이 분명하다. 깔끔하고 군더더기 없는 디
자인은 수프의 성격을 말해주는 한편 미묘하게 단순함과 유익함
을 암시한다.

　간결한 레이블은 수프 제조 공정의 복잡함을 잊게 만든다. 예
를 들어 캠벨 사의 과학자들은 수프를 가공하는 통에서 날아가는

휘발성 기체(그 휘발성 기체는 수프에 향을 더해준다)를 포집해서 다시 수프로 넣어주는 방법을 개발했다.

농축 수프는 토마토를 저장 채소에서 완벽한 한 끼 식사로 격상시켰다. 최소한의 먹을거리에서 고도로 가공된 식품이 되었다. 실제로 훗날 간편식으로 불리게 될 식품 역사의 초창기, 어마어마한 성공 사례였다. 바쁜 어머니나 예술가는 캔을 따서 물을 넣고 크래커를 조금 부수어 넣으면 10분 만에 식탁에서 점심을 먹을 수 있다. 그때도 그랬지만 요즘도, 간단하면서 위로가 되어주는 의식이다.

통조림 산업을 변화시킨 산업화와 자동화 덕택에 세상에 나온 고도로 가공된 간편식은 시간을 잡아먹는 음식 준비 의무에서 벗어나게 해줌으로써 여성들이 노동시장에 쉽게 뛰어들도록 도왔고, 미국인의 식단과 사회에 광범위한 영향을 끼쳤다. 그리고 스파게티 소스나 냉동 피자 같은 간편식 대부분에 빠지지 않는 것이 토마토였다.

토마토 수프의 인기는 토마토가 쓰게 될 왕관에 박힌 또 하나의 보석이었다. 1800년대 말, 토마토는 미국에서 가장 인기 있는 신선 채소이자 옥수수와 더불어 가장 잘 팔리는 두 종류의 캔 채소 중 하나가 되었다. 물론 토마토는 절대 채소가 아니라고 우기며 지역 최고 법원에 갈 것을 끝까지 주장한 사람들도 있었다. 이 논란은 토마토를 또다시 법원으로 가게 했고, 이번에는 진짜로,

미국 대법원의 법복 입은 아홉 명 법관 앞에 서게 되었다. 계단이 여러 개 있는 법원에.

캔 토마토를 대중화시킨 남북전쟁은 생토마토에도 타격을 주었다. 전쟁 전에 버지니아와 남부 주에서 재배되는 토마토를 일찌감치 선적했던 북부의 구매자들은 전쟁이 발발하자 비수기 농산물을 구매하기 위해 버뮤다와 바하마로 눈을 돌렸다. 전쟁이 끝나고 재건이 시작되면서 남부의 농부들은 자신들의 시장을 되찾기 위해 1883년 관세법 조정 때 수입 채소에 10퍼센트의 관세를 매기도록 로비에 나서 성공했다. 이로써 "자연 상태나 소금 또는 소금물에 절인 상태의 수입 채소"에는 관세를 부과하되 "익었거나 건조된 초록색 과일"은 예외로 하는 관세법이 발효되었디.

3년 후 미국 최대 과채 수입업자 중 한 명인 뉴욕의 존 닉스John Nix는 뉴욕항의 관세청 직원 에드워드 헤든Edward Hedden으로부터 관세법에 따라 토마토 선적 화물에 세금을 내야 한다는 말을 듣고 깜짝 놀랐다. 닉스는 투덜거리며 마지못해 세금을 냈지만 토마토는 식물학적으로 채소가 아닌 과일이므로 세금을 부과해서는 안 된다는 주장을 굽히지 않았다. 일년 후 그는 세금을 환급받기 위해 세관원을 상대로 소송을 제기했다.

1893년 닉스 대 헤든 사건은 미국 대법원으로 갔고, 거기에서 토마토가 과일이냐 채소냐를 두고 판결이 나게 되었다. 이는 그 기간에 헤든이 피고로 대법원에 회부된 두 사건('완성된' 가구의 정의에 따라 결과가 달라지는 또 다른 비슷한 사건에도 연루되었다) 중 하나였다. 세금징수원이라는 직업이 당시에 얼마나 어려움이 많았는지 짐작게 한다.

닉스의 변호인이 〈웹스터 사전〉과 다른 사전에 실린 과일과 채소, 토마토의 사전적 정의를 읽으면서 구두 변론은 사전 배틀이 되었다.

헤든의 변호인은 〈웹스터 사전〉에 실린 콩, 가지, 오이, 스쿼시, 고추 같은 단어의 정의를 가지고 반박했다. 만약 법정이 토마토를 과일로 판결하면 이 모든 유서 깊은 채소들도 같은 바구니에 담겨야 한다고 그는 주장했다. 그의 논리는 이랬다. 1888년 〈웹스터 사전〉은 콩을 "식물이며 그 열매는 식품으로 많이 재배된다"고 정의하고, 가지는 "토마토와 같은 과의 식물이며 계란과 비슷한 모양의 크고 매끄러운 열매다"라고 정의했다.

닉스의 변호인은 감자, 무, 방풍나물, 컬리플라워, 양배추, 당근, 콩 같은 일반 채소의 사전적 정의를 나열하며 토마토가 왜 그것들과 같은 채소가 되어야 하는지 합당한 근거를 대라고 반박했다. 장시간 계속된 배틀에서 양쪽이 더는 근거를 내놓을 수 없게 되자 모두들 한시름 놓았다.

법원은 만장일치로 세금징수원에게 유리한 판결을 내렸다. 그러나 아쉽게도 판결 직전인 2월에 사망하는 바람에 헤든은 이 승리를 만끽하지 못했다(같은 날 가구 사건 판결은 패했지만 슬퍼할 수도 없었다). 그날 법정에서 판사 호레이스 그레이Horace Gray는 다음과 같이 명쾌한 판결을 내렸다.

토마토는 식물학적으로 오이와 호박, 콩이나 완두콩처럼 가지에 달리는 열매이다. 그러나 판매자나 소비자 할 것 없이 보통 사람들의 표현으로는 이 모든 것들이 채소다. 텃밭에서 기르며, 날로 먹든 익혀 먹든 감자, 당근이나 방풍나물, 무, 비트, 컬리플라워, 양배추, 샐러리, 상추와 마찬가지로 보통 저녁 식사 때 수프나 생선, 육류와 함께 먹으며, 디저트로 먹는 과일과 달리 기본적으로 식사의 일부를 구성한다.

하지만 재판의 정신에 따라 〈웹스디 사전〉을 인용해 과일을 정의해보면 전혀 다른 해석이 나온다. 토마토, 오이, 콩 그리고 나머지 것들이 식물학적으로 과일인 이유는 과일의 정의가 "대체로 종자식물의 식용 가능한 번식 기관"이기 때문이다. 사과, 오렌지, 토마토, 오이 열매는 번식이 이루어지는 용기容器이다. 이에 반해 당근과 샐러리는 그렇지 않다. 이 말을 달리 해석하면 과일은 과육이 있고 씨앗을 품는다. 이와 달리 채소는 뿌리와 줄기, 잎으로 구성된다.

여러분이 채소의 정의를 잊지 않도록 사전의 마지막 항목을 살짝 비틀어 이 사건을 마무리 지을까 한다. 판다가 바에 들어가 샌드위치를 먹어치운 뒤 허공을 향해 총을 한 방 쏘고 걸어나간다. "저게 뭐죠?" 황당한 손님이 묻는다. 바텐더는 설명하기 귀찮은 듯 구두점이 엉터리인 사전을 꺼내 판다와 관련된 항목을 읽어 내려간다. "포유류. 원산지는 중국. 먹고, 쏘고, 떠난다(eats, shoots, and leaves.)."(잘못 찍힌 구두점을 바로잡으면 판다는 어린잎shoots과 잎사귀leaves를 먹는다는 뜻이 된다—옮긴이).

한 나라와 그 나라의 음식을
규정하는 토마토

3장

산 마르자노의 기적

AD 79년 8월 24일, 위대한 박물학자이자 로마 제국의 연대기 편찬자인 플리니 디 엘더Pliny the Elder(23~79. 가이우스 플리니우스 세쿤두스 또는 대플리니우스—옮긴이)는 나폴리만의 친구 집에서 점심을 먹은 후 휴식을 취하고 있었다. 그때 만 건너편 휴화산으로 추정되는 곳에서 연기 기둥이 보였다. 수많은 이들이 겁에 질려 육지와 바닷가에서 도망치는 동안 플리니우스는 평생 가장 중요한 자연의 이벤트를 놓치지 않기 위해 작은 배를 타고 근원지를 향해 항해했다.

그리고 그는 다시 돌아오지 않았다.

폭발 한 시간 안에 낮은 밤으로 바뀌었다. 18시간 동안 하늘에서는 연회색의 재와 부석, 그리고 무엇보다 참혹한 지글지글 끓는 돌멩이들이 뒤섞여 불가해한 속도로 쏟아져 내렸다. 그사이 발아래 땅은 흔들리고 부자나 가난뱅이거나 할 것 없이 괴로운 선택을 해야 했다. 떨어지는 파편을 피해 숨을 것이냐, 아니면 달아날 것이냐.

자정 직후 헤르쿨라네움의 저택들은 화산니 더미에 깔려 흔적도 없이 사라졌다. 6시간 후 연기와 먼지 틈에서 태양이 솟아올랐을 때, 질식할 것 같은 자욱한 화산 가스와 파편이 베수비오산 언덕을 굴러 내려와서 폼페이시 전체를 삼켜버렸다. 마그마의 750℃ 플라즈마와 가스는 희생자들을 즉사시키고 근육을 수축시켜 태아 자세로 굳어진 채 오늘날까지 먼지 속에서 보존되게 했다.

화산 분출이 폼페이와 헤르쿨라네움의 시민 2만 명에게는 재앙이었지만(일반적으로 알고 있는 것만큼 많은 수는 아니었다. 인구의 90퍼센트는 탈출에 성공했다) 지구에는 환경적으로 축복이었다. 말 그대로 땅을 완전히 뒤집어엎어 새롭게 만들었다. 수세기에 걸쳐 비바람을 맞으며 재생되고 목초지가 된 후 무엇보다 특정한 품종의 토마토가 자라는 데 이상적인 환경을 남겨주었다. 베수비오산의 폭발이 있고 2,000년 후, 그 토마토의 영향력은 화산의 높다란 연기구름보다 더 멀리 퍼졌다.

르네상스라는 먹장구름이 걷히고 나서…,

1600년대 중반 토마토를 가렸던 장막이 서서히 걷히기 시작했다. 르네상스가 물러나고 계몽주의 시대 시대가 도래했고, 다음 세기에는 뉴턴과 린네 같은 현대식 사상가들이 갈렌과 히포크라테스를 대체했다. 인간의 체질에 대한 2,000년 된 이론은 마침내 무덤으로 들어갔다. 토마토를 끌어 내렸던 "차고 습하다"는 낙인도 함께 사라졌다. 식품에 대한 일반적인 태도도 이탈리아뿐만 아니라 전 유럽에서 바뀌었다. 실제로 음식을 즐기고, 잘 먹는 방법을 뜻하는 '가스트로노미아gastronomia'(미식)라는 신조어가 이탈리어어 사전에 등재되었다.

이탈리아에 처음 소개되고 한 세기 반이 지난 1694년, 토마토는 비로소 이탈리아의 요리책 《현대식 집사: 연회를 잘 준비하는 법Lo scalco alla moderna or The Modern Steward》(영어로는 'The Art of Preparing Banquets Well')에 등장했다. 이 책은 토마토에게도 행운을 가져다주었지만 셔벗sorbet(이탈리어어 sorbetto에서 유래, 과즙에 물, 우유, 크림, 설탕, 달걀흰자 또는 젤라틴 등을 넣고, 아이스크림 모양으로 얼린 빙과—옮긴이)의 레시피를 세상에 최초로 공개한 책으로 더 잘 알려져 있다.

저자 안토니오 라티니Antonio Latini(1642~1692)는 거리의 떠돌이 고아 출신으로 레스토랑 접시닦이에서 요식업계의 사다리 끝까지 올라갔던 인물이다. 그는 41세에 스페인 섭정 황태자(나폴리 왕국이 스페인의 지배를 받던 시기다)의 집사라는 존경스런 일자리를 제안받고 이탈리아반도 아래쪽으로 내려왔다. 황태자는 베수비우스 언덕에 빌라를 소유하고 있었다. 라티니는 스페인의 영향으로 토마토를 처음 시식할 수 있었다. 라티니의 두 권짜리 저서에 실린 토마토 레시피 세 개 중에서 하나에만 토마토가 주재료로 들어간다. 그을린 토마토와 다진 양파, 칠리, 타임, 소금, 오일, 식초로 만드는 살사가 그것이다. 오늘날 멕시코의 치와와주에서 먹는 살사와 매우 비슷하다.

라티니는 자신의 살사를 삶은 고기나 '다른 어떤 것'에 곁들여 먹으라고 권유한다. 그의 토마토 사용은 '이탈리아' 방식처럼 보이지 않는다. 그것은 여전히 남아메리카 양념으로 취급되었다. 다만 라티니가 토마토로 요리했다는 사실은 17세기 말, 적어도 남부에서는 토마토가 어느 정도 받아들여졌음을 시사한다. 하지만《현대식 집사》를 마지막으로 이탈리아에서는 80년 동안 출판된 이탈리아 요리책이 없었고 토마토도 종적을 감추었다. 역사 기록에서 이렇게 커다란 간극이 있으니 이탈리아인들이 거의 1세기 동안 토마토를 어떻게 이용했는지 우리는 모른다.

다행히 수도자와 수녀들은 자신들의 삶을 기록하는 일을 순수 예술의 경지로 끌어올렸다. 수도원에서 그들은 모든 것, 특히 자신들이 1리라까지 어떻게 썼는지 일일이 기록했다. 그 덕에 우리는 1700년대 중반, 로마의 카사 프로페사Casa Professa(이탈리아 팔레르모의 천주교 성당, 게수 교회라고도 한다─옮긴이) 예수회 수사들이 7월이면 매주 금요일 프리타타frittata(오믈렛과 비슷한 이탈리아 요리. 속 재료로 잘게 썬 채소나 고기, 치즈, 파스타 등이 들어간다─옮긴이)에 토마토를 넣어 먹었다는 사실을 알 수 있다. 트라니의 셀레스틴 수도회 수녀들은 1751년에 정확히 20번 토마토 수프를 먹었다. 시칠리아의 베네딕트 수녀회는 모르타레토mortaretto라고 부르는 저장고에 토마토와 허브를 쟁여 두고 먹었다.

그리고 마침내 1773년에 출판된 《당당한 요리사*Il cuoco galante*》(영어로 'The Gallant Cook') 덕에 우리는 18세기 이탈리아에서 토마토가 어떻게 받아들여졌는지 전모를 이해할 수 있게 되었다. 저자인 빈센초 코라도Vincenzo Corrado(1736~1836)는 나폴리의 셀레스틴 베네딕트 수도사로 다른 베네딕트 수도회를 방문하면서 여러 지역을 여행했다. 따라서 그의 책은 이탈리아 전역에서 다양하게 토마토를 이용한 좋은 사례를 제공한다. 코라도는 걷고, 헤엄치고, 날아다니는 것들의 요리에도 토마토를 곁들여 먹었다. 익히거나 걸러서 멧비둘기 고기와 생선에 얹어 먹거나, 속을 파고 송아지고기나 쌀을 채워 넣어 먹거나, 으깨어 수프로 먹거나, 앤초비와 빵조각과 함께 굽거나 치즈, 계란, 향신료와 함께 다져 크로켓을 만들어 먹기도 했다.

이렇게 이탈리아인들은 토마토를 자기 방식대로 요리해 먹기 시작했다. 더 이상 다져서 살사로 먹는 것에 만족하지 않고 전통적인 재료와 채소로서 토마토를 이용했으며 현대의 이탈리아 음식과 닮은 요리를 창조해냈다.

그러나 이 모든 것들은 어디까지나 특권층의 레시피였을 뿐이다. 게다가 토마토가 가장 큰 영향을 끼친 것은 멧비둘기 요리에 곁들인 드레싱이 아니라 남부 이탈리아와 시칠리아의 가난한 서민들 식탁이었다는 사실을 간과하게 만들 수 있다. 채식 위주로 연명하던 가난한 농민들에게 토마토는 주식이 되었다. "농부가 닭고기를 먹을 때는 그 농부가 병들거나 닭이 병들었을 때다." 이런 이탈리아 속담이 암시하듯, 종류를 불문하고 육류는 드문 사치였다. 토마토가 채식 식단에서 중요한 부분이 된 데에는 그럴 만한 이유가 있었다. 토마토는 재배가 쉽고, 영양가가 풍부했으며, 칙칙한 식단에 밝은 색채를 더해주었기 때문이다.

따라서 1800년대 초 남부 이탈리아는 나폴리부터 시칠리아까지 넝쿨처럼 뻗어 나간 토마토 생산지가 되었다. 그러나 여느 텃밭 농사꾼도 알 듯 토마토는 보완적이고 도전적인 특질을 쌍으로 갖고 있다는 점이 문제다. 재배 기간은 짧지만, 갱단이 몰려오듯 한꺼번에 익는다. 채소가 주식이었던 가난한 이탈리아인들은 8월에 넘치는 토마토를 보관해서 일년 내내, 특히 3월의 결핍기에 대비할 방법을 찾았다.

초기의 가장 간단한 방법은 토마토가 아직 초록색일 때 땅에서 가지째 잘라 서늘한 곳에 거꾸로 매달아두고, 그 상태로 겨우내 따먹는 것이었다.

열매를 따서 피클을 담기도 했다. 소금을 뿌린 다음 식초나 바닷물을 담은 병에 저장했다. 고대 그리스 이후로 식품을 저장하는 방식이었다. 다만 가난한 사람들은 저장용 도기와 공간에 상당한 투자를 해야 하므로 불리했다. 그 후에 일어난 혁신은 비용도 들지 않고, 비록 농부들보다는 일요일 브런치 족이 더 좋아하지만 오늘날에도 여전히 인기가 있다. 바로 선드라이드 토마토 sun-dried tomato다. 뜨거운 지중해의 태양과 지속적인 산들바람, 그리고 습도가 낮은 이탈리아 남부의 기후는 토마토를 건조하는 데 이상적이다. 게다가 더 이상 쉬울 수가 없다. 토마토를 반으로 잘라 소금을 약간 뿌려 수분을 제거한 뒤 테라코타 지붕에 널어놓기만 하면 되기 때문이다. 일주일쯤 지나면 토마토 무게의 90퍼센트가 줄어들 것이다.

그러나 사다리를 타고 올라가기 전 확인해야 할 점이 있다. 만약 당신의 집 지붕이 테라코타 타일이 아니라면 그 지역의 기후는 토마토를 건조하기에 적당하지 않을 가능성이 있다. 나는 여러 번 집 밖에서 철망에 토마토를 말려보았지만 노스웨스트의 늦여름 습도 때문에 완전 건조가 어려웠다. 결국은 3학년 과학 실험 시간에 배운 것처럼 곰팡이가 피는 것을 보고야 말았다.

피클을 만들고 햇볕에 건조하는 방법은 비록 신선한 상태는 아니지만, 토마토를 일년 내내 먹을 수 있게 해주었다. 그러나 다음 방법은 보존된 토마토를 신선한 토마토와 별개의 정체성과 역할을 가진 독자적인 식품으로 만듦으로써 채소 자체의 용도를 바꾸었다. 바로 토마토 페이스트다.

그녀들의 창조적인 레시피,
'콘세르바 네라'

남부 이탈리아의 주부들은 토마토를 걸쭉한 페이스트로 만들면 오래 두고 먹을 수 있다는 사실을 알았다. 오늘날 캔이나 튜브에 담아 판매하는 토마토 페이스트보다 수분이 적고 뻑뻑했다. 우선 잘 익은 토마토를 야외의 커다란 통에 넣고 뭉근히 끓여 걸쭉한 소스로 만든 다음 걸러내어 씨앗과 껍질을 제거했다. 남은 곤죽을 널빤지에 넓게 펴 햇볕에 며칠 동안 건조한다. 페이스트가, 오늘날 슈퍼마켓에서 볼 수 있는 건조시킨 아프리콧 가죽 정도로 딱딱하게 바싹 마르면 '콘세르바 네라conserva nera'라고 부르는 반투명의 시트가 된다. 이를 기름종이에 돌돌 말아 보관하거나 덩어리로 만들어둔다. 수프나 스튜, 소스의 맛을 낼 때 이용하는 이 영양가 있는 콘세르바는 얼마나 진하게 농축되었는지, 큰 솥에 수프를 끓일 때 한 숟가락만 넣으면 충분하다. 1850년 미국 신문에 실린 라 스페치아 마을의 레시피 소개 기사에 따르면 콘세르바 롤을 "수년간 보관"할 수 있다고 한다.

몇 날 며칠 끓이고 거르고 말리는 콘세르바 만들기는 단조롭고 고된 노동 같지만 1881년 프랑스 고고학자 프랑수아 르노르망 François Lenormant(1837~1883. 19세기 프랑스 헬레니스트이자 고고학자 —옮긴이)의 표현에 따르면 오히려 축제에 가까워 보인다.

칼라브리아 지역에서는 집집마다 일년 내내 두고 먹을 토마토 저장식품을 만든다. 이 지역 서민들의 삶에서 중요한 행사면서 일종의 축제 의식이자 파티와 모임을 위한 구실이다. (…) 이웃들, 특히 이웃의 여인들은 이 집 저 집 돌아가며 이 특별한 토마토 저장식품을 만들기 위해 모인다. 그 행사의 절정은 다 함께 모여 밥을 먹는 일이다. 여인들은 토마토를 으깨고 조리하며 한껏 수다를 떤다. 수 개월 동안 소문으로만 돌던 동네의 스캔들이 언급되고 확인되는 것도 이때다. 오늘날 민요에 열성인 학자들이 열심히 채집하는 진솔한 옛 노랫말이 세대에서 세대로 전해지는 것도 이런 자리다.

또 다른 관찰자들에게는 달달한 페이스트에 이끌려 어마어마하게 몰려오는 탓에 쉴 새 없이 손을 저어 내쫓아야 하는 파리 떼가 더 인상적으로 보였다. 그럼에도 콘세르바 만들기는 공동체의 전통이 되어 상업적인 캔 토마토 페이스트가 모든 수고스러운 작업을 불필요하게 만든 20세기에도 이어졌다.

이탈리아에서 통조림 산업은 미국의 통조림 산업과 대략 발맞추어 발전했다. 다만 토마토가 최초의 저장식품은 아니었다. 육류나 과일, 아스파라거스와 콩 같은 이국적인 채소가 더 수익성이 높았기 때문이다. 실제로 이탈리아에서 그 이름이 캔 토마토와 동의어가 되어버린 어느 기업은 초기에 토마토를 제외한 모든 것을 통조림으로 만들었다.

프란체스코 치리오Francesco Cirio(1836~1900. 세계 최초로 아페르트

appertization 기술을 발전시킨 이탈리아의 사업가. 아페르트는 채소를 가공해서 캔에 넣는 방법을 가리킨다—옮긴이)는 1856년 이탈리아 북부의 투린에 최초의 식품저장 공장을 세웠다. 불과 스무 살 때였다. 치리오는 수확기가 유난히 짧지만 수요는 많은 콩 통조림으로 초기에 큰 성공을 거두었다. 이어서 배, 아스파라거스, 아티초크, 복숭아, 나중에는 토마토에까지 손을 뻗었다.

그로 인해 에밀리아 로마냐 주, 비옥한 포 밸리의 파르마 주변 지역은 중요한 토마토 가공업 단지가 되었다. 비록 토마토는 남부보다 늦게 들어왔지만 말이다. 게다가 토마토 박물관의 지울리아 마리넬리에 따르면 처음부터 계획했던 것도 아니다. 그녀의 설명에 따르면 19세기 중반 이탈리아에 작물학agronomy science과 사회적 양심social conscience이 동시에 들어왔다. "농부들의 삶의 질에 관심이 많은 사람들이었어요." 지울리아가 계속했다. "그들은 직접 농촌에 가서 농부들에게 무엇을 해야 하는지 가르쳐주었죠." 돌려짓기에 대한 신기술도 그때 소개되었다. 그리고 돌려짓기로 재배하게 된 작물 중 하나가 토마토였다. "곡물과 토마토, 건초…, 그때 그들이 전수한 것들이 오늘날까지 파르마 지역에서 기본적으로 돌려 재배하는 작물이죠."

치리오가 처음 캔에 넣은 것은 여러 가지 이유로 인해 홀whole 토마토가 아니라 토마토 페이스트였다. 최초의 토마토 통조림 제품은 단순히 홈메이드 콘세르바를 대체한 것이었다. 더구나 치리오의 공장이 있는 북부 이탈리아에서 흔한 토마토는 수분 함량이 높고 퍼석하고 껍질을 벗기면 쉽게 물러져서 온전한 상태로 캔에 넣기에 알맞지 않았다.

설령 캔에 넣는다고 해도 다른 불리한 점이 있었다. 모양이 둥글었다. 공처럼 동그란 모양이라 빽빽하게 채우기 어려워서(빈 토마토 캔에 맞춰 테니스공을 넣으려면 몇 개나 들어갈지 생각해보라) 충전재로 토마토를 더 넣어야 했다.

북부의 토마토는 코시모 데 메디치의 부엌에서 잠깐 칭송한 바 있는 크고 둥글고 골이 깊은 품종이었다. 그러나 남쪽 나폴리 주변의 농부들은 오래전부터 피아스켈라Fiaschella와 레 움베르토Re Umberto 같은 작은 배 혹은 계란 모양의 토마토를 선호해왔다. 이 품종들은 젤에 비해 과육의 비율이 높고 심이 적어 요리하기도 좋고 통조림에도 더 적합했다. 가늘고 길쭉한 모양이라 정어리처럼 캔에 빽빽하게 넣을 수도 있었다. 그래서 1800년대 말경 프란체스코 치리오는 남쪽의 캄파니아주로 사업을 확장했다. 나폴리와 베수비우스에서 시작해 아말피 해안으로 내려오는 농업 지역이었다. 그곳은 이미 토마토 농업이 번성했고 가공 산업도 진행 중이었다.

세기가 바뀔 무렵 이탈리아 최대 통조림 회사 치리오의 임원들은 캄파니아에서 재배해보고 싶은 신품종 토마토 종자를 가지고 미켈레 루지에로Michele Ruggiero의 농장에 도착했다. 지금도 그 지역에서 유명한 루지에로 가문에 구전되어 오는 내용에 따르면 "미켈레가 특별히 선택을 받은" 것이었다. 미켈레는 지역의 수호자(지주들의 다툼을 해결하고 해안의 도적들을 진압함으로써 이탈리아에서 무법지대인 이 지역의 사실상 보안관 역할을 하고 있음을 인정하는 칭호였다) 격인 존재로서 존경을 받았기 때문이다.

미켈레의 인생은 마치 한 편의 이탈리아 오페라를 보는 것 같다. 그러므로…, 서곡 큐!

1막 때는 20세기 초반의 어느 날. 장막이 올라간다. 카이저 수염을 화려하게 기른 미켈레가 판지로 만든 옷 가방과 그동안 저축한 약간의 돈을 가지고 등장한다. 그는 미국에서 2년간 부를 좇으며 보낸 후 이제 막 배에서 내렸다. 고향 캄파니아로 돌아온 그는 이웃집에 입양된 아름다운 고아와 사랑에 빠진다. 그러나 아, 15세의 눈찌아티나는 다른 남자와 약혼한 상태였다. 그럼에도 두 연인은 몰래 사랑을 키워나간다.

2막 애처로운 연인은 모든 것을 무릅쓰고 도망을 치지만 얼마 못 가 가족들에게 붙잡혀 집으로 끌려오게 된다. 양쪽의 가족들은 치욕스러운 스캔들 앞에서 서로 간 신랄한 비난은 접어두기로 한다. 그리고 이 시점에서 더럽혀진 눈찌아티나의 약혼을 파기하고, 여러모로 못마땅한 선택지 중 그나마 최선인 속도위반 결혼으로 이 소란을 잠재우자는 데 동의한다. 결혼을 일찍 한 덕에 눈찌아티나가 25년 동안 미켈레의 아이 열 명을 낳음으로써 이 결혼은 행복하고 생산적인 결합이 될 것 같았다. 그러는 동안 미켈레는 농사를 지어 버젓하게 가족을 부양하고, 그 지역의 수호자로서 명성을 얻는다.

3막 때는 1935년. 미켈레가 사르노 강둑을 걷던 중 비극이 찾아온다. 멀리 떨어진 치리오의 사무실에 갔다가 집으로 돌아오는 길이었다. 미켈레의 겉옷 안주머니 깊숙한 곳에는 그 시즌에 수확한 물건을 판 돈이 들어있었다. 피곤했던 그는 강둑에서 깜빡 잠이 든다. 그런데 깨어보니 4만 5,000리라(일년 수입에 맞먹는 큰 돈이었다)가 든 지갑이 온데간데없었다. 이 땅의 수호자이자 평화의 지킴이가 도둑을 맞다니, 잔인한 아이러니가 아닐 수 없었다! 대가족을 먹여 살려야 했던 미켈레는 마을의 부호에게 집을 담보로 4만 리라를 빌린 터였다. 그는 깊은 절망에 빠졌다. 일하러 나갈 수도, 방을 나가거나 심지어 말할 힘도 없었다. 결국 주어진 기한 내에 빚을 갚지 못한 그는 집을 잃게 되었다.

마지막 아리아를 부르기 위해 뚱뚱한 숙녀가 등장한다. 한때 모두의 존경을 받았지만, 이제는 회복하지 못할 병에 걸린 파산한 남자, 미켈레는 모두의 슬픔 속에 숨을 거둔다.

하지만 그에 대한 기억은, 대를 이어 사르노 땅을 지켜나갈 열 명의 자녀와 치리오에게서 넘겨받아 아무도 예측 못한 방식으로, 이 땅과 이탈리아의 운명을 바꿔놓은 실험용 토마토 속에 살아남을 것이었다.

물, 토양, 그리고 지중해의 바람

치리오가 미켈레에게 준 씨앗은 통조림용 토마토 신품종으로 남부의 세 가지 품종을 교배한 것이었다. 캄파니아에서 널리 재배하던 피아스코네Fiascone와 레 움베르토Re Umberto, 그리고 풀리아(이탈리아의 장화 모양 지도에서 발꿈치와 발목 부분) 지역에서 선호하던 작은 열매가 풍성하게 달리는 피아스켈라 품종이었다(피아스코네와 레 움베트로는 오늘날에는 종종 같은 품종으로 간주된다. 120년 전에는 별개의 품종이었을 가능성이 있지만 그 후로 정체성과 DNA가 모호해졌다).

이 통조림용 신품종 도마도는 각각 원종의 가장 좋은 형질만 취한 것처럼 보였다. 서양 배보다 가늘고 길고 호리호리한 모습은 통조림용으로 이상적이었다. 씨앗도 많지 않고, 심도 훨씬 작고, 껍질은 쉽게 벗겨졌으며, 껍질을 벗겨 가공한 뒤에도 모양이 흐트러지지 않았다(이탈리아 플럼 토마토는 거의 언제나 "껍질을 벗겨" 캔에 넣는다). 그러나 무엇보다 중요한 점은 캔에서 꺼낸 토마토 중에 가장 맛있고, 동시대의 그 어떤 토마토보다 유난히 달고 덜 시었다.

치리오는 이 품종이 승자임을 단번에 알아챘다. 회사는 이 품종이 어느 지역에서 가장 잘 자라는지 시험하기 위해 이탈리아반도 전역에 종자를 보급했다. 가장 잘 자라는 곳은 베수비오산 아래 풍부한 화산재 토양이었다. 그 토마토는 미켈레 루지에로의 농장이 위치한 마을 이름을 따서 '산 마르자노San Marzano'라는 이름이 붙여졌다.

300만 명이 밀집한 메트로폴리스 위로 불쑥 솟아있는 베수비오산은 지구상에서 가장 위험한 화산으로 여겨진다. 여전히 아주 활발한 활화산으로, 1944년에 마지막으로 분화했을 때 마을 두 곳이 파묻히고, 연합군의 B-25 폭격기 100대가 폭격을 퍼부은 것처럼 용해된 용암이 반 마일이나 흘렀다. 그럼에도 현재의 인구수를 보면 전혀 위험해 보이지 않는다.

내가 화산을 골똘히 보고 있자 미켈레의 손자 파올로 루지에로가 말했다. "*라 테라 펠리체La terra felice*, 우리는 이곳을 행복의 땅이라고 부르죠." 캄파니아에서 4대째 농사를 짓고 있는 파올로는 DNAI 쿱coop과 산 마르자노 토마토의 전통과 품질, 명성을 지키며 이 땅의 수호자를 자처한다. DANI 쿱은 그의 아버지 에도아르도가 만든 토마토 협동조합이다. 협동조합은 그 계곡 마을의 70개 남짓 되는 소규모 농가에서 토마토를 수매해 통조림으로 만든 다음 '구스트라쏘Gustarosso'라는 브랜드로 전 세계에 판매한다. 머리가 막 벗겨지기 시작한, 청바지와 티셔츠 차림의 말쑥한 마흔 살 파올로는 실망스럽게도 미켈레의 덥수룩한 수염은 계승하지 않았다. 구스트라쏘 제품의 레이블에는 지금도 미켈레의 수염이 있다. 그러나 미켈레에 대해 들은 바가 있는 나는 파올로의 검은 눈동자에서 뿜어져 나오는 창업자 가문의 자부심과 진지함을 다소나마 엿볼 수 있었다. 그의 얼굴에 스치는 근심의 기미는 이 일이 절대 쉬운 사업이 아님을 보여준다.

'행복의 땅'은 문자 그대로 하늘에서 떨어진 구멍이 숭숭 난 돌밭에는 어울리지 않는 이름처럼 보인다. 그러나 그 별명은 사실 AD 79년의 화산 폭발이 있기 전에 붙여졌다. 나는 그 행복의 원천을 보려고 이곳까지 왔다. 놀랍게도 산 마르자노 토마토와 함께 언제나 언급되는 것은 그 유명한 화산토가 아니다.

"어디 가는 거죠?" 파올로의 조수이자 통역가인 낸시 가우디 엘리오에게 나는 물었다. 나는 우리가 한참 수확 중인 토마토 농장으로 가는 줄 알았다. 하지만 내 이탈리아어 실력보다 살짝 나을 뿐인 영어 실력을 지닌 파올로는 수세기 전 폼페이 근처에 정착한 사르노의 옛 마을로 가는, 좁고 구불구불한 길을 따라 차를 몰고 있었다.

"수원지를 보러 가는 겁니다."

"무슨 수원지요?"

"사르노강의 수원지예요. 세 곳이죠." 낸시는 삼위일체 기도라도 하듯 경건하게 말했다. 우리가 처음에 도착한 곳은 로마 목욕탕을 연상시키는, 너비가 3피트쯤 되고 좌우로 식물 화분을 놓아둔 돌로 된 수로였다. 가파른 산 아래 건물 밑에서 흘러나오는 물이 어찌나 맑은지 개울 바닥에 책을 두고 읽어도 될 정도였다.

그 물은 우리 발밑을 지나 마을로 흘러내려 갔다. "이곳이 수원지입니다." 파올로는 영어로 경건하게 말한 뒤 우리를 나머지 두 개의 수원지로 데리고 갔다. 물에 대한 그의 자부심은 개울만큼이나 투명했다. 그만 그런 자부심을 지닌 게 아니었다. 이튿날 아침 사르노의 문화행정가도 나에게 그 수원지들을 봐야 한다고 주장했고, 고고학자들은 BC 3500년에 그 "성스러운 원천"을 숭배했던 물 숭배(내가 지금 보고 있는 현실에도 여전히 남아있는)의 증거를 발견했다고 주장했다. 고대 에트루리아인들은 심지어 그 "성스러운 원천"들을 따서 마을 이름을 지었다. 사르노는 "수원지가 많은 강"이라는 의미다.

이탈리아인들은 오래전부터 물에 대해 관심이 많았다. 고대 로마에는 모든 시민에게 개방하는 공중목욕탕과 수영장이 수백 곳이나 있었다. 그리고 오늘날 유럽 대륙에는 그 시대 수도교의 잔해가 곳곳에 남아있다. 명백한 이유로 수원지에서 소변을 보거나 연애하는 것을 금지하는 등 깨끗한 물은 특별히 평가하고 보호해 왔다. 따라서 고대 로마인들이 사르노의 세 개 수원지 중 마지막 것을 본다면 못마땅해할지도 모른다. 기온이 30℃가 넘어가는 날 사람들과 개들은 차가운 냇물에서 물장구를 치며 이 '행복의 땅'을 즐기고, 100야드 위 상류에서는 바짓단을 올린 사내가 개울에서 집으로 가져갈 열 개 넘는 물병에 물을 채웠다.

언어의 장벽과 어서 토마토를 보고 싶은 나의 조급증에도 불구하고 파올로의 메시지가 서서히 이해되기 시작했다. 토마토를 보려면, 토마토를 이해할 수 있으려면, 토마토의 생명줄을 봐야 한다. 즉, 물이다. 사르노강이 없으면 산 마르자노도, 화산 토양도 없었을 것이다.

아무도 이에 대해 언급하지 않지만, 나는 사르노가 덜 고상한 목적으로 쓰이고 있다는 사실을 알고 있었다. 이 계곡의 산업용 하수관이다. 병에 담아 집에 가져갈 정도로 깨끗하지만, 겨우 15마일밖에 안 되는 이 강은 바다에 도착할 때쯤 유럽에서 가장 오염된 강의 특징을 보여준다. 강가를 따라 전략적으로 위치한 토마토 가공공장과 무두질 공장, 그 밖의 공장에서 나오는 폐수로 인해 검붉은 물이 흐르고 있었다. 1973년 이후 늘 복원 계획이 세워졌지만, 강을 정화하는 일은 진행형이라기보다 목표로 남아있다. 이유는 부분적으로 수많은 일자리가 나폴리만을 따라 위치한 오염 산업에 의존하고 있기 때문이다.

마침내 우리는 평원으로 향했고, 몇 분 뒤 3대째 농사를 짓고 있는 빈센초 지오와 그의 아내 포르지아의 농장에 도착했다. 빈센초가 내게 가장 먼저 보여주고 싶어한 것은? 물이었다. 그의 농장을 관통해서 흐르는 사르노강은 심지어 건기가 끝나가는 8월 중순에도 콸콸 쏟아지고 있었다. 빈센초는 허리 굽혀 큼지막한 가재가 가득 든 그물을 끌어 올렸다. 녀석들은 자기들이 오늘의 저녁 식사 재료라는 것을 눈치챈 듯 흥분해서 팔딱팔딱 뛰었지만, 함께 잡힌 작고 기름진 메기 두 마리는 축 늘어져 있었다.

물론 강물은 이 농장의 주요 용수로 사용된다. 빈센초가 농장에서 보이는 유일한 기계인 펌프를 작동하자 물통에 물이 가득 찼다. 그 사이 빈센초는 낡은 호스를 이용해 물을 한 곳의 용수로로 흘려보낸 다음 다른 용수로에도 보냈다. 이윽고 호스가 있는 첫 번째 수문을 잠그고 나서 몇 번 뚝딱뚝딱하더니 다른 수문을 열었다. 이 사내는 내 또래로 보이는데, 나는 최근에 연금을 받기 시작했다. 내가 허리를 가리키며 물었다. "힘들지 않아요?"

그가 웃으면서 고개를 끄덕이더니 눈알을 굴리며 자신의 허리를 움켜쥐었다. 알고 보니 빈센초는 내 또래가 아니었다. 무려 77세라고 했다. "빈센초는 57년째 토마토를 기르고 있어요." 파올로가 말했다. "빈센초의 할아버지가 우리 할아버지에게 토마토를 주셨죠. 저 분은 3대째죠." 그가 자신의 가슴을 툭툭 치며 덧붙였다. "난, 4대째고." 가족과 전통이 중요한 지역에서 이런 메시지는 "우리 집안은 저 집안보다 이곳에 오래 살았다"는 것이다.

빈센초처럼 고령은 산 마르자노 농부들 사이에서 드문 일이 아니다. 이웃 농장의 에도아르도는 90세다. 나는 파올로에게 농부들의 연령으로 볼 때 산 마르자노 토마토의 미래가 걱정되지 않느냐고 물었다.

"천만에요. 우리에겐 더 젊은 농부도 있어요."

"얼마나 젊은데요?"

"50대와 60대요." 휘둥그레지는 내 눈을 본 파올로가 덧붙였다. "농부의 아들들은 밭에 나가기 싫어하죠. 젊은이들이 밭에서 일하게 하고 이 일의 중요성을 알려주는 게 우리의 사명입니다. 우리 농부들이 자신의 땅을 얼마나 사랑하는지 보여주는 거죠. 우리는 젊은이들에게 건강한 먹거리를 원하면 밭으로 돌아와야 한다고 가르치고 있습니다."

문제는 건장하고 열심히 일할 의지가 있는 젊은이들에게는 빈센초나 다른 고령의 농부들에게 있는 그 무엇이 없다는 점이다. 소규모 농업으로 소득이 적은 젊은이들에게 정부의 장려금으로 보충해주는 것이 그래서 중요하다.

60년간 농사일을 해온 쾌활한 빈센초는 전형적인 이탈리아 농부였다. 햇볕과 바람에 그을리고 거칠어진 친근한 얼굴에 짧게 스치는 미소. 뜨거운 햇볕 아래에서 수십 년간 일하다 보니 가늘게 뜬 눈은 영원히 찡그려졌지만, 눈빛은 형형하고 활기에 넘쳤다. 어디에선가 그를 보았다는 느낌이 들었지만, 아마 그를 만난 적은 없었을 것이다. 정형화된 친근한 얼굴임이 분명하다.

"깨끗하고 풍부하다는 점 외에 사르노강의 특별한 점이 있나요?" 내가 낸시에게 물었다.

"그럼요!" 그녀는 나의 무지함에 놀랐다는 눈빛으로 대답했다. "미네랄이 아주 풍부해요. 특히 칼슘. 토마토에게 아주 중요하죠." 그렇다. 칼슘 결핍은 밑둥썩음병의 원인이 된다. 미국의 토마토 농부들이 계란 껍질을 묻고 심지어 식물 주변에 텀스Tums(탄산칼슘이 함유된 미국 글락소스미스클라인에서 나온 제산제—옮긴이)를 뿌려주는 이유다.

물 얘기에 지루해진 우리는 밭을 향해 걸음을 옮겼다. 충격적일 정도로 작았다. "2에이커(약 8,094제곱미터)도 안 되겠네요. 빈센초 씨에게 밭이 더 있습니까?"

"아니요. 이게 전부예요." 파올로는 낮은 담장 건너편을 가리켰다. "에도아르도 씨의 밭이에요." 그가 다른 방향을 가리키며 계속했다. "저긴 지노의 밭이죠." 똑같이 빈센초의 밭만하다. 그의 말에 따르면 이 지역의 다른 밭들도 비슷하다고 한다. 당황하는 내 표정을 눈치챈 그가 덧붙였다. "산 마르자노 토마토는 이탈리아에서 생산되는 토마토의 1퍼센트도 안 됩니다." 총 370에이커, 이탈리아나 미국의 여느 상업적인 토마토 농장에 비하면 시들어 가는 게 눈에 띄지 않을 정도로 작다.

파올로가 손으로 흙을 한 움큼 퍼올리며 말했다. *"베수비오산."* 그는 다른 설명을 생략한 채 흙을 쥔 손을 내게 뻗으며 살펴보라는 몸짓을 했다. 내게는 그저 평범하고 오래된 흙처럼 보였다. 약간의 유기물질도 들어있을 것이다. 하지만 내가 어떻게 알겠는가?

화산 분출에서 나온 파편(용암류, 지글지글 끓는 바위, 먼지의 이미지가 떠오른다) 덕에 매우 비옥하다는 사실은 전혀 직감되지 않는다. 다만 하와이에서 검은 화산 모래에 둘러싸인 무성한 초목과 숲을 본 적은 있다. 화쇄암 물질은 분출된 직후에는 농토로서 기능하기 어렵다. 여러 세기가 지나면서 비바람에 현무암과 장석이 분쇄되고 철과 칼슘, 마그네슘, 나트륨, 칼륨, 인, 황, 그 외 중요한 미량원소가 방출될 무렵에야 비옥한 경작지가 된다.

파올로가 이 토양에서 나에게 보여주고 싶은 또 다른 것이 있었다. 마땅한 영어 단어를 찾던 그가 마침내 입을 열었다.

"점토요." 토양의 1~2피트(30~60센티미터) 아래 점토층이 있다. 파올로는 낸시를 통해 그 의미를 설명했다. "토양 표면은 말라도 점토층은 수분을 머금고 있어서 식물 뿌리가 토양으로부터 수분과 영양분을 흡수힐 수 있죠. 아주 중요한 짐입니다."

그 점에 대해서는 이견이 없었다. 나는 주저 없이 토마토 뿌리가 언제나 촉촉함을 유지해야 하는 게 얼마나 중요한지 설명할 수 있다. 한심할 정도로 게으른 내 물주기 습관(물 주는 것을 며칠 잊었다가 죄책감에 물을 흠뻑 주는) 탓에 건조와 과습을 반복하는 게 토마토 수확을 망치는 주범임을 알기 때문이다.

토양이 물기를 머금을 수 있으면 토마토에 관개시설이 그만큼 덜 필요하다는 의미이며, 토마토가 물을 적게 흡수하면 맛은 더 좋아진다. 모든 물이 산에서 흘러 내려오는 덕분에 이 지역은 고지하수위高地下水位의 축복을 누리고 있다. 따라서 빈센초의 농장과 달리 사르노강의 지류가 통과하지 않는 농장들도 똑같이 얕은 우물을 가진 풍부한 대수층aquifer(지하수를 품은 지층)을 쉽게 이용할 수 있다.

베수비오의 토양과 사르노 물만으로는 이곳에서 재배되는 산마르자노의 특성을 설명하기에 충분하지 않은 듯 낸시는 사르노-노체라Sarnese-Nocerino 지방의 독특한 테루아르terroir(프랑스의 와인 양조업자들이 자신들의 와인을 다른 곳에서는 절대 복제할 수 없는 그 지역의 독특하고, 때로 불가해한 면을 설명하던 데서 유래된 용어. 즉, 포도주의 독특한 향미를 결정짓는 자연환경을 말한다―옮긴이)를 규정하는 세 가지 요인 중 마지막을 설명한다. *바로 바다다.*

지중해는 이곳에서 6마일밖에 떨어져 있지 않다. 사실 베수비오 화산 분출로 육지와 지중해 사이에 1마일 남짓한 땅이 생겨나는 바람에 해안가의 땅값이 떨어지기 전에는 폼페이에 항구가 있었다. 바다 공기의 습도와 염도 역시 산 마르자노 마법의 일부라고 그들은 주장한다. 게다가 바다는 토마토에게 너무 춥거나 너무 덥지 않게 기온을 알맞게 조절해준다.

드디어…, *토마토다.* 토마토를 접하기까지 오랜 시간이 걸렸다. 놀랄 만큼 키 큰 식물들이 나뭇가지를 잘라 만든, 울퉁불퉁한 지주대에 묶여 늘어선 모습이 흡사 이탈리아 영화 〈나막신 나무The Tree of Wooden Clogs〉(에르만노 올미 감독의 1978년 이탈리아 영화―옮긴이)의 세트장에 와 있는 느낌을 풍겼다. 특히 빈센초가 그 프레임 안에 들어와 있어서 더욱 그랬다. 영화 얘기가 나왔으니

고백하건대 내게는 타오르는 화산, 성스러운 물, 허리 굽혀 호스를 살펴보는 노인, 이 모든 요소가 영화처럼 느껴졌다. 그렇지만 이 매력적인 전원에서 내가 엑스트라가 되지 않는 것은 불가능한 일이므로 머리를 흔들어 딴생각을 털어내며 나는 밭으로 향했다.

산 마르자노, 이탈리아를 상징하는 아이콘이 되다

나는 애초 수확기에 맞춰 방문 시기를 잡았다. 대체로 저임금에 장시간 일하는 아프리카와 동유럽 이민 노동자들이 수확을 담당한다는 글을 읽었는데 한 명도 보이지 않았다.

"낸시, 수확하는 사람들은 어디에 있죠?"

"여기요!" 그녀는 77세의 빈센초와 그의 아내를 가리켰다. "대부분의 농부들은 수확기에 자녀들에게 도와달라고 하죠. 그러나 자녀들은 너무 멀리 살아요. 로마라든가."

두 노인이 토마토를 전부 수확한다고? 나라도 도와야 할 것 같은 마음이 들었다. 하지만 정오가 가까워질 무렵 그들은 그 날의 분량을 모두 수확했다. 빈센초는 오전에 딴 토마토를 통조림 공장으로 옮긴 후 아내 포르지아와 농장의 다른 허드렛일을 하며 오후를 보낼 것이다. 냇가 앞에 조리도구를 갖춘 부엌이 있는 이유도 그 때문이었다. 농번기에 빈센초와 포르지아는 새벽부터 땅거미가 질 때까지 밭을 떠나지 않는다. 점심을 먹으러 집으로 가지도 않는다. 심지어 수확기가 끝나도 쉬지 않는다. 산 마르자노 수확을 끝내면 그들은 만생종 콩과 고추, 스쿼시를 심기 위해 밭을 정리할 것이다.

내시는 이처럼 부부끼리 농사를 짓는 경우가 전형적이라고 단언했다. 내가 읽은 다른 글에 의하면 이것은 이례적이지도 않다. 그러나 많은 농장이 이민자 노동력에 의존한다. 이런 흐름은 거스를 수 없는 대세이기도 하다. 오늘날 이탈리아의 가공용 토마토를 대량생산하는 풀리아의 공장형 농장들처럼 말이다. 내가 그런 농장들의 노동력에 관해 묻자 파올로의 낯빛이 어두워지며 그저 "마피아."라고 중얼거렸다. 의도적이지는 않지만 평소 생각을 담은 표현일 터였다.

대신 그는 잘 익은 토마토를 따서 나에게 그 독특한 모양을 보여주었다. 보통의 플럼 토마토보다 홀쭉한 산 마르자노는 끝으로 갈수록 가늘어져서 맨 끝이 독특한 작은 돌기처럼 생겼다. 우리는 속을 보려고 토마토 한 개를 잘랐다. 산 마르자노를 혁명적으로 만들어준 또 다른 측면이 드러났다. 토마토를 가로로 잘라보라. 일반적으로 젤라틴 조직과 씨앗으로 채워진 다섯 개 이상의 독특한 분할(자실)이 보일 것이다. 그러나 산 마르자노는 자실이 두 개뿐이다. 버려지는 젤라틴 조직이 거의 없고 씨앗도 현저히 적어서, 먹을 수 있는 과육의 비율이 월등히 높다. 홀 토마토 통조림을 만드는 데 결정적인 심도 작다.

그런 특징과 더불어 홀쭉한 모양, 쉽게 벗겨지는 껍질, 치밀한 과육, 조리 시 강한 풍미(종종 달콤함과 새콤함의 균형이 이상적이라고 표현한다)로 인해 산 마르자노는 그 전에 나온 어떤 품종보다도 우수하다고 평가받는다. 1910년대에 소개되어 빠르게 캄파니아의 밭을 장악했고, 그곳에서는 '레드 골드'로 알려지게 되었다. 1920년대 말 산 마르자노는 600개의 통조림 공장에서 일하는 6만 명의 이탈리아인을 위해 일자리를 창출했다. 이후 20~30년간 토마토 수출은 100배나 증가했고, 최대 수출업체 치리오Cirio 사의 레이블에는, (예술가가 플리니우스의 빌라 객실 근방에서 조망한 듯) 나폴리만 건너편으로 우뚝 솟은 연기 나는 베수비오산과 주황색 산 마르지노 밭이 묘사되었다. 이 토마토 통조림의 약 4분의 1은 토마토에 열광하는 영국으로 수출되었다. 사실상 토마토가 담긴 영국산 주석 캔이 원산지로 돌아간 것이다. 대서양을 건넌 토마토 캔도 적지 않았다. 당시 북미와 남미에 정착한 100만 명의 이탈리아 이민자들이 선호했기 때문이다.

국토를 폐허로 만든 1차 세계대전에서 막 빠져나온 농업국가 이탈리아에는 중요한 산업이 별로 남지 않았다. 토마토 가공과 수출의 폭발적 증가는 빈곤한 농촌과 가난에 찌든 나폴리의 도시들뿐만 아니라 이탈리아 전체 경제에 엄청난 활력을 불어넣었다.

우리는 현대의 이탈리아를 최첨단 패션과 1,000달러짜리 구두, 람보르기니 등과 연결시키는 경향이 있다. 따라서 어떻게 가난한

산 마르자노 토마토와 연기가 피어오르는 베수비오산을 표현한 치리오 사의 광고, 1930년경.
(Conserve italia soc. coop. agricola 소장)

이탈리아가 20세기를 헤쳐 왔는지, 얼마나 가난했으면 1920년까지 놀랍게도 인구의 4분의 1이 가난에서 탈출하려 이민을 떠났는지 이해하기 어렵다. 심지어 미국에서 얼음장수가 사실상 자취를 감춘 1958년 무렵에도 이탈리아에는 여전히 얼음을 팔러 다니는 사람들이 존재했다. 이탈리아 가정 여덟 집 중 한 집만 냉장고를 소유했기 때문이다. 인간이 달에 발을 딛기 불과 10년 전까지만 해도 이탈리아 가정 87퍼센트에는 냉장고가 없었다는 얘기다.

원예작가 에이미 골드먼이 말하기를 산 마르자노 토마토는 "통조림 제조업자들에게 '단단하고 흠잡을 데 없는 물건'이었고, '육종가들에게는 (그 유전자를 이용해 산 마르자노를 대체할 토마토를 만들어내기 위해) 수십 년 동안 공략할 유전자'를 주었다." 육종가들은 산 마르자노 유전자를 이용해, 그녀의 말을 빌리자면 "20세기에서 가장 산업화된 토마토"를 만들어냈다. 이 품종은 오늘날 이탈리아 토마토 수확량 중 많은 비중을 차지하지는 않지만, 이 나라가 세계 최대 통조림 토마토 수출국으로 변신하는 데 도움을 주고, 최고 지위를 여전히 지켜나가는 데 중요한 역할을 톡톡히 해내고 있다. 최근 토마토 생산에서 세계를 선도하고 토마토 페이스트 시장에까지 뛰어든 중국을 필두로 글로벌 경쟁이 심화하고 있지만, 세계적으로 소비되는 수입 홀 토마토의 5개 중 4개는 여전히 이탈리아의 밭에서 수확한 것이다.

산 마르자노로 인한 경제적 효과도 대단했지만, 문화적인 영향력은 훨씬 더 컸다. 캔 토마토는 옳든 그르든 전 세계에 이탈리아 요리를 알리고, 지구상에서 가장 인기 있는 두 가지 음식이 탄생하는 토대를 만들어주었다. *피자와 스파게티다.* 산 마르자노 토마토는 특히 식품의 세계에서 좀처럼 보기 힘든 일종의 숭고한 지위를 차지하고 있다. 한 달만 푸드 네트워크Food Network(음식을 테마로 한 전문 방송국—옮긴이)를 시청해보라. 아스파라거스나 마른 콩 품종을 구체적으로 언급하는 호스트는 결코 볼 수 없을 것이다. 그러나 토마토 캔을 딴다면 틀림없이 산 마르자노일 거라고 장담한다. 그들이 훌륭한 와인을 대할 때 보이는 경외감으로 토마토 캔을 언급하는 것을 듣고도 놀라지 말라.

당신도 알게 되겠지만 이것은 결코 우연이 아니다.

짧은 영광, 끝없는 추락

빈센초 지오는 오전에 수확한 잘 익은 토마토를 마을로 운반했다. 골프 카트보다 크지 않은 그의 삼륜차는 토마토 캔을 실은 트랙터 트레일러들 사이에서 파도 타는 장난감 오리처럼 보였다. 조직적이며 시끄러운 혼돈 속에 트럭들은 오고 가고 후진하고 경적을 울리며 옆으로 빠져나왔다.

빈센초의 토마토가 협동조합으로 간다고 해서 다른 농장에서 온 토마토와 "협력한다"는 의미는 아니다. 실은 정반대다. 각 농부의 토마토는 수확과 동시에 따로 가공된다. 모든 캔에는 농장을 식별하는 코드와 통조림 제조일, 유통 만료일(3개월), 사르노-노체라 평원의 산 마르자노 토마토 보존을 위한 컨소시엄Consortium for the Protection of the San Marzano Tomato of the Agro Sarnese-Nocerino의 요구사항이 적혀있다. '아그로 사르네-콘체리노 토마토 보존 컨소시엄'은 종자부터 레이블링까지 산 마르자노 토마토 생산의 모든 것, 그야말로 전부를 규제하고 감시하는 공식기구다.

컨소시엄은 산 마르자노의 성공뿐만 아니라 실패와도 관련이 있다. 이 단체는 부상하자마자 추락한 운명의 토마토를 구제하고자 1996년에 설립되었다. 그 지역의 기술력 부족과 국제적으로 더 단단한 품종이 개발되는 것이 우연히 맞물린 결과였다. 1950년대 들어 산 마르자노 '브랜드' 가치는 추락했다. 설상가상 사르노 일대를 휩쓸고 지나간 1960년대의 파괴적인 토마토 병충해(오이 모자이크 바이러스로 추정되었다)로 전체 농장들이 초토화되고 산 마르자노 품종의 생존 자체가 위협받게 되었다. 그러는 사이 지역의 소규모 농장들은 어느새 풀리아나 파르마의 거대 협동농장들과 경쟁 관계에 놓이고 말았다. 풀리아와 파르마의 대규모 농장들은 미국에서 개발된 질병에 강한 하이브리드 품종을 재배하고 있었다.

'로마 토마토'는 그 이름이 암시하듯 한 나라의 수도 근처에서 개발되었지만 그곳의 지명을 따서 붙인 이름은 아니다. 1950년대

메릴랜드 벨츠빌에 위치한 미 농무부 산하 식물산업국USDA's Plant Industry Station 소속 육종가들이 워싱턴 D.C와 지척에 있는 벨트웨이 타운에서 산 마르자노와 팬 아메리카, 레드 탑 품종을 교배해 만들어낸 잡종이다. 그 결과 다수확에, 질병에 강하며, 무엇보다 매력적인 유한생장 토마토가 개발되었다.

토마토라는 식물은 뚜렷하게 다른 두 타입으로 나뉜다. 유한생장determinate과 무한생장indeterminate 토마토다. 유한생장 토마토는 키가 3,4피트(90~120센티미터)에 이르면 더는 자라지 않고 새로운 꽃을 내는 반면, 산 마르자노 같은 무한생장 품종은 여건만 맞으면 계속 자란다. 전지하거나 질병, 서리로 성장이 중단되지 않으면 10~20피트까지(3~6미터) 자라면서 꽃을 피우고 열매를 맺는다. 산 마자르노의 경우 대개 실용적인 이유로 6~7피트(1.8~2미터) 정도 자라면 순을 자르지만 말이다.

로마 토마토는 1미터 정도만 자라며, 가지가 무성하고 줄기가 튼튼해서 산 마르자노처럼 가지치기를 하거나 지주대를 받쳐줄 필요가 없다. 노동력이 절감되는 것이다. 게다가 단기간, 비슷한 시기에 개화하고 열매 또한 비슷한 시기에 익는다. 따라서 성수기에 많은 일꾼을 투입해서 수확한 후 해고하기 쉽다.

영리하게 '로마'라고 이름을 붙인 것은(아마 '벨트웨이'라고 이름을 붙였으면 잘 팔리지 않았을 것이다) 이탈리아 수출을 염두에 뒀기 때문이다. 이탈리아 농부와 통조림 업자들에게 받아들여진 이 토마토는 이탈리아 플럼 토마토의 부모격인 산 마르자노를 대체했고, 이후 수십 년간 이탈리아의 농장을 지배하면서 캔에 담겨 미국으로 돌아왔다.

여기서 잠깐, 지금까지 토마토의 순회 여정을 알아보자. 애초 아메리카 대륙에서 대서양을 건너 유럽에 왔고, 다시 산 마르자노처럼 아메리카로 돌아갔다가 로마처럼 이탈리아로 돌아온 뒤 캔에 담겨 다시 배를 타고 아메리카 대륙으로 건너갔다. 퀸 엘리자베스호의 선장보다 더 많이 대서양을 오고 갔을 것이다. 이보다 더욱 진정한 이탈리아계 미국 음식이 있다면 그게 무엇일지 나는 상상할 수 없다.

'진짜' 산 마르자노의 계승자들

이런 변화를 고스란히 겪은 1990년대, 병충해와 유전적 결함에 취약한 산 마르자노는 풍전등화의 운명에 놓이고 농부들 또한 그랬다. 그 무렵 이탈리아에서 불기 시작한 슬로푸드 운동은 전통적인 농장과 식품을 보존해야 한다는 각성을 불러일으켰다. 사르노 지역의 농부들은 치리오 사 소속 농학자들의 도움을 받아 역사적으로 중요한 이 토마토의 구조 및 보호에 앞장섰다. 그러나 그동안 일어난 온갖 잡종 교배로 인해 무엇이 진짜 원종인지 더는 확신할 수 없었다. 옛날 종자는 더 이상 재배되지 않고 있었다. 플리니우스 시대의 대추야자 씨앗은 발견되어 성공적으로 발아되었지만, 토마토 씨앗은 겨우 10년이면 발아 능력을 잃어버리기 때문이다.

치리오 연구센터의 농학자들은 원종 산 마르자노를 찾기 위해 남아있는 사르노의 농가와 밭으로 나갔다. 27종의 가능성 있는 품종들을 확인한 그들은 25년 동안 시험용 밭에서 토마토를 길렀다. 그리고 마침내 산 마르자노 2와 키로스Kiros라고 명명한 두 가지의 '공식' 산 마르자노 품종을 선정했다. 후자는 질병 저항성이 최고인 개량 품종으로, 필요할 경우 선택할 수 있는 새로운 산 마르자노가 되었다.

그들은 산 마르자노 토마토를 다시 갖게 되었고, 농부들은 그 토마토를 다시 기르기를 원했지만 어떻게 마케팅할 것인가 하는 문제에 봉착했다. 즉 베수비우스 토양과 사르노강을 자양분으로 삼아 지중해의 바닷바람을 맞혀가며 손으로 직접 기른 '진짜' 산 마르자노를, 캄파니아 이외 지역에서 재배되는 산 마르자노 변종이나 이탈리아에서 생산되는 다른 캔 토마토와 어떻게 차별화할 것인가? 더 정확하게 말하자면 생산성 높은 변종을 기르는 대규모 농장들과의 경쟁, 나아가 자동화의 물결 속에서 사르노의 농부들이 자신들의 '소묶음' 토마토를 전통적인 방식으로 가공하면서도 충분한 돈을 벌 수 있는 방법은 무엇일까의 문제였다.

그들은 세상의 절반이 모방하기 시작한 후 파르마Parma의 치즈 제조공들이 파르미자노 레자노Parmigiano Reggiano(이탈리아 북부 에밀리아로마냐주의 파르마 원산 치즈—옮긴이) 치즈의 명성과 가격을 지키기 위해 썼던 방법을 이용했다. 바로 DOP 인증이었다. 와인과 치즈를 지키기 위한 프랑스의 AOCAppellation d'Origine Controlee(원산지 호칭 제한제도—옮긴이) 콘셉트와 마찬가지로 DOPDenominazione di Origine Protetta(Protected Designation of Origin, 토종을 보호하기 위한 지정) 인증은 주로 프리미엄 제품의 지위를 수여한다. 이러한 지정designation은 사칭을 막아줄 줄 뿐만 아니라 높은 가격에 판매할 수 있게 해준다. 산 마르자노 농부와 계승자들(그들 중에는 미켈레 루지에로의 손자 에도아르도도 포함되었다)은 이탈리아 농무부 산하 식품청과 산림청을 상대로 Pomodoro San Marzano dell'Agro Sarnese-Nocerino(사르노-노체라 평원에서 나는 산 마르자노 토마토)에 대한 DOP를 요청하기 위한 컨소시엄을 만들었다.

그 결과 마련된 규정집은 7페이지에 불과하지만, 산 마르자노 토마토 생산과 관련해 생각할 수 있는 모든 것을 다루고 있다. 이 규정집은 이 지역을 독특하게 만드는 화산 토양, 용수, 해양성 기후를 설명하는 전문에 이어 지역 자체 즉, 아그로 사르노-노체라 지역 내 토마토 재배가 가능한 36개 마을을 나열하며 구체적인 파종과 식재, 수확 날짜까지 명시했다. 허용되는 줄기를 받쳐주는 방법(지주대 세우기)과 (손으로) 수확하는 방법, 식재 시 최대

밀도, 심지어 적재 시 무게(250킬로그램을 넘으면 안 된다)나 토마토를 농장에서 통조림 공장으로 이동할 때 사용하는 컨테이너의 재질(플라스틱)까지 정해놓았다.

캔 또한 규제를 받는다. 산 마르자노 포장지에 사용되는 폰트(Gill Sans MT Condensed)와 여덟 가지 색에 대한 4색 프로세스(혹은 CMYK) 인쇄 지정(가령 사이안 24, 마젠타 99, 옐로 97, 블랙 0)까지 구체적으로 명시해놓았고, "토마토의 빨강, 잎사귀의 초록색, 그리고 국기의 색깔을 연상시키는 흰색 테두리는 진한 원색"으로 해야 한다는 규정도 포함되어 있다. 푸른 지중해 바다와 베수비오산도 마찬가지다. 이 모든 것이 0.5인치의 그래픽으로 표시된다. 나는 내가 들고 있는 구스타로쏘Gustarosso 캔이 모든 항목에 부합하는지 확인하려고 말 그대로 돋보기를 사용해야 했다.

그러나 자료의 대부분은 토마토 자체를 다룬다. 허용되는 길이(60~80밀리미터 혹은 2⅜~3인치), pH, 당도, 무게 대비 껍질의 비율, 토마토의 가로·세로 비율, 그리고 몇 가지 소소한 품질 조건(특유의 전형적인 빨간색)에 더해서 순진하게 들리지만 그 의미를 놓치기 쉬운 문구, "변형된 제품의 수율은 70퍼센트를 넘지 않아야 한다"까지.

이 말의 뜻은 가공업자에게 도착한 토마토 중 캔에 담기는 양이 70퍼센트가 안 된다는 의미다. 얼핏 너무 낮아 보이지만 실제로는 더 낮다. 최근 시즌에는 컨소시엄 통조림 업자에게 도착한 산 마르자노 토마토의 66퍼센트만 통과되었다. 이 문구는 그만큼 품질을 보증하는 것이지만, 농가의 처지에서 보면 수확한 토마토의 3분의 1이 탈락한다는 의미다. 심지어 육안으로 흠이 보이는 토마토는 가지에서 따지도 않기 때문에 빈센초의 소규모 농업을 더욱 쪼그라들게 만드는 것만 같다.

퇴짜 맞은 것 중 최상품은 주스나 퓌레로 만들어져 캔에 담긴다. 그렇더라도 여전히 폐기되는 토마토의 비율이 너무 높은 건 아닐까. 하지만 DOP 인증이라는 주요한 셀링포인트가 품질을 보증하는 한 누구도 거기에 불만을 제기하지 않는 것 같다.

DOP의 규제를 강화하는 문제는 컨소시엄에 달려있다. 그리고 컨소시엄은 종자 보급부터 토양 데스트까지 모든 것을 엄중하게 책임진다. 즉, DOP 인증 산 마르자노 토마토의 모든 것은 철저하게 규제를 받는다. 만약 당신에게 이런 규제로 법정 다툼을 하는 일이 일어난다면 음, 계속 지켜보라.

"당신은 지금까지 '가짜'를 먹은 거라고요."

"이해 안 되는 게 있어요." 협동조합에서 낸시에게 내가 물었다. "설령 빈센초 씨의 밭만한 농장이 천 개가 있다고 해도," 그럴 리가 없다 "사르노에서 재배하는 것보다 훨씬 더 많은 산 마르자노 토마토를 뉴욕에서 사 먹을 수 있습니다. 제가 잘못 알고 있나요?"

"미국에 문제가 있는 거예요."

"농담 마세요."

"아니요, 제 말은 토마토가요. 당신이 먹는 산 마르자노 토마토의 대부분이 가짜예요."

"대부분"은 2011년 에도아르도 루지에로가 95퍼센트라는 의미로 수량화한 것이다. "어떻게 이런 일이 있을 수 있죠?" 내가 다시 물었다.

"북부의 많은 공장들이 토마토를 섞어요. 수출을 위해 산 마르자노 15퍼센트에 나머지는 풀리아의 로마 토마토를 넣고, 레이블에는 '산 마르자노'라고 붙이는 거죠. 그리고 컨소시엄은 외국에서 벌어지는 일은 통제하지 못해요."

"내가 DOP 인증 토마토만 사는 게 그것 때문인데요?" 나는 스스로 의식 있는 소비자라는 것을 한껏 티 내면서 말했다.

"그것도 대부분 가짜예요."

"뭐라고요?" 나는 거리에서 50달러를 주고 산 롤렉스가 진짜가 아니라는 사실을 알게 된 사람의 충격과 분노로 지껄였다. "DOP 인증 산 마르자노라고 표기된 통조림도 모두 가짜라는 건가요?"

"안 그런 것도 있지만 대부분은요. DOP 인증은 유럽에서만 강제력이 있어요. 그러니까 유럽에서는 가짜를 찾기 힘들어요. 하지만 미국에서는 통제가 안 돼요. 이탈리아 경찰들이 최선을 다하지만, 2010년에는 미국으로 나가는 가짜 산 마르자노를 1,000 톤이나 적발했죠. 하기야 매년 폭탄세일에서 고가의 이탈리아 핸드백, 시계, 식료품, 의복, 향수, 화장품 복제품으로 경제적 손실을 보는 300억 달러에 비하면 가짜 산 마르자노 1,000톤은 적은 양이죠."

"그럼 진짜는 어떻게 확인하죠?"

그녀는 선반에서 캔을 한 개 꺼내 내 앞에 놓았다.

"두 종류의 포장 띠지가 있어요." 낸시가 DOP 인증 띠지와 CMYK로 빽빽하게 규정을 설명한 컨소시엄 포장지를 가리켰다. 그녀가 캔을 뒤집어 보였다. "그리고 이 아래를 보면 보증번호가 나와 있어요. 토마토를 캔에 넣은 날짜와 시간, 재배한 농상까지 독특한 스탬프로 찍혀있죠."

오케이. 두 개의 포장 띠지와 스탬프. 간단해 보인다. 미국에서 판매되는 산 마르자노의 절반 이상이 완전한 사기도 아니고, 그렇다고 컨소시엄이 보증하는 DOP 인증 토마토도 아니라는 사실만 빼면. 미국의 슈퍼마켓에 진열된 이 토마토 캔은 토마토부터 참치까지 온갖 것을 수입하는 뉴저지 소재 센토Cento 사에서 판매하는 것이다. 슈퍼마켓에서 흔히 보는 밝은 노란색 캔에는 큰 글씨체로 '산 마르자노 토마토임을 보증함'이라고 적혀있다. 나는 낸시에게 그것들이 어디에 속하는지 물었다.

"가짜예요. 그것들은 가짜 토마토예요." 그녀가 분노의 기미도 없이 심드렁하게 대답했다. "보증한다고요?" 인상을 쓰며 이탈리아인 특유의 손바닥 내보이는 제스처를 하던 그녀가 어깨를 으쓱하며 말을 이었다. "그게 무슨 뜻이죠? 이탈리아에 그런 법은 존재하지 않아요. 법이 인정하는 유일한 보증은 DOP예요, DOP가 아니면 산 마르자노로 인정할 수 없어요."

사실 센토는 2008년까지는 DOP 인증 산 마르자노를 판매했다. 그러다 컨소시엄에서 철수하면서 DOP 지정을 박탈당하고 자기 식대로 해오고 있다. 깔끔하게 정리되지 않은 미결상태를 보며 나는 왠지 씁쓸함이 느껴졌다.

자, 우리는 이미 여기 이곳을 충분히 둘러보았다. 이제 내가 말할 차례. 평소라면 나는 DOP와의 줄다리기가 분명해 보이는 문제를 가지고 내 시간과 당신의 시간을 낭비하지 않았을 것이다. 다만 센토 사는 단순히 브롱스의 후미진 창고에서 로마 토마토에 가짜 산 마르자노 레이블을 붙이는 파렴치한 소규모 회사가 아니다. 그들은 그 어떤 회사보다 미국에서 사르노 밸리 산 마르자노 토마토 통조림을 많이 팔고 있다. 당신이 사는 지역의 슈퍼마켓 진열대에 놓인 유일한 이탈리아 산 마르자노 토마토 브랜드가 센토 사의 제품일 가능성이 낮지 않다. 그렇다면 논쟁은 문제의 핵심, 산 마르자노 농부들을 위한 실존적 질문으로 향한다. *무엇이 인증된 산 마르자노 토마토인가?*

'전통'과 '시장' 사이

사르노에서 돌아오고 며칠 후 나는 센토 사에 왜 그들이 컨소시엄에서 빠졌는지, 이유를 듣기 위해 인터뷰 요청 메일을 보냈다. 보통 이것은 무엇인가에 대한 답을 듣기 위해 누구든 접촉해야 할 때 일주일 혹은 몇 달이 걸리는 절차 중 첫 번째 단계다. 그런데 30분 후 내 전화벨이 울렸다. 놀랍게도 센토 사의 부회장이었다. 모리스 크리스티노는 기꺼이 그 사건에 대한 센토 사의 입장을 알려왔다.

"이 다툼은 토마토가 아니라 레이블링 때문에 벌어진 일입니다." 그가 말했다.

"레이블링이라고요? 레이블 때문에 귀사가 DOP 지위를 상실했다는 겁니까?"

정말이다, 금지된 단어(당신은 짐작조차 못 했을 것이다) '산 마르자노'의 레이블 사용을 두고 시작된 분쟁이었다.

크리스티노가 설명하기를 2000년대 초반, 부활한 산 마르자노 토마토는 미국에서 선풍적인 인기를 끌었다. 푸드 네트워크에 방영되고, 요리 잡지에 광고되고, 유명 셰프들의 칭송을 받았다. 센토 사는 이때다 싶어 "무료 광고로 이득을 보기 위해"(크리스티노의 표현이다) 컨소시엄이 승인하고 레이블에 적힌, 그리고 트레이드마크인 'S. Marzano' 대신 누구나 부르는 'San Marzano'로 표기를 바꾸었다.

일단 저지르고 나서 양해를 구하는 미국식 전략은 컨소시엄에 받아들여지지 않았다. 그들은 센토 사에 모든 레이블과 마케팅 자료의 글자를 'S. Marzano'로 되돌리라고 요구했다. 이미 'San Marzano'라는 이름에 수백만 달러를 투자한 센토 사는 약어가 포함된 이름으로 되돌리면 판매 노력에 해가 갈 거라고 확신하고, 'San'으로 표기하는 것이 이탈리아의 S가 San의 약어임을 잘 모르는 미국인들에게 더 영리한 방식이라고 컨소시엄을 설득했다.

사실 컨소시엄이 S로 표기하게 된 것도 우연한 일이었는데 "그럼에도 그들은 조금도 생각을 바꾸지 않았어요." 크리스티노는 회고했다. 원래 DOP는 '사르노와 노체라 지역에서 재배하는 산 마르자노San Marzano dell'Agro Sarnese-Nocerino' 토마토에 적용하기로 되어있었다. 그런데 캄파니아에서 이탈리아 농무부, 그리고 EU로 신청서류가 오가는 동안 어떤 무심한 직원이 'San Marzano'라고 쓰는 게 귀찮았는지 San 대신 S.라고 적었다. 영어에서 'Saint' 대신 'St.'라고 쓰는 것처럼 말이다. 불행하게도 그 명칭과 트레이드마크가 결과적으로 브뤼셀에 등록되었다. 우리가 흔히 쓰는 이메일이나 보고서였다면 그 차이는 대단한 문제가 아닐 것이다. 그러나 그 트레이드마크를 EU에 등록할 경우 대단한 일이 된다.

그렇게 'S. Marzano'가 되었다. 그리고 컨소시엄이 미국의 레이블을 묵인해주지 않자 센토 사는 컨소시엄에서 독립하기로 결정했다. 다만 계속해서 DOP의 가이드라인을 따르고 있다고 (살짝 조정해서) 크리스티노는 말했다. 그리고 센토의 제품은 센토 자체의 가이드라인을 따른다는 것을 '보증'해주는 제3의 인증기관 AgriCert를 고용했다. 그들은 농부에게 더 높은 작물 가격을 쳐줌으로써 꽤 높은 비율의 사르노 밸리 농부들과 함께했다. 비록 일부는 센토 사와 컨소시엄 통조림 양쪽을 위해 토마토를 생산하지만, 컨소시엄의 마음을 졸이게 한 흥미진진한 쿠데타임에는 부족함이 없었다.

컨소시엄은 센토를 상대로 미국연방법원에 두 건의 집단소송을 제기하는 반격을 했다. "오해를 불러일으키는 거짓" 상표와 광고로 소비자들을 속여 구매를 유도했다며 표면상으로는 미국 소비자들의 편에 섰다. 원고는 "컨소시엄이 산 마르자노 토마토를 보증하고 인증하는 유일한 기관"이기 때문에 센토 사는 'San Marzano 인증' 토마토를 판매할 수 없다고 주장했다. 더욱 꼼짝달싹할 수 없게 만든 지점은 센토의 모든 토마토가 공식적인 사르노-노체라 지역에서 재배된 것은 아니며, 그 토마토들은 (센토 측이 단호하게 부인하지만) 산 마르자노의 품질 기준에 맞지 않는다고 고소인이 주장한 것이다.

"난 중재를 하려는 게 아닙니다." 나는 한 글자도 틀리지 않게 크리스티노에게 이렇게 말했다. "하지만 이런 분열은 어느 쪽에도 득이 되지 않는 것 같군요. 이건 처음부터 소규모 틈새시장이었고, 이제 당신들은 각자 예전에 가졌던 영향력의 반밖에 갖고 있지 않습니다."

그는 후회하듯 덧붙이며 동의했다. "사실 이렇게까지 될 필요는 없었어요." 컨소시엄이 그 명칭에 대한 센토 측의 생각을 받아들이려 해왔고 2019년 EU를 상대로 트레이드마크를 (무엇이냐 하면 바로) 'San Marzano'로 변경하기 위해 수정안을 낸 사실에 비추어 그것은 정말인 것 같다. 다시 말해 오래 끌어온 이 하트필드-맥코이 분쟁(1863년부터 1891년까지 미국 웨스트버지니아와 켄터키 지역의 두 시골 미국인 가문의 분쟁을 가리킴—옮긴이)은 파올로의 아버지 에도아르도가 DANI 쿱의 회장이었을 때 시작되었고, 모든 이탈리아인의 분쟁이 그렇듯이 그야말로 세대를 이은 사건이 되었지만, 이제는 존재하지 않는 이슈에 대한 것이다.

"혹시 트레이드마크가 San으로 변경된다면, 컨소시엄과 DOP로 돌아갈 가능성이 있는 겁니까?" 내가 크리스티노에게 물었다. 만약 내가 이탈리아어를 할 줄 안다면 직접 나서서 오해를 풀고 두 어린애를 화해시켜주겠다고 제안했을 것이다.

"어쩌면…, 글쎄요. 지금으로선 아무 말도 드릴 수 없습니다." 하지만 나는 그의 목소리에서 이 문제가 우선순위가 아님을 짐작할 수 있었다. 누가 알겠는가, 센토 측이 컨소시엄을 나온 다른 이유가 있는지. 게다가 이 시점에 다시 들어갈 이유도 별로 없는 게 사실이다. 센토 측에 따르면 2020년 그들은 미국에 자신들의 '산San 마르자노 보증' 제품을 150만 개, 3,150만 파운드어치를 선적했다. 컨소시엄에서 생산한 전체 통조림보다 많은 수량이다. 그들이 그렇게 할 수 있는 건 평범한 미국 소비자 대다수가 DOP나 SOB 따위를 모르기 때문이다. 나아가 산 마르자노 토마토가 일반 토마토보다 비싸다는 사실 정도는 알고 있을 소비자들이 일반 슈퍼마켓에서 다른 수입산 플럼 토마토와 비슷한 가격에 팔리는 센토의 통조림을 즐겨 찾기 때문이다.

회사는 방어적인 태세를 취하면서 미국 소비자들에게 자사의 제품을 정당화하려고 비상한 노력을 해왔다. 심지어 앱을 통해 캔에 찍힌 코드를 타이핑하면 구글 어스로 자신들의 산 마르자노를 재배하는 실제 농장을 볼 수 있게 해놓았다.

컨소시엄이 연방대법원에 제기한 두 건의 소송 중 첫 번째는 2020년 재판 없이 각하되었다. 뉴욕주 롱아일랜드의 판사는 EU의 전통에 공감하는 대신 "컨소시엄이 무슨 왕이라도 되느냐?"고 반문했다. 컨소시엄만이 산 마르자노를 보증할 수 있다는 원고의 주장을 받아들일 수 없으며 "컨소시엄의 토마토와 센토의 제품 간에 존재한다고 주장하는 작은 차이에 관해 원고의 주장을 듣느라 법원이 시간을 낭비할 필요는 없다"고 판결문에 적었다.

캘리포니아에서 제소된 두 번째 소송은 은밀한 해결로 종결되었다. 그중에 가장 확실한 것은 센토 사의 레이블에서 "산 마르자노 인증Certified San Marzano" 구절을 빼지 않아도 된다는 판결이었다. 이로써 센토 측은 법의 심판은 피했을지 모르지만, 컨소시엄 회원들의 독설은 피하지 못했다. 그들은 상대방을 (그들의 가족 중 일부가 3대, 4대째 서로 알고 지내는 사이다) 게임 중간에 룰을 바꾸는 것에 동의하지 않는다고 게임 보드 판을 엎어버리는 미국 깡패라고 말하며 격분하고 있다.

센토 측은 자신들도 똑같이 그 지역의 수호자 역할을 하며, 농부들에게 최상의 종자만을 보급하고, 열성적인 컨소시엄 못지않게 전 과정을 철저히 관리한다고 주장한다. 아마도 그 말은 사실일 것이다. 내가 판단할 문제는 아니다. 하지만 1세기 넘게 그 땅에서 농사를 지어온 컨소시엄의 독립적인 감독권을 뉴저지의 통조림 수입업자에게 넘기는 일은 일단 중단되었다.

컨소시엄에 대해 말하자면, 그들 또한 잘못이 전혀 없는 것은 아니다. 만약 회원들이 신대륙의 침입자에게 맞서지 않았더라면, 11년이나 기다려 트레이드마크를 바꾸는 대신 서류상 저지른 실수를 초기부터 인정할 수 있었을 것이다. 그리고 논쟁은 벌써 해결되었을 것이다.

나는 단지 이런 분열이 산 마르자노의 유산을 또다시 위협하는, 베수비오산에서 피어오르는 한 줄기의 연기가 되지 않기를 빌 뿐이다. 나는 원주민이 아니다. 솔직히 그곳에서 보고 온 것들이 나를 위해 혹은 불과 2주일 전 이탈리아 식품에 관한 텔레비전 시리즈에서 빈센초의 농장을 방문한 배우 스탠리 투치를 위해 급조된 한 조각의 포템킨 마을Potemkin village(크름반도의 총독 그리고리 포템킨이 예카테리나 2세의 순시를 앞두고 초라한 그곳을 풍요로운 지역으로 보이게 하려고 여왕이 순시하는 곳에 조성한 겉만 화려한 가짜 마을—옮긴이)이 아닐까 의심이 드는 것도 사실이다. 그림같이 완벽한 산 마르자노 농장과 농부들, 너무 완벽해서 수백만 개의 레이블을 빛낸 남자의 얼굴을 나에게 보여줬던 것은 아닐까. 설령 그렇더라도 세계 요리 지도에 이탈리아를 최초로 실어준 토마토의 유산을 살리기 위해 몇 에이커 안 되는 밭을 일구는 그 농부들을 응원하지 않기는 어렵다.

그러나 산 마르자노 토마토를 포함해 최고급 이탈리아 식품을 들여오는 뉴욕의 수입상 '구스티아모Gustiamo' 대표 베아트리스 우기는 센토 측과 벌이는 모든 논쟁 이면에는 훨씬 더 큰 위협이 도사리고 있다고 지적한다. "산 마르자노의 농부들은 자연사로 그 숫자가 줄어들고 있어요." 이탈리아 태생인 그녀의 말은 계속된다. "당신도 거기에 가봤으니 그들이 얼마나 고령인지 잘 알 거예요. 게다가 자녀들은 수입이 많지 않은 부모의 일을 계승하려 하지 않아요." 다시 말해 산 마르자노 농장에서 농부를 사라지게 하는 것은 센토 사가 아니다. 저승사자다. 저승사자는 레이블에 뭐라고 적혀있든 상관하지 않는다.

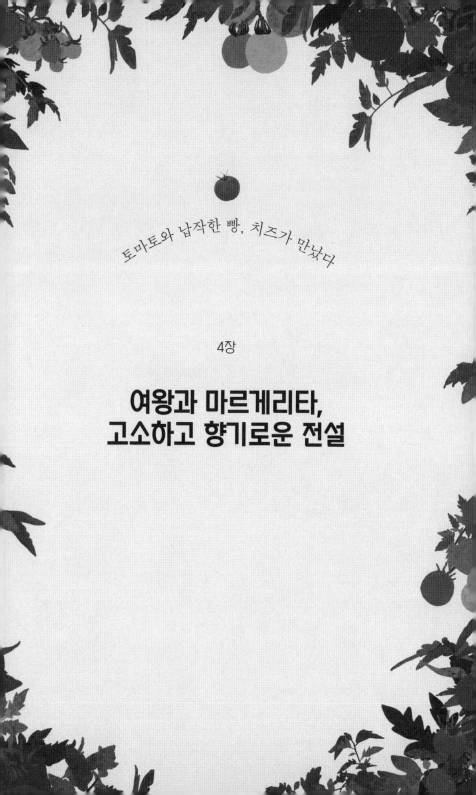

토마토와 납작한 빵, 치즈가 만났다

4장

여왕과 마르게리타,
고소하고 향기로운 전설

새벽 4시, 오스트라다 고속도로 E45, 이탈리아 나폴리가 가까워
지고 있다

우리 렌터카가 갑자기 방향을 틀어 시속 120킬로미터로 달리
는 번잡한 오스트라다로 돌진하는 바람에 나는 퍼뜩 잠에서 깼
다. *도대체 무슨 일이지?! 앤이 교통사고를 당할 뻔했나?* 믿기
힘든 현실에 깜짝 놀라다 깨닫는다. 운전은 내가 하고 있다.

한 시간 전
조수석에 앉은 나는 옆 차선에서 달리는 시속 100킬로미터짜리
들을 신경 쓰지 않아도 되는 내비게이터 역할을 하며 대시보드의
터치스크린을 조작하기 시작했다. 쏟아지는 졸음을 쫓아내려 눈
알을 이리저리 굴리던 나는 차로 이탈 경고 시스템(차선을 벗어날
때 올바른 차선으로 돌아가라고 경고하는 역할을 한다)이 꺼져있는 것
을 발견하고 다시 켜기 위해 스크린을 터치했다. 아무리 조심해

도 지나치지 않는다. 우리는 뉴욕에서 밤새 비행기를 타고 오느라 극심한 수면 부족 상태였다. 게다가 우리의 인체 시계는 지금 아침 9시가 아니라 새벽 3시를 가리키고 있었다.

"다음 휴게소에서 쉬었다 가는 거 어때?" 내가 앤에게 말했다. "당신 피곤해 보여. 내가 운전할게."

두 시간 전

"근사한 토요타 코롤라로 준비했습니다." 유로펑크Europunk라는 단어가 절로 떠오르게 건방져 보이는 로마 공항의 젊은 렌터카 업자가 짓궂게 웃으며 말했다.

"난 메르세데스 A-클래스를 예약했어요."

"아니면," 그가 허공에 대고 손가락 따옴표를 했다. "두 차종이 비슷합니다."

사실 나는 메르세데스 A-클래스가 어떻게 생겼는지도 모른다. 메르세데스는 어떤 등급이든 몰아본 적이 없다. 다만 그게 토요타 코롤라가 아니라는 것은 안다. 나는 중개인에게 손 따옴표를 하며 두 차종이 분명히 '비슷하지' 않다는 사실을 알렸다.

"짐이 많으신가요? 저희가, 피아트 500은 가능하겠는데요."

계속 실랑이를 벌이다가는 베스파 콘 사이드카를 타게 될지도 모른다는 두려움이 몰려왔다. 하지만 피아트가 진지한 제안이라기보다 다음 플레이를 위한 첫수라는 것쯤은 알고 있었다. 문으로 걸어 들어오는 내 모습은 누가 봐도 여행객처럼 보였을 것이다. 내가 소형 피아트를 거절하자 유로펑크는 그제야 자신의 패를 깠다. 이탈리아 로마에 있든 뉴욕 로마에 있든, 그게 올 거라는 사실을 알고 있었다. 정해진 수순이니까. 아니나 다를까, 바로 무시무시한 업그레이드 권유가 이어졌다. "하루에 60유로만 더 내시면 볼보 S60은 가능합니다."

하루 60유로라니! 그러나 내가 노골적으로 목을 빼고 다른 렌터카 카운터를 쳐다보자(이른 아침의 한가한 시각이라 손님들이 있을 리 없다) 그는 얼른 하루 15유로를 더 내면 볼보 S60을 빌릴 수 있다고 물러섰다. 그래서 우리는 볼보를 몰 수 있게 되었다.

그러나 나는 여전히 호구가 된 것 같고, 미국에서 온 촌뜨기 취급을 받은 것 같아 기분이 좋지 않았다. 운전하는 도중 살짝 졸던 그 순간에도 말이다. 물론 몇 시간만 지나면 나는 다른 곡조의 휘파람을 불게 될 것이다.

170년 전

1850년 나폴리는 유럽에서 가장 더럽고 가난하며 인구가 밀집한 도시였다. 한 면은 바다, 3면은 낮은 산들로 둘러싸인 이 도시의 좁고 더럽고 어두컴컴한 골목 사이로 위태롭게 들어선 5~6층짜리 아파트 건물에 40만 명의 가난한 주민이 말 그대로 차곡차곡 포개져 살았다. 악취가 진동하고 비좁은 골목 위로 공동 빨랫줄이 다리처럼 드리워진 이 도시 주민들에게는 내리쬐는 햇볕이 가장 비싼 사치품이었다.

도시를 방문한 한 여행객이 무질서한 거리를 목격했다.

가파르고, 비좁고, 더럽고, 층마다 툭 튀어나온 발코니. 몰려있는 작은 가게들, 가판대, 물건을 사고팔고 잡담을 나누고 손짓과 몸짓을 하며 서로 팔꿈치를 밀치는 남녀들. (…) 먼지에 파묻힌 채 오렌지 껍질, 채소 부스러기, 그외 쓰레기가 나뒹구는 널돌로 포장된 구불구불하고 미로 같은 길. (…) 모두 떠들고 먹고 마시고 악취를 풍긴다. 쥐덫에 빠진 쥐들이 생각난다.

연기 자욱한 대기에 화새 위협은 상존하고, 도시 곳곳에 있는 100개쯤 되는 피자 화덕에서는 쉬지 않고 연기가 피어올랐다. 새벽부터 저녁까지 화덕의 장작들이 타고 연기를 내뿜고 불꽃을 일으켰다. 그러나 5월 4일 아침, 열아홉 살 루이지 마토치Luigi Mattozzi의 피제리아pizzeria(피자가게를 일컫는 이탈리아어―옮긴이) 화덕은 싸늘하게 식었다. 그날은 일년 중 도시의 모든 아파트 임대가 만료되는 날이었기 때문이다. 루이지(그의 일곱 명 식구는 각각 포르토의 서로 다른 주소지에서 태어났다)는 살림살이가 몽땅 실린 손수레를 밀며 거리에 있었다. 이 복잡한 도시에서 그들은 천천히, 요리조리 빠져나갔다. 도로는 같은 처지, 비슷한 여정을 걷게 될 수천 명 나폴리인들로 복작대고 혼잡했다.

1897년 나폴리의 거리 풍경. (J. F. Jarvis, Publisher. 의회도서관. LC-USZ62-73726)

피자는 1700년대 중반 이후 나폴리의 주식이었다. 물론 18세기 버전은 오늘날 우리가 알고 있는 토마토와 모차렐라의 조합으로 성문화되지 않은 상태였다. 그럼에도 당신은 테두리가 약간 올라간 둥그렇고 납작한 빵 위에 치즈, 앤초비, 채소와 토마토 등 다양한 재료들을 올린 초기의 형태를 상세히 알고 있을 것이다.

시시콜콜한 학자들은 곡물과 '불에 달군 돌'만큼이나 납작한 빵을 오븐에 굽느냐baked 번철에 굽느냐gridel를 가지고 논쟁하기 좋아하지만 우리가 현대의 피자라고 생각하는 것, 그러니까 납작한 이스트 빵에 토마토와 치즈를 올려서 오븐으로 굽는 피자는 의문의 여지 없이 나폴리에서 단생했다. 기록에 따르면 1880년대 말, 통째든 슬라이스한 것이든 으깬 것이든 토마토가, 아직 의무사항은 아닐지라도 피자의 공통 요소가 되었음을 알 수 있다.

피자는 나폴리 주민들의 주식이었다. 하루에 여러 번 먹는 것도 예사였다. 값이 싸고, 달리면서 먹기도 쉬웠고, 채소나 작은 물고기를 얹으면 영양까지 우수했다. 그러나 모두가 피자를 좋아하지는 않았다. 일례로 피노키오는, 아니 그를 만든 이탈리아 작가 카를로 콜로디Carlo Collodi는 피자를 싫어했다. 콜로디는 1886년 소설에서 피자를 "그걸 파는 사람의 몰골과 걸맞게 기름진 쓰레기 잡동사니"라고 부르며 맛이 없다고 혹평했다. 일찍이 1831년 미국의 전신 발명가 새뮤얼 모르스Samuel Morse는 피자를 "정말

형편없는 케이크이다. (…) 토마토 조각으로 뒤덮고, 작은 물고기와 후춧가루를 여기저기 던져 넣고, 그 밖에 무슨 재료가 들어갔는지 나도 모르겠다. 하수구 악취를 풍기는 빵 조각처럼 생겼다"고 말했다. 피자가 콜레라 전파의 주범이 아닐까 의심하는 사람도 있었다.

초기의 피자이올로pizzaiolo(피자 만드는 사람을 뜻하는 이탈리아어―옮긴이)는 점포 앞이나 수레에서 기교를 발휘한 뒤, 라짜로니lazzaroni(흔히 맨발에 누더기 차림으로 거리를 떠도는 아이들이었다)들을 시켜 피자 조각을 들고 마을을 누비게 했다. 그 말은 피자가 테이크아웃과 배달 음식으로 시작되었다는 의미다. 시간이 흐르면서 성공한 행상들은 가게를 얻어 실내로 들어오고 테이블을 추가했다(세월이 더 흐르면 도미노 피자와 배달 피자도 생겨날 것이다). 그리고 18세기 중반에 현대의 피제리아가 형태를 갖추었다.

피자pizza라는 단어의 어원은 알아내기가 더욱 어렵다. 한 이탈리아 학자에 따르면 이 단어는 오랜 세월 "어원학자들을 중독시키고 식품 역사학자들은 괴롭혔다." 아라비아어와 그리스어, 라틴어에도 비슷한 단어가 많고, 그 점이 어떤 연관성을 암시하기 때문이다. 일례로 나폴리 근처를 운전하다 보면 이 지역이 그리스인의 정착지였음을 상기시키는 파에스툼에서 아직도 건재한 거대한 그리스 신전을 만나게 된다. 게다가 그들은 오래전부터 피타(pitta 혹은 pita)라고 부르는 납작한 빵을 먹어왔다. 무시하는 학자들을 제외하면 그 누구에게라도 연관성은 명백해 보인다. 특히 grazie('감사합니다'라는 의미의 이탈리아어, 그리스어 gratia가 어원이다)처럼 pizza 역시 약하게 t가 들어가 있는 듯 발음하는 것을 보면 그렇다.

나에게는 피자가 왜 다른 곳이 아닌 나폴리에서 생겨났는가 하는 질문이 더 흥미롭다. 식품의 재료가 단서를 제공한다. 우뚝 솟은 베수비오산 맞은편에는, 심지어 산 마르자노를 재배하기 전부터 세계에서 가장 좋은 토마토 산지가 있었다. 버팔로 우유로 만든 모차렐라도 이 지역에서 유래했고 지금도 지역 특산물이다. 게다가 로마 시대 이후로 이 지역에서는 밀을 도정해왔다. 즐겨 사용하는 토핑인 앤초비는 나폴리만에서 일상적으로 삽히고, 만 남단 소렌토 반도에 많이 자라는 올리브 나무에서는 오일을 얻을 수 있다. 다시 말해 피자라는 단어가 존재하기 200년 전부터 피자는 고유한 향토 음식이었다.

마토치 가족이 이사한 새 보금자리는 왜 피자가 나폴리를 선택했는지에 대한 또 다른 단서를 제공한다. 당시에는 일반적이었지만, 마토치가 사는 아파트에도 수도시설과 부엌이 없었다. 나폴리의 하층민들이 사는 집에는 대개 조리 시설이 갖추어져 있지 않았다. 그들의 편의 시설은 아파트라기보다 대학교 기숙사와 비슷했다. 우리는 기숙사에서 피자가 얼마나 인기 있는 음식인지 알고 있다. 루이지의 아파트에는 개인 욕실도 없었을 가능성이 높다. 만약 아파트에 화장실이 있었다면 타일 바닥에 변기가 한 개 놓이고 주민들이 공동으로 사용했을 것이다. 말하기 미안하지만 나는 이런 스타일의 화장실에 친근함 이상의 감정을 느낀다. 1970년대에 나폴리에서 나는 그런 화장실을 사용했다. 증기기관과 함께 유럽에서 사라진 줄 알았던 콜레라가 갑자기 발생해 나폴리를 휩쓸고 지나가며 7명의 사망자가 나온 직후였다. 젊은 미국인 여행객은 구식의 공중 화장실을 몹시 경계했다.

여왕이 비천한 농부가 만든
빈민들의 음식을 먹었다

콜레라는 이탈리아의 움베르토 1세Umberto I(1844~1900. 비토리에 에마누엘레 2세의 아들, 이탈리아 왕국의 2대 국왕—옮긴이)를 1884년에 나폴리로 오게 했다. 양 시칠리아 왕국Kingdom of the Two Sicilies('또 다른' 시칠리아란 나폴리 왕국을 말한다)의 수도였던 나폴리는 비토리오 에마누엘레 2세Vittorio Emanuele II(1820년~1878)와 그의 허세 넘치는 장군 주세페 가리발디가 여러 세기 동안 이탈리아반도를 조각내 통치했던 오스트리아, 프랑스, 스페인의 잔당과 지역 통치자들을 몰아낸 후 1861년 통일 이탈리아의 일부가 되었다.

스페인 브루봉 왕가로부터 양 시칠리아를 '해방'시킨 북쪽의 피에몬테(사르데냐 왕국을 뜻함—옮긴이) 출신 왕은 애틀랜타를 남부 연맹에서 해방시킨 셔먼 장군William Tecumseh Sherman(1820~1891. 미국 남북전쟁 당시 북군의 장군—옮긴이)처럼 지역 주민들에게 인기가 높았다. 하지만 나폴리를 방문할 당시 겨우 6년차였던 움베르토에게는 해야 할 일이 산적해 있었다. 정복과 통치는 별개의 일이었다. 그러니까 어느 정치가가 "우리는 이탈리아를 만들었다. 이제 우리는 이탈리아 국민을 만들어야 한다"고 말한 과제가 그에게 주어진 것이다. 따라서 이탈리아 최대 도시에 치명적인 콜레라가 발생했다는 소식을 들었을 때 그는 손수 상황을 점검할 겸 새로운 백성(그중에는 이전 방문 때 그를 암살하려던 이도 있었다)을 만나기 위해 앞뒤 가리지 않고 나폴리로 내려왔다.

움베르토는 중세와 다름없는 위생 상태에 경악했다. 아니 "중세와 같다"는 말은 잘못된 표현일지 모른다. 중세보다 훨씬 더 먼 칼리굴라 황제 시대로 가야 할 정도였다. 도시를 시찰하면서 시민들의 비참한 생활환경을 두 눈으로 목격한 움베르토는 식수와 하수가 구분조차 안 된 도시의 시스템에 놀랐다. 그는 이후 무수한 맥락에서 수없이 되풀이되어 온 유명한 선언을 했다. "나폴리를 뒤집어엎어야 한다!" 도시 재생, 리사나멘토Risanamento(말 그대로 "다시 건강하게 만들기")를 위한 계획이 수립되었고, 이 사업은 2차 세계대전이 발발한 후에도 지속되었다.

나폴리 방문 동안 병원에 입원한 콜레라 환자들을 문병한 것은 커다란 성과였다. 언론은 움베르토의 대담함을 극찬했고, 구경꾼들은 환호했다. 5년 후 그는 리사나멘토의 공식적인 개시를 알리기 위해 다시 나폴리를 방문했다. 이번에는 아내인 사보이 여왕 마르게리타도 동행했다. 한 달간의 방문 동안 여왕은 왕궁에서 먹는 느끼한 프랑스 요리에 싫증이 난 데다(소문에는 그렇다) 시민들의 환심을 살 방법을 찾다가 지역의 음식을 먹고 싶다고 요청했다. 피자보다 더 지역색이 뚜렷한 음식은 없었다.

유명한 피자이올로 라파엘 에스포시토Raffaele Esposito가 여왕을 위해 피자를 만들도록 카포디몬테 궁에 소환되었다. 에스포시토는 세 종류의 파이를 만들었다. 첫 번째 피자에는 올리브오일, 치즈, 바질을 올리고 두 번째는 앤초비, 세 번째 피자에는 새 이탈리아 국기의 빨강, 하양, 초록을 나타내는 토마토와 모차렐라, 바질을 올렸다.

여왕이 이탈리아의 가장 가난하고 불결한 도시에서, 비천한 농부가 손으로 만든 시시한 음식인 피자를 먹었다는 것은 대단히 상징적이자 고도로 계산된 행위였다. 영국의 역사가 존 디키John Dickie는 500년 후 다이애나 여왕이 AIDS 환자를 포옹했을 때의 순간과 연결짓기도 했다. 그런 데다 여왕이 빨강, 하양, 초록색의 이탈리아 국기를 상징하는 파이를 가장 좋아한다고 말했을 때, 그 음식은 더욱 특별한 의미를 지니게 되었다.

에스포시토는 이탈리아 국기 색깔의 피자에 여왕의 이름을 붙임으로써 칭찬에 보답했다. 그렇게 *마르게리타 피자가 탄생했다!*

역사적인 주석으로 가볍게 다루자면, 여왕의 피자에 사용된 토마토는 우리가 앞서 만난 작은 계란 모양의 품종으로, 이미 여왕의 남편 이름을 따서 레 움베르토Re Umberto라고 불렸다. 진정한 왕실 방식으로, 이 '계란'은 세월이 흘러 또 다른 토마토의 왕, 산 마르자노를 부화하게 된다.

흥미로운 이야기다. 그리고 라파엘 에스포시토가 1889년 6월에 토마토, 치즈, 바질 피자를 개발했느냐 아니면 기존에 있던 피자에 행운의 여왕 이름을 붙였느냐 하는 문제는 지금까지도 지루한 토론으로 이어지는 단골 주제이다. 그러나 지리한 논쟁에 훈수를 두기 전에 이토록 엄청난 피자를 론칭하고 국가를 통합한 것으로 전해지는 사내 에스포시토에 대해 자세히 알아보자.

라파엘 에스포시토는 피자 장인의 딸에게 장가를 들어(그의 장인 지오반니 브란디Giovanni Brandi는 성공한 피자이올로였다) 도시의 목 좋은 곳에서 이미 장사가 잘 되던 피제리아를 인수했다. 그는 브란디 가문의 성공을 이어간 것으로 보인다.

그러나 이미 100명의 피자이올로가 활동하던 도시에서 어떻게 라파엘 에스포시토가 선택되어 여왕의 피자를 만들었는지는 의아하다. *왜 안 그렇겠는가?* 루이지 마토치와 그의 여섯 형제 중 하나도 그 당시 이미 피자이올로였고, 지금까지 가업의 전통을 이어오고 있는데.

이탈리아의 역사가 안토니오 마토치(그렇다, 그 피자이올로 왕조의 후손이다)는 그것이 알고 싶었다. 그리고 도시 관련 기록물을 뒤져보던 중 에스포시토가 갓 인수한 레스토랑 피제리아의 이름을 'della Regina d'Italia'(이탈리아 여왕의 피제리아)로 바꾸게 해달라고 요청한 적이 있다는 흥미로운 사실을 발견했다. 1883년, 여왕의 이름을 딴 피자를 만들기 무려 6년 전이었다! 따라서 에스포시토에게 선견지명이 있든, 아니면 여왕 방문 한참 전에 로열마크를 손에 넣기 위해 공모를 했든, 그는 왕궁으로 들어가기 위해 교묘히 환심을 사고 자신이 할 수 있는 무엇인가를 했을 거라는 억측을 불러일으킨다. 잘은 모르지만 운 이상의 무언가가 작용했음이 틀림없다.

우리가 아는 것은 기업가 정신이 왕성한 이 젊은 피자이올로가 이미 '피사 알라 모차렐라pizza alla mozzarella'라고 알려져 있던 것을 처음 만들지 않았다는 사실이다. 에마누엘레 로코Emanuele Rocco의 1853년 소논문을 포함해 더 일찍이 이 피자를 언급한 문헌은 많다. 그는 에스포시토가 36년 후 '개발한' 피자의 세 가지 기본 재료, "basilico, muzzarella e pomodoro"가 들어가는 피자를 분명히 언급했다. 그렇다고 해도 여왕을 위해 이런 토핑을 선택한 에스포시토의 정치적 기민함까지 흠집 내지는 못한다. 여왕의 이름을 따서 피자 이름을 붙인 것은 그렇다 치더라도 말이다.

진짜 마르게리타 피자를 만났다

만약 제기된 여러 의문들 중 어느 하나라도 사실이라면? 에스포시토가 점점 더 철면피로 여겨지면서 궁금증이 일었다. 그는 여왕을 위해 피자를 만들기나 했을까, 아니면 내 옆구리를 찌르는 것처럼 느껴지는 게 피노키오의 코인가? 이제 탐사 저널리즘과 점심을 한꺼번에 해결할 차례였다. 다행히 에스포시토의 옛 붉은 소스와 모차렐라red-sauce-and-mozzarella 피자가게, '피제리아 브란디 Pizzeria Brandi'는 130년이 지난 지금까지 같은 장소에서 화덕에 불을 뿜고 있었다. 여기까지 살아서 도착한 앤과 볼보, 그리고 나는 조사를 원하는 건지 아니면 낮잠을 원하는 건지 헷갈리는 상태였지만 말이다.

메뉴와 벽들, 대리석 기념 명판, 다행히 현대식인 변기를 제외한 모든 전통적인 요소가 여전히 그들의 로열 캐시카우가 되어주고 있어서 나는 두 가지 과제를 동시에 처리할 수 있었다. 피자를 주문하고 그 사이에 스토리를 조사할 작정이었다. 레스토랑은 왕실 인장이 찍힌 인상적인 편지를 소유하고 있었다. 번역해보면 147쪽 그림과 같다.

여러 파이 중 여왕 폐하가 삼색 파이를 특히 더 좋아했다는 사실이 자세히 적혀있었으면 좋았을 뻔했다. 또 형식적인 성격의 편지는 에스포시토의 요청에 주방장이 마지못해서 끼적였으리라

는 것을 암시한다. 하지만 나는 그 이야기의 핵심이 적어도 진실
인 것 같아 만족스러웠다. 게다가 나에게는 여기에서 수행해야
할 또 다른 사명이 있었다.

"피자 나오기 전에 돌아올게."

내 말에 앤이 놀라서 물었다. "어디 가려고?"

"피자 만들려고."

나는 단지 먹기 위해 여기까지 온 게 아니었다. 피자는 내가 열
렬히 사랑하는 것들 중 하나다. 우리 집 파티오에 금성 표면만큼
뜨거운 불을 뿜는 거대한 피자 오븐이 있다는 사실로 그 말을 증
명할 수 있다. 하지만 내 열정은 언제나 품질로 설명되는 게 아
니어서 나는 이곳 피자 장인들이 어떻게 피자를 만드는지 꼭 보
고 싶었다. 마르게리타 피자의 탄생지에서 마르게리타 피자 만드

는 법을 속성으로 배우고 싶었던 나는 주방에 들어가게 해달라고 졸랐다. 아니 구글 번역기가 그렇게 말했다. 기껏해야 아주 '아주 잠깐' 사이에 끝날 일이었다. 구글 번역기가 "Sono uno scrittore Americano('나는 미국에서 온 작가다'라는 의미—옮긴이)"라고 옮기는 시간보다 더 빨리 피자가 나올지도 모르니까.

피자가 너무 빨리 완성되는 바람에 내가 눈으로 본 것을 머리가 흡수하려면 녹화 영상을 여러 번 돌려봐야만 했다. 장인의 솜씨로 오븐을 다루는 피자이올로의 손놀림이 어찌나 느긋해 보이는지, 우리가 주문한 피자 두 개(여러 가지 토핑을 추가한 마르게리타 피자를 만드느라 시간이 더 걸렸다)를 반죽 덩어리에서 접시에 올려놓기까지 2분 15초밖에 걸리지 않았다는 사실을 나중에 알고 나는 깜짝 놀랐다. 그것도 나와 대화를 하느라 쉬지 않고 말을 하면서 말이다. 나는 외국어를 해야 할 때면 늘 그렇듯 보블헤드 인형처럼 쉴 새 없이 고개를 끄덕거렸다.

트레이에서 떼어낸 반죽 덩어리를 아주 고르게 얇은 껍질처럼 만드는 1단계는 15초밖에 걸리지 않는다. 납작해진 도우를 왼쪽, 오른쪽, 왼쪽, 오른쪽 양손에 번갈아 던지며 마술사의 현란한 손놀림으로 마지막 조형을 한다. 스키아포chiaffo('slap')라고 부르는 이 과정에서 장인은 가운데가 반투명해질 때까지 반죽을 늘이되 가장자리까지 무게가 일정한지 가늠한다. 오븐의 열이 900℃까지 올라가면 이 테두리cornicione(말 그대로 영어의 'cornice'다)는 개화開花하는 모습을 촬영한 타임랩스 영화처럼 서서히 2인치 높이로 부풀어 오르는데, 이것이 나폴리 피자의 특징이다. 마르게리타 파이가 여기저기 검게 그을리고 수축해서 터진 표범 무늬가 생기기까지는 오븐에서 62초밖에 걸리지 않는다.

그들은 반죽을 허공으로 던지거나 돌리지 않는다. 진지한 나폴리 피자 장인들의 얼굴을 찌푸리게 하는 이런 보여주기식 테크닉은 행인의 시선을 끌기 위해 시작되었다. 나폴리에서는 지역민들에게 피자를 홍보하는데 이런 연극이 필요하지 않다. 그곳에는 길에 치이는 게 피제리아다. 피자는 지구상 어디보다 나폴리에서 가장 인기가 높다. 2020년 코로나-19로 봉쇄조치가 내려지던 첫날 6만 개의 피자 배달 주문이 쇄도했다. 그래서 피제리아만 배달 주문을 위해 다시 문을 여는 것이 허용되었다.

그러나 이 피자의 성지에서 미식을 경험하려던 외국 여행객들은 다소 실망감을 안고 돌아온다. 음식평론가이며 '진지한 식사 Serious Eats'(음식 애호가에 초점을 맞춘 에드 레빈의 웹사이트 및 블로그—옮긴이)의 설립자 에드 레빈Ed Levine은 자신의 책 《피자: 천국의 맛 한 조각Pizza: A Slice of Heaven》을 쓰기 위해 피자 시식을 계속했고, 도시 최고의 피자를 찾기 위해 나폴리의 최고 피제리아 15곳을 방문했다. 그리고 15곳 모두 동점을 매겼다. 그는 이 피자들이 "괴이할 정도로 비슷하며, 이따금 늪에 가까울 정도로 눅눅한 피자"를 만들기 위해 토마토 퓌레의 물기를 제거하지도 졸이지도 않는다고 평했다.

레빈은 우리가 조만간 다루게 될 뉴욕의 피자를 먹으며 성장했
다. 우리에게 익숙한 것을 좋아하는 건 자연스러운 현상이다. 따
라서 미국인들의 나폴리 피자에 대한 시큰둥한 리뷰는 묵살하고
싶다. 이 점은 분명 중요한 변수다. 그러나 나폴리 피자의 진짜
문제는 의도적으로 시간을 멈췄다는 점이다.

레빈의 콘테스트는 결국 모든 참가자가 동점을 받는 것으로
결론이 났다. 나폴리의 유명한 피제리아는 모두 1984년 나폴리
피자의 전통을 지키기 위해 설립된 단체 AVPNAssociazione Verace
Pizza Napoletana가 정한 룰에 따라 똑같은 나폴리 피자를 만들기 때
문이다.

AVPN로부터 인증서를 받으려는 피제리아든 아니든, 피자이올
로라면 누구나 남보다 뛰어나려고 애쓰는 이 전통 피자는 DOP
가 산 마르자노 토마토에 가하는 규제는 느슨하게 느껴질 만
큼 한 무더기의 기준에 맞춰야 한다. 밀가루의 화학적 성분(단백
질, 회분, 수분흡수율 등등)을 비롯해 이스트의 종류(양조용 효모),
토마토 품종(산 마르자노 또는 로마 토마토), 치즈 종류(버팔로 젖
이나 우유로 만든 모차렐라), 오븐의 온도(장작용 오븐으로만 화씨
800~900(426~482℃), 숟가락으로 소스를 뿌리는 방법(가운데부터
나선형의 동작으로), 심지어 완성된 피자를 먹는 방법(입천장을 델
정도로 충분히 뜨겁게, 현지에서)까지 우스꽝스러울 정도로 자세히

나열되어 있다. 과장하지 않고 말해도 창의성을 발휘할 여지를 전혀 주지 않는다.

그렇다면 이 도시의 피자 원로들이 이토록 열렬히 보존하려고 애쓰는 신성한 유물인, 나폴리 피자는 정확히 무엇인가? 우리가 '아티장의 피자'라고 부를 수 있는 것은, 가장자리로 갈수록 점점 얇아지는 테두리(10분의 1인치를 넘지 않는)에 가운데는 촉촉하며, 크기는 디너 플레이트 크기만하다. 소스는 단순히 으깨거나 퓌레로 만든 캔 토마토를 사용하며, 모차렐라 덩어리와 바질 잎 서너 장을 인색하게 올리고 올리브오일을 휘휘 뿌린다. 완성된 피자는 붉은 바다에 섬처럼 점점이 박힌 흰색 치즈, 그리고 초록색 바질이 배처럼 떠 있는 모습과 닮아있다.

AVPN의 미니멀리즘 피자의 이면에는 산 마르자노 토마토를 보호하려는 컨소시엄처럼 소중한 유산을 지키려는 (그리고 브랜드를 보호하려는) 의도가 있다. 그런 면에서 그들은 성공한 것처럼 보인다. 1997년에 DOP의 지위를 획득하는 것으로 만족하지 못한 이 단체는 전통적인 피자 만들기 기술인 피자이우올로pizzaiuolo를 아제르바이잔의 카펫 짜기, 아르메니아의 서사시 〈사스나 츠레르Sasna Tsrer〉(신의 은총을 받으며 악으로부터 자신의 고향을 지켜낸 도전적이고 독립심이 강한 소년 다비트에 관한 영웅 서사시—옮긴이)가 등록된 유네스코 인류무형유산 목록에 등재시키기 위해 노력했고, 결국 인정을 받았다.

자신의 문화와 요리의 유산을 지키는 게 중요하지 않다고 말할 사람은 없을 것이다. 정작 문제는 나폴리가 과거의 어떤 버전을 지키겠다는 결의로 피자 자체를 피자의 살아있는 화석으로서 뒤처지게 만들었다는 점이다. AVPN은 단 두 종류만 인정할 정도다. 1734년에 첫선을 보인 치즈 없이 토마토소스와 오레가노만 올리는 마리나라 피자, 그리고 적어도 1853년경부터 존재해온 마르게리타 피자. 나는 이 점이 특히 이상하게 여겨졌다. 초기의 나폴리 피자는 그날 구한 재료부터 어제 수확한 약간 과숙된 것까지 모든 재료를 토핑으로 이용했기 때문이다. 심지어 마르게리타 여왕에게도 세 종류의 피자 선택권이 더 주어졌다.

여왕과 1898년으로 놀아가서, 왕실이 피자를 받아들인 것은 귀족들에는 대국민 홍보수단으로 효과적이었을지 모르지만 놀랍게도 피자에게는 별로 그렇지 못했다. 3세기 전 토마토가 그랬듯 피자는 다가오는 수십 년 동안 이탈리아에서 별 존재감이 없었다. 2차 세계대전이 일어날 때까지도 피자는 여전히 캄파니아 밖에서는 알려지지 않았다.

오늘날 세계 어디에나 피자가 있다는 사실은 피자가 성공할 운명이었음을 시사한다. 그러나 필연적인 것은 없다. 19세기가 시작될 때 약 50군데였던 나폴리의 피제리아 숫자는 세기가 끝날 때쯤 인구가 증가했음에도 100곳밖에 되지 않았다. 당시 행정상의 기록물은 새로운 피제리아가 얼마나 자주 망했는지, 불을 다스리는 이 기술로 개업하는 사람들이 근근이 생계를 유지할 만큼 피자이올로가 얼마나 힘들고 위험한 직업이었는지를 보여준다. 19세기에 130마일 떨어진 로마로 피자를 '수출'한 것으로 알려진 어떤 이는 처참하게 실패했다.

실제로 피자의 세계 제패는 이탈리아에서 개척된 게 아니었다. 대서양의 반대편에서 이루어졌다.

조금씩, 조금씩, 미국인의 취향 속으로

그들은 어렵사리 모은 약간의 돈을 손에 쥐거나 무일푼으로, 혈혈단신이거나 가족 단위로 왔다. 1880년부터 1920년까지 1,300만 명의 이탈리아인이 고국을 떠났다. 인류 역사상 최대의 자발적 이주였다.

그중 400만 명은 주로 이탈리아 남부에서도 가장 가난한 지역 출신으로 대부분 1900년부터 1914년 사이 미국 땅에 상륙했다. 대부분 오늘날 95번 주간고속도로 회랑 지대라고 부르는, 필라델피아에서 뉴저지 동부와 뉴욕에 이르는 지역에 걸쳐 정착했다. 나중에는 뉴헤이븐에서 보스턴까지 북쪽으로 계속해서 정착지를 넓혀갔다. 그들은 다른 이민자들과 마찬가지로 고향에서의 관습과 식습관을 포기하지 않았다. 나폴리와 캄파니아 주변 지역 출신 이탈리아인들에게는 사랑하는 피자도 포함되었다. 나폴리 출신들이 정착하는 곳 어디에나 피자가 따라왔다. 처음에는 베이커리에서 판매하다 나중에는 95번 주간고속도로 회랑 지대를 따라 오직 피자만 파는 피제리아가 생겨났다.

피자 역사가들은 미국 최초 피제리아를 19세의 조숙한 제나로 롬바르디Gennaro Lombardi가 1905년 뉴욕의 리틀 이태리, 스프링 가 53½번지에 개업한 '롬바르디스Lombardi's'라고 오랫동안 믿어왔다. 롬바르디스는 21세기에도 계속 영업을 해서(1980년대 10년만 빼고. 그 후 건물 몇 개 건너 스프링 가 32번지에 다시 문을 열었다) 뉴욕의 명물이 되었다. 나폴리 기준으로 치면 인상적인 장수 기록은 아니지만, 나비의 평균 수명과 비슷한 뉴욕의 레스토랑에 비하면 가히 므두셀라Methuselah(《구약성서》에 등장하는 므두셀라는 969세를 살았던 최장수 인물—옮긴이) 급이다.

제나로 롬바르디가 신대륙에 피자를 소개했다는 사실은 지난 수십 년간 정설로 받아들여졌고 피자에 관한 책과 기사에 수없이 인용되었다. 그러나 지금까지 쓰인 피자의 역사 대부분은 2019년에 무효가 되었다. 시카고 출신의 피터 레가스Peter Regas라는 전문 회계사 겸 아마추어 피자 탐정은 뉴욕 피자의 역사를 파헤치던 중 불편한 사실을 발견했다. 1905년 스프링 가 53½번지에 문을 연 피제리아는 제나로 롬바르디가 아니라 피자 역사가들에게는 생소한 필리포 밀로네Filippo Milone라는 이름으로 등기가 된 사실이었다. 게다가 그 주소에 있던 밀로네의 가게는 그 도시 최초의 피제리아도 아니었다. 나폴리 남부의 소렌토 출신 이민자가 이미 1898년 브루클린에서 피자를 만들었다. 심지어 그것 역시 미국 최초의 피제리아가 아니었다. 1895년 뉴욕에서 누군가 일찌감치 음식점 허가를 받고 세금을 낸 기록이 있었다.

따라서 롬바르디스는 뉴욕 최초의 피제리아가 아닐뿐더러, 제 나로 롬바르디는 롬바르디스의 첫 주인도 아니었다. 게다가 레 가스는 그 전까지 알려지지 않은 밀로네가 뉴욕에서 두 번째로 유명해진 피제리아도 열었음을 알아냈다. 다름 아닌 블리커 가 의 존스John's 피제리아다. 밀로네는 그것을 1929년 롬바르디의 동창생(그리고 나중에 밀로네의 친척이 되는) 존 사소John Sasso에게 넘겼다.

〈뉴욕타임스〉음식 평론가 피터 웰즈는 레가스의 발견에 대해, "마치 다른 사람이 연방주의자 논집Federalist Paper(미국 헌법을 지 지하는 85편의 논문, 헌법 작성자의 생각과 철학을 엿볼 수 있는 매우 귀중한 자료다—옮긴이)과 독립선언문을 작성한 다음 매디슨James Madison Jr(1751~1836. 미국 제4대 대통령, 미국 헌법의 아버지로 불림) 과 제퍼슨Thomas Jefferson(1743~1826. 미국 제3대 대통령, 미국 독립선 언문의 기초자)에게 건넨 사실을 우리가 절대 몰랐던 것과 같다"고 평했다. 혹은 마르게리타 여왕이 마르게리타 피자와 아무 관련이 없다는 사실을 발견한 것과 같지 않을까.

롬바르디가 미국에 피자를 소개하지 않았더라도 그가 뉴욕 스타일 피자로 알려지게 되는 것을 세련되게 만들고 대중화시킨 공로자인 것만은 틀림없다. 게다가 자신만의 피제리아를 창업하기 원하는 피자이올리 세대는 모두 롬바르디 스타일의 피자를 만들었다. 나폴리 피자의 직계 후손인 진짜 뉴욕 버전은 중요한 여러 가지 면에서 아버지와 다르다. 가장 다른 특징은 나무 장작이 아닌 석탄 화덕에서 굽는다는 점이다. 뉴욕에서는 석탄을 훨씬 쉽게 구할 수 있고(이미 가정용 화덕이 공급되고 있었다), 값이 저렴하며, 천천히 달궈지면서도 저장 공간이 많이 필요하지 않다는 점 때문이었을 가능성이 크다. 장작과 마찬가지로 석탄은 800℃ 이상 달궈지고, 구수한 탄 맛을 더해주며, 부드럽고 바삭하게 굽는 데 필수적인 뜨거운 열로 태우듯 굽는searing heat 것이 가능하다.

최초의 피제리아가 이탈리아인 거주지에서 문을 열었기 때문에 대다수 미국인은 2차 세계대전 동안에도 피자에 익숙하지 않았다. 1939년 〈뉴욕 헤럴드 트리뷴〉 지에 실린 "만약 누군가 영화 관람 후 '피자 파이'를 먹자고 하면 쐐기 모양의 사과 파이를 생각해선 안 된다. 그랬다가는 일생일대 서프라이즈를 경험하게 될 것이다"라는 기사를 보면 짐작이 간다. 신문은 유익하게도 그 것을 "핏-자"라고 발음한다고 덧붙였다.

10년 후인 1948년 〈뉴욕타임스〉는 여전히 미국인들, 심지어 뉴요커들에게 피자를 이렇게 설명했다. "둥그런 반죽 위에 토마토, 앤초비, 치즈를 올려서 구운 다음 쐐기 모양으로 잘라 손에 쥐고

와인을 마시는 중간중간 먹는다." 이어서 엄청난 선견지명으로 "만약 미국인이 피자에 대해 조금만 더 알게 되면 햄버거만큼 인기 있는 스낵이 될 것이다."라고 예언했다.

일부 역사가들은 2차 대전이 끝나고 남부 이탈리아에서 돌아온 미군 병사들이 피자의 대중화(그들은 자신들이 주둔했던 지역의 피자를 다시 찾음으로써 이탈리아의 다른 지역 피자들도 유행시켰다)에 중요한 역할을 했다고 주장한다. 그들의 주장에 사실의 일부가 있겠지만 그 정도 영향을 끼칠 만큼 이탈리아 남부에 주둔했던 미군들이 많았다고 가정하기에는 어려움이 있다. 이탈리아 자체로 말할 것 같으면, 반도에 피자가 전파된 것은 배고픈 미국인 병사 때문이 아니라 전후 남부 이탈리아인들이 더 잘 사는 북부로 이주했기 때문이다. 그것은 이탈리아판 흑인 대이동Great Migration(1914~1950년 미국 남부의 시골에서 이동한 600만 명 이상의 흑인 이주를 가리키는 미국 역사 용어—옮긴이)이었다.

피자 대중화의 숨은 주역, 기계식 반죽기와 가스 오븐

다시 미국으로 돌아와서, 이탈리아 전쟁터에서 돌아온 제대 장병들이 피자의 대중화에 어떤 역할을 했든 전쟁의 다른 두 가지 결과에 비하면 영향력은 미미하다. 제대군인원호법GI BIll과 전후 주택건설 붐이다. 그 두 가지는 전쟁에서 돌아온 많은 이탈리아계 미국인이 이탈리아 집단 주거지를 떠나 교외나 소도시로 이주하게 도왔고, 그들과 함께 피자도 퍼져나갔다. 그렇더라도 미국의 독자적인 발명품 두 가지가 없었으면 피자의 성장은 그 정도로 폭발적이지 않았을 것이다. 호바트Hobart 사의 영업용 반죽기와 가스를 연료를 사용하는 피자 오븐이다.

이런 발명품이 나오기 전에는 피제리아 주인의 수명이 (가스 오븐이나 전동 믹서기, 냉장고가 나오기 전이다) 19세기 나폴리 피자이올로의 수명과 크게 다르지 않았다. 피자 역사가 이블린 슬로몬 Evelyne Slomon은 이렇게 설명한다.

매일 피자를 만드는 일은 허약하거나 사명감이 없으면 유지하기 힘들었다. 육체적으로 여간 힘든 일이 아니었다. 아침 일찍 하루가 시작되면 팔 근육이 우람한 너댓 명의 사내들이 커다란 테이블 위에서 손으로 반죽을 섞고 주물렀다. 발효가 끝난 반죽은 성형해서 언제라도 피자를 만들 수 있게 나무로 된 상자에 넣어두었다. 화덕은 언제나 청소가 되어있어야 하고, 석탄은 삽으로 퍼 화구에 넣는다. 만약 주변에서 모차렐라 치즈를 조달할 수 없으면 피자이올로가 직접 화씨 180도의 물에서 신선한 응유를 걷어내는 단순하고 지루한 작업을 자주 해야 했다. (…) 반죽을 섞는 믹서도 없고 가늘게 채 썬 모차렐라를 공급해주는 배급업자도 없고, 스위치를 찰칵 돌려 온도를 높이는 화덕도 없고, 재료를 보관해두는 냉장고도 없었다.

1940년대 들어 스탠드형 호바트 반죽기가 인기를 끌면서 손으로 주물러 끈기 있는 반죽을 만드는 지루한 작업에서 해방됐다. 커다란 통 안에 반죽을 섞는 갈고리가 달린 기계로, 당신이 베이커리나 피제리아 뒤편을 힐끗거렸다면 본 적이 있을 것이다. 하지만 진정한 게임 체인저는 가스 오븐이었다.

그 당시 사용하던 석탄을 연료로 하는 벽돌 피자 화덕은 거대하고 지저분하며 열을 잡아두게 설계된 묵직한 기초와 넓이가 12피트스퀘어(약 3.66제곱미터)나 되는, 손이 많이 가는 구조였다. 화덕은 늘 데워져 있어야 하고 잦은 청소와 보수가 필요했다. 많은 벽돌을 이용해 화덕을 설치하는 일은 위험한 투자였다. 가령 주인이 임대료를 인상하면 화덕을 다른 곳으로 옮길 수 없기 때문에 어쩔 수 없이 주인의 요구에 응해야 했다. 그러나 비용이 저렴하고 깨끗이 연소되는 가스 오븐(오늘날 거의 모든 피제리아에서 볼 수 있는 익숙한 스테인리스 데크오븐)을 사용할 수 있게 되면서 피자 사업에 뛰어들고자 하는 사람들에 대한 문턱이 획기적으로 낮아졌다.

최초의 피제리아처럼 가스 피자 오븐도 누가 원조인가를 두고 공방을 벌여왔다. 대부분의 자료에는 뉴욕의 벽돌 화덕 제조업자이자 2차 세계대전 참전 용사인 아이라 네빈Ira Nevin으로 적혀있다. 3대째 이어온 화덕 벽돌공으로 전쟁 전에도 틀림없이 피자를 알았을 그는 이탈리아에서 복무하고 돌아온 1945년에 자신이 사는 지역 피제리아의 요청으로 최초의 가스 오븐을 제작했다. 발명품에 대한 특허권에 무심했던 네빈은 모조품들이 우후죽순 생겨나면서 사업을 거의 접을 뻔했다. 그러나 그는 버텼고, 그의 회사 베이커스 프라이드Bakers Pride를 오늘날 데크오븐 계의 선두로 키워냈다.

그러나 2016년 피자업계 신문인 〈PMQ 피자 매거진PMQ Pizza Magazine〉은 프랭크 마스트로Frank Mastro라는 이탈리아 이민자가 네빈보다 거의 10년 먼저 가스 피자 오븐을 개발했고, 1938년부터 1953년 사이에 3,000개의 판매고를 올렸다고 주장했다. 마스트로는 또한 피자이올로 창업에 필요한 모든 것, 자금 융통부터 오븐, 캔 토마토, 심지어 냉동 반죽까지 일괄 공급하는 턴키 방식의 피제리아 콘셉트를 최초로 고안했다.

그러나 마스트로 집안의 유산은 갑작스레 들이닥친 비극으로 끝이 났다. 프랭크가 60세에 암으로 사망하고 사업을 물려받은 아들 비니도 7년 만에 아버지의 뒤를 따른 것이다. 비니는 1965년 노스웨스트 대규모 정전 사태 때 33세의 나이로 심장 마비로 죽었다. 그런데 같은 날 밤 3,000만 명에게 영향을 끼친 정전과 혼란을 틈타 바워리에 위치한 그의 회사 사무실에 도둑들이 침입했다. 산업 스파이의 첩보활동이었는지 마피아의 완력 과시였는지 모호하지만 계약서와 고객 리스트, 그 외 중요한 서류에다 막대한 현금까지 도둑맞았다. 피의자가 누구이고 동기가 무엇이든

간에 그 집안은 결코 회복되지 못했고, 프랭크 마스트로는 기억에서 잊혔다.

마피아는 피자 이야기에 가볍게 등장하지 않는다. 남부 이탈리아가 공통 뿌리인 마피아와 피자는 토마토와 모차렐라처럼 자연스럽게 연결되었다. 1975년부터 1984년까지 마피아 갱단은 뉴욕의 피제리아(토핑으로 헤로인을 올려달라고 주문할 때 무슨 암호를 썼을까 궁금하다)들을 통해 16억 달러어치의 헤로인을 유포했고, 결국은 세상을 놀라게 한 1985년 피자 커넥션 재판으로 결말이 났다. 17개월간 이어진 재판 기록을 보면 22명의 시칠리아 출신 피고인과 피고인에서 증인이 된 자에 대한 살해, 축구팀을 결성하려는 연방정부의 증인보호프로그램에 갓 들어온 또 다른 증인에 대한 살해 시도, 마지막으로 그들 못지않게 중요한 인물이자 누구나 좋아하는 비밀요원 도니 브라스코Donnie Brasco(전 FBI 요원인 조지프 도미니크 피스톤Joseph Dominick Pistone이 1976~1981년 마피아 조직에 침투하기 위해 쓴 가명—옮긴이)의 증언이 나와 있다. 그는 1997년에 발표된 스릴 넘치는 동명의 영화에서 조니 뎁에 의해 인상적으로 묘사되었다.

누가 현대의 피자 오븐을 개발했든 "이제 당신은 가스로 요리할 수 있다!"는 슬로건을 피자만큼 큰 의미로 받아들인 것은 결코 없었다. 그 이유는 가스 오븐 덕분에 피제리아(이따금 색다르게 '피자 팔러pizza parlor'라고도 불린다)가 모든 도시의 거리 모퉁이, 미국의 모든 시내, 교외의 쇼핑몰마다 급격히 늘었기 때문이다. 일간지 〈뉴스데이*Newsday*〉는 1958년 미국 전역에 일주일에 100개씩 피제리아가 새로 문을 열고 있다고 보도했다.

번쩍거리는 이 철제 오븐 역시 미국식 피자와 나폴리 동포와의 마지막 연결고리를 절단했다. 장작이나 석탄 화덕을 이용할 때처럼 뜨거운 열로 태우듯 구울 수 없게 되면서 피자는 더 낮은 온도로, 기술력이 떨어지는 피자이올로에 의해 만들어졌고, '뉴욕식 피자'는 도우를 바삭하게 태우는 롬바르디 스타일에서 지금의 형태로 서서히 바뀌었다. 말하자면, 크러스트 위에 캔 토마토 퓌레로 만든 소스를 바르고 끝에서 끝까지 끈적이는 모차렐라를 두껍게 올린 다음 먹을 때 질질 흐르도록 그 위에 (올리브가 아닌) 오일을 흥건히 뿌린, 피아트 자동차 타이어만한 크기의 피자다. 정통 나폴리 피자처럼 얇거나 질퍽거리지 않는 뉴욕 피자는 슬라이스해도 모양이 유지될 정도로 두툼하되 전통적인 뉴욕 방식으로 먹을 수 있을 만큼 얇다, 즉, 먹을 때 슬라이스한 삼각형의 아래 두 꼭짓점이 겹치도록 반으로 접은 채 손으로 쥐고 먹는다. 다만 좋은 재료로 아무리 잘 만든 피자라도 벽돌 오븐으로 굽는 오리지널 기준에는 절대 맞추지 못한다.

20세기 초반 몇몇 피자이올로가 예상했던 것과 달리 장작 오븐이 잿더미에서 부활해 아티장 피자나 나폴리 스타일 피자의 품질보증서가 된 이유가 바로 거기에 있다. 아마도 미국에는 처음

가스 오븐이 도입되었을 때보다 요즘 장작 피자 오븐이 더 많을 것이다.

가스 오븐은 또한 '옛것이 다시 새것이 된' 또 다른 현상을 불러왔다. 바로 슬라이스 피자다. 피자는 원래 나폴리에서 조각으로 판매되었지만 초기 뉴욕 피자는 홀 파이로 팔렸다. 오늘날 뉴욕의 몇 개 안 남은 석탄 화덕 피제리아에서도 그렇다. 그러나 데크 오븐이 도입되면서 피자를 미리 만들어 둘 수 있게 되었다. 진열장에 두었다가 주문을 받으면 오븐에서 재빨리 데운다.

마지막으로 피제리아를 도시에서 교외로 퍼져나가게 한, 적당한 가격의 이동 가능한 가스 오븐은 또 다른 현상을 촉발했다. 집까지 배달하는 테이크아웃 피자다. 물론 피자를 집으로 가지고 가려면 그것을 넣을 뭔가가 필요하다. 증거 부족으로 인해 신뢰를 얻지 못한 가스 오븐의 개척자 프랭크 마스트로의 후손들은 그가 피자 박스를 개발한 영예 또한 빼앗겼다고 주장한다. 피자 박스는 자동차와 함께 테이크아웃 피자가 성장하는 데 중대한 역할을 했다. 피자 상자가 개발되기 전 테이크아웃 피자는 돌돌 말아 흰색의 크라프트지로 감싼 뒤 끈으로 묶었다. 생선가게에서 연어를 살 때와 다르지 않았다.

누가 먼저 그것을 생각해냈든 이제 바지나 자동차의 좌석을 더럽히지 않고 피자를 집으로 가져갈 방법이 생겼다. 데크 오븐, 호바트 믹서, 피자 박스, 자동차, 그리고 전후 경제의 호황. 1950년대 말, 피자를 전례 없이 높이 쏘아 올릴 모든 거의 요소가 갖춰졌다. 한 가지 혁신이 더 필요했는데, 그것은 이탈리아도, 뉴욕도 아닌 캔자스에서 일어났다.

대학가에서 첫 발을 뗀 두 개의 피자 체인

피자가 나폴리에서 유래한 이유는 부분적이지만 토마토가 거기에 있었기 때문이다. 피자 체인점이 캔자스에서 유래한 이유는 부분적이지만 학생들이 거기 있었기 때문이다. 1958년 위치타 주립대학교 학생이었던 프랭크Frank와 댄 카니Dan Carney 형제는 어머니에게 600달러를 빌려서 캔자스 위치타 캠퍼스 근처에 '피자헛'이라는 가게를 열었다. 그들은 사업도 피자도 잘 몰랐지만, 저렴한 이 간식거리는 6개월도 안 돼 2호점을 열 정도로 학생들에게 인기를 끌었다. 일년 안에 그들은 여섯 개의 점포를 더 열었고 가맹점 사업을 시작했다. 그 후 3억 달러에 펩시콜라에게 매각하기 전까지 20년 동안 체인점은 4,000개로 늘었다. 그들이 어머니에게 빌린 600달러에 비하면 천문학적으로 높은 수익이었다.

한편 중서부의 또 다른 형제 톰Tom과 제임스 모나헌James Monaghan은 1960년, 이스턴 미시간 대학교의 본거지로 잘 알려진 미시간주 입실란티의 구석에 있는 도니믹DomiNick's(시카고 지역의 채소가게 체인—옮긴이)이라는 동네 체인점을 인수했다. 8개월 후 차가 필요했던 제임스는 고전을 면치 못하고 있던 사업체의 지분을 톰에게 넘기는 대신 배달할 때 사용하던 폭스바겐 비틀을 자기가 갖기로 했다. 사업이 점차 나아지자 톰은 '도미노Domino's.'라는 이름으로 자신의 프랜차이즈 사업을 시작했다.

피자헛은 대학생들이 설립했지만, 대학생과 청년 시장을 더욱 적극적으로 겨냥해 배달 특히 신속한 배달에 초점을 둔 것은 오히려 도미노였다. 모나헌은 회전하는 작은 대관람차처럼 보이는 곳에 피자를 굽는 오븐을 설치하고, 더 많은 파이를 더 빠르게 핸들링할 수 있게 조정하고, 심지어 눅눅해지고 쉽게 찢어지는 판지로 만든 원래의 상자 대신 골판지로 된 피자 박스를 개발했다. 1984년이 시작될 무렵 도미노는 "30분 내에 배달하지 않으면 무료"로 주겠다는 광고 캠페인을 해서 나쁜 홍보라는 논란을 불러일으켰다. 교통 신호를 무시하는 도미노 배달차가 주택가 골목을 마구 달리는 바람에 자전거를 타는 아이들이 허겁지겁 도망간다는 보고에 놀란 소비자 단체로부터 보이콧을 당하기도 했다.

사실 이런 상황은 도미노의 배달 운전자들에게 더 위험했다. 1989년 국립안전일터연구소National Safe Workplace Institute의 보고서는 도미노 배달부의 사망률이 10만 명당 50명으로, 석탄 광부와 비슷하며 지붕수리공보다 2배 더 높다는 조사 결과를 발표했다. 1993년 도미노 배달 차량에 치여 사망하거나 장애를 입은 원고들에게 수천만 달러를 지급하라는 두 건의 소송 판결이 난 후 신속배달을 강조하던 영업 방식은 마침내 약해졌다.

'30분 아니면 무료' 캠페인의 패착은 도미노 광고의 유일한 실수가 아니었다. 1986년 회사는 빨간색 슈트에 토끼 이빨, 토끼 귀를 가진 '노이드'라는 불유쾌한 캐릭터를 앞세운 광고 캠페인을 벌였다. 조지아 출신의 편집성 정신분열증 환자인 케네스 라마르 노이드Kenneth Lamar Noid는 그 마스코트가 자신을 모델로 했다고 믿으며 격분했다. 그는 357 매그넘 권총을 들고 조지아 챔벌리에 있는 도미노 피자로 쳐들어가서 두 명의 도미노 피자 직원을 인질로 잡았다. 다행히 노이드가 총부리를 겨눈 채 피자를 먹는 동안 인질들은 도망쳤다. 그러나 도미노는, 정신병원에서 나온 케네스 라마르 노이드가 여전히 박해받고 있다고 느끼며 1995년에 자살할 때까지 그 광고를 중단하지 않았다.

1998년 톰 모나현은 8,000개에 이르는 체인점을 거느린 도미노를 10억 달러라는 거액에 투자회사 베인 캐피털에 매각했다. 10억 달러면 대체 피자가 몇 개나 될까? 미국인들은 확실히 피자를 많이(하루에 100에이커) 먹었고, 그것은 허리둘레로 나타났다. 표면상 피자는 건강식이어야 한다. 실제로 빵과 토마토, 올리브 오일에 그저 모차렐라를 뿌린 나폴리 피자는 지중해식 식단의 요소이다. 그러나 미국식 피자는 완전히 다른 어떤 것으로 변했다. 피자 한 쪽에는 400칼로리의 열량과 일주일 권장량의 포화지방과 소금이 들어있다. 게다가 체인점은 크러스트 안에 치즈를 넣고, 토핑으로 네 종류의 기름지고 짠 육류를 올리는 등 건강에 해로운 피자를 만들기 위해 줄기차게 새로운 방식을 개발하고 있다.

당신은 피자 체인점에서 소스에 넣을 수 있는 게 많지 않다고 생각할 수도 있다. 물론 당신은 틀렸다. 퓌레든 스매시든 전통적으로는 그저 캔에 담긴 토마토였을 뿐인 피자 소스는 (도미노의 웹사이트를 인용하자면) 수많은 혼합물로 '진화되어' 왔다. "토마토, 토마토 퓌레(물, 토마토 페이스트), 양파, 설탕, 로마노와 파마산 치즈(발효우유, 소금, 효소), 당근 퓌레, 소금, 셀러리 퓌레, 마늘, 스파이스, 버터, 올리브오일, 구연산, 해바라기유, 화학조미료, 잔탄검."

(비록 회사마다 충성스러운 팬을 보유하고 있지만) 미식의 관점에서는 도미노와 피자헛 모두 신속배달과 판매 증진 프로모션(예를 들어 한 개 값에 세 개를 주어 동네 피자집을 망하게 하는) 또는 언론 보도와 위장이 튼튼한 소비자를 유혹하는 뻔한 술책(테두리에 칵테일 프랭크 소시지를 끼워 넣은 피자헛의 핫도그 바이츠 피자hot dog bites pizza가 생각난다)으로 경쟁하는 길을 선택해왔다.

체인 피자점에서 사든 동네 피자점에서 사든 현대의 바쁜 부모들은, 1세기 전 나폴리의 농부들처럼 피자로 쉽게 배를 채우고 저렴하게 한 끼 식사를 해결할 수 있다는 사실을 알게 되었다. 2014년 조사에 따르면 놀랍게도 미국인들이 피자를 통해 열량과 포화지방, 나트륨을 4분의 1에서 3분의 1까지 섭취한다는 사실이 밝혀졌다. 이런 상황은 특히 미국의 어린이들에게 위험 신호다. 학교에서 피자와 친구가 되는 경우가 많기 때문이다. 많은 학교가 급식으로 매일 피자를 제공한다. 소아청소년과 의학저널이 2015년에 발표한 보고서는 피자에서 추가로 얻는 열량이 건강한 청소년과 비만 청소년의 차이를 낳는다고 결론을 내렸다.

그 후 학교 점심 메뉴 개혁은 당면 과제가 되었다. 미셸 오바마가 건강한 급식 운동을 주도했을 때, 그것은 무엇보다 매일 먹는 냉동 피자와 프렌치프라이를 급식 메뉴에서 퇴출하자는 내용이 핵심이었다. 그러자 공화당이 다수인 의회는 피자를 채소로 분류하는 입법안을 통과시켰다. 비극이 아니라면 엄청난 코미디였다.

미국식 피자에 대한 건강상 우려로는 충분하지 않은 듯 피자를 넣은 상자 또한 감시를 받아왔다. 2016년 FDA는 피자 상자의 기름 및 습기 방지제로 흔히 사용되는 세 가지 물질을 금지했다. 그 화합물은 모두 퍼플루오로알킬perfluoroalkyl과 폴리플루오로알킬polyfluoroalkyl 또는 PFAS라고 불리는 화합물계에 속한다. 전자레인지용 팝콘 봉지와 수많은 화장품, 소화 약제에도 들어있는 PFAS는 암과 체중증가, 무엇보다 소아의 발달 문제를 비롯해 건강상의 위험 요소들을 많이 갖고 있다. 연구자들은 테이크아웃 피자를 자주 시켜 먹는 성인과 어린이의 혈류 속 PFAS 수치가 높아진 것을 발견했다.

비단 미국인만의 문제가 아니다. 거대 피자 기업들이 미국 시민들의 식단과 지갑에 가한 거대한 습격은, 독일군이 진정한 목표로 나아가기 전에 폴란드에서 전격 작전을 시험한 것처럼 본격 전투를 위한 리허설에 불과했다. *바로 세계 지배다.*

기름진 미국식 피자,
2,300억 달러짜리 글로벌 마켓을 일구다

여기 자녀들과 안전하게 즐길 수 있는 술 마시기 게임이 있다. 구글 검색창에 '피자' 그리고, 생각나는 국가의 도시 이름을(예를 들어 '피자, 캄팔라') 타이핑한 다음 검색해보라. 만약 검색되지 않으면 정한 벌칙대로 술을 마신다. 나를 믿어라, 당신은 절대로 취할 일이 없을 것이다. 피자는 지구상에서 가장 인기 있는 음식이다. 시베리아부터 케이프혼까지 지구상 어디에서나 볼 수 있다. 매년 4,000만 톤이라는 적지 않은 토마토 가공품이 전 세계에서 생산되는 이유다. 진정한 세계 최초의 글로벌 푸드인 피자는 어느 언어로나 똑같은 이름으로 불리는 몇 개 안 되는 것 중 하나다.

흔히 이탈리아는 미국에 피자를 주었고, 미국은 전 세계에 피자를 주었다고 말한다. 한 지역에 하나의 체인점. 어떻게 그런 일이 일어났는지 이해하는 데 MBA는 필요 없다. 도미노는 인도에만 1,200개의 체인점을 두고 있다. 세계적으로는 84개국에 1만 5,000개의 체인점이 있는데, 피자헛에 이어 두 번째로 많다. 피자헛은 1만 8,000개 넘는 점포를 소유하고 있다. 그중 많은 수는 무시무시한 빨간 모자 지붕으로 쉽게 식별할 수 있다. 폴란드에서 본 피자헛 광고는 피자의 다국적인 위상을 완벽히 담아낸다. 미국 체인 소유의 점포에서 이탈리아 음식을 파는 인디언 여성, 그리고 폴란드 글귀가 들어간 포스터다.

2,300억 달러의 글로벌 마켓은 어떤 관점으로 보면 글로벌 엔터테인먼트 시장의 두 배가 넘는다. 피자 소비는 도시 인구의 성장과 청년 인구 증가 그리고 (매장 판매 피자를 위축시키는) 냉동 피자의 증대로 매년 10퍼센트 이상 치솟고 있다. 피자의 특별한 인기를 어떻게 설명해야 할까? 확실한 내용(맛이 있고 값이 저렴하다)부터 설득력이 떨어지는 내용(둥근 모양이 누구에게나 친근하다)까지 심리학적·생화학적으로 여러 설명이 이어지고 있다.

피자의 강점 중 하나가 융통성인 것은 사실이다. 피자의 크러스트는 (러시아에서는 훈제 연어, 일본에서는 오징어를 토핑으로 올리는 것처럼) 문화적 적응을 쉽게 수용하는 빈 캔버스와 같다. 그렇더라도 세계적으로 인기 있는 피자들은 토마토와 치즈가 기본으로 들어가는 정통 마르게리타에서 크게 벗어나지 않는다. 소스의 달콤함(종종 설탕이나 콘 시럽을 첨가해서 맛을 돋운다)과 치즈의 짭짤하고 기름진 맛, 크러스트의 구수한 풍미(한입 베어 물었을 때 쫀

득함과 바삭함이 동시에 느껴지는, 대조적이면서도 매력적인 식감은 말할 것도 없고)가 결합한 피자는 우리 뇌의 모든 쾌감 중추를 동시에 자극하는 몇 개 안 되는 음식 중 하나다.

토마토는 피자의 인기를 구성하는 중요한 요소지만 둘 사이는 공생하는 관계다. 토마토가 없어도 피자는 계속해서 틈새 식품, 나폴리의 전통음식이었을 것이다. 그러나 피자가 없었으면 토마토는 그렇게 쉽게 세계를 제패하지 못했을 것이다. 아마도 이 세상에는 피자를 통해서 토마토를 접한 사람들도 있을 것이다.

피자 체인점이 아직 정복하지 못한 곳이 이탈리아다. 그러나 그들도 루비콘강을 건널 태세가 되어있다. 2020년 초 도미노는 이탈리아에서 현재 28개(주로 로마와 밀라노 같은 메트로폴리스에 있다)인 체인점을 900개로 확대하겠다는 계획을 발표했다. 미국 인구의 5분의 1이 안 되지만 피제리아는 6만 개쯤 되고, 그중 절반이 5년 이내에 문을 닫는 나라에서 이제 미트볼을 받아들이려 하고 있다.

진정한 나폴리 피자에 대한 사람들의 감정은 그렇다 쳐도, 세계 최고의 피자는 여전히 이탈리아에서 발견된다. 그중 몇 곳은 로마와 토스카나 근방에 있는데, 종종 피자를 계량해서 미터로 잘라 판매한다. 긴 직사각형의 오븐에서 피자가 나오면 당신은 원하는 양을 말한다. 그러면 주문받는 사람은 피자를 잘라 저울에 올려놓는다. 크러스트는 나폴리 피자보다 더 바삭한 편이다.

얇게 슬라이스한 감자를 포개어 올려놓고 소금과 로즈메리, 올리브오일을 뿌린 화이트 피자처럼, 토핑으로 올라가는 재료가 더욱 다양하다는 것을 알 수 있다.

도미노가 이탈리아 피자와 경쟁하게 된다면 품질로는 상대가 안 될 것이다. 그러니 배달 서비스나 미국인을 모방하려는 젊은 층의 욕구에 맞출 필요가 있다. 그러나 명심하라. 로마의 스페인 계단Spainish Steps(로마 스페인 광장에 있는 계단—옮긴이) 아래에 맥도날드가 개점하는 것에 반응해 슬로우푸드 운동이 시작된 게 이 나라다. 이탈리아인들은 자신들의 전통이 무너지는 것을 좋아하지 않는다. 나아가 도미노의 노이드(2021년에 귀환했다)는 똑같이 냉랭한 대접을 받을 것이다. 시간이 판가름해줄 것이다. 온갖 고초를 겪어온 (콜레라, 전쟁, 피노키오의 악평) 이탈리아 피자는 도미노와의 경쟁에서도 살아남을 거라고 나는 생각한다.

아름답고 향기롭게…, 누가 마르게리타 피자의 신화를 만들었나?

마르게리타 피자의 역사적인 탄생지에서 만들어지는 마르게리타 피자를 바라보던 때의 불빛이 눈에 어른거린다. 인정한다. 나는 역사적인 장소에 발을 디딜 때 등줄기가 오싹해지면서 "여기가 바로 피켓의 돌격(남북전쟁의 게티즈버그 전투 사흘째 되던 7월 3

일, 로버트 E. 리의 남부군이 북군 진영이 위치한 묘지 능선을 향해 돌격한 사건—옮긴이)이 시작된 곳이군!"이라거나 "바로 이곳이 데 메디치가 처음 토마토를 만난 곳이군!" 이렇게 감탄사를 흘리는 얼뜨기에 속한다. 나폴리 미션이 끝나고 겨우 이틀 지났을 때다. 나는 우연히 어떤 학술보고서를 읽고 입을 다물지 못했다. '피제리아 브란디'에서 내가 조사하고(실은 흘긋 보고) 판단했던 여왕의 시종이 보낸 편지는 진짜 정품이었을까? 재커리 노왁Zachary Nowak 이라는 하버드대학교의 역사학자는 그 일을 자세히 조사했던 것 같다. 편지뿐만 아니라 마르게리타 스토리 전체를 아주 자세히 조사한 뒤 〈음식과 문화 & 사회Food, Culture & Society〉라는 학술지 2014년 3월호에 그 내용을 발표했다.

"나폴리 출신인 친구는 내게 그 내용을 발표하지 말라고 조언했죠" 내가 여전히 브란디 방문의 감동에서 헤어나지 못하고 있을 때 노왁은 전화로 이렇게 말했다. 마르게리타의 신화는 그 정도로 사랑과 인정을 받고 있다. "사람들이 내 다리를 부러뜨릴 거라고도 했어요." 나폴리의 악명 높은 갱단 카모라Camorra(이탈리아 4대 범죄 조직 중 하나. 나폴리와 그 주변을 거점으로 활동한다—옮긴이)가 아니라, 마르게리타 여왕이 벌인 이벤트의 의미를 진지하게 해석하고 그녀를 다이애나 왕비와 비교하면서 수십 년간 전설의 낚싯바늘에 낚인 채 모차렐라를 삼켜온 수많은 학자와 저자들을 가리키는 말이었으리라.

모든 학자들이 그 이야기의 상세한 내용을 받아들이지는 않았다. 일부 의심 많은 학자들은 사보이 가문이 자신들의 서민적인 행보를 돋보이게 하려고 이야기를 꾸며내거나 윤색했을 거라고 주장하기도 했다. 당신은 지금까지 토마토와 피자의 세계에 알약 사기꾼부터 롬바르디의 전설, 가짜 산 마르자노 토마토에 이르기까지 불세출의 인물들과 거짓말쟁이, 협잡꾼의 지분이 있음을 목격했다. 그런데 만약 지난 1세기 동안 우리 모두, 심지어 저자들, 학자들, 브란디의 고객들까지 20세기의 대담한 마케팅을 위한 날조의 희생자들이었음이 밝혀진다면 어떨까?

그것이 바로 노왁이 주장하는 바다.

"어떻게 의심하게 됐죠?" 내가 물었다. "정말 그럴듯한 이야기인데."

"바로 그겁니다. 지나치게 그럴듯하다는 점. 지나치게 빈틈이 없다는 점. 게다가 빨강, 하양, 초록의 조합. 정말로 매력적인 이야기죠. 여왕이 평민을 만나고, 이탈리아 국기의 빨강, 하양, 초록을 상징하는 피자로 이탈리아 국민을 하나로 만들었다는 점. 지나칠 정도로 완벽하죠."

심지어 독창적이지도 않다고 그는 덧붙였다. 피자가 먹고 싶어서 평민 옷차림을 하고 나폴리 거리를 돌아다녔다는 부르봉 왕조의 왕 이야기를 재활용했다는 것이다. 마르게리타 여왕으로 바꾼 버전은 9년 전 신문에까지 실렸다. 그러나 그때는 브란디의 장인

丈人이 피자이올로의 역할을 맡았다!

좋다, 의심할 수 있다고 치자. *그런데 증거가 어디에 있는가?* 왕실의 시종이 보낸, 마르게리타 피자의 토리노 수의Turin shroud(이탈리아 토리노 대성당에 보관된, 십자가에 못 박혀 숨진 예수의 시신을 감싸서 예수의 형상과 혈흔이 남아 있다고 알려진 수의—옮긴이)인 감사 편지는 어찌 된 연유인가? 내가 두 눈으로 똑똑히 봤다.

"그건 위조예요." 노왁이 무뚝뚝하게 대답했다. "100퍼센트 장담해요. 심지어 99퍼센트도 아니에요. 100퍼센트."

노왁은 그 편지에서 여러 군데의 허점을 발견했다. 첫째, 왕실의 공식 통신 기록에 그에 대한 언급이 없다는 사실. 그건 매우 이례적인 일이다. 게다가 편지지에는 왕실 공식 인장이 미리 인쇄되는 게 관례인데, 이 편지에는 도장이 찍혀있다. 그러나 가장 확실한 근거는 감사 편지의 현란한 손 글씨체가 이미 알려진 시종의 다른 글씨체와 전혀 비슷하지 않다는 점이다.

나의 피자 성지 순례가 나폴리 피자의 가운데처럼 흐믈거리는 듯 느껴졌다. 나는 노왁에게 다음 의문들이 '설득력 있게' 설명될 수 있는지 물었다. 왕실은 여행 시 공식적인 문구를 가지고 다니지 않았다, 바쁜 시종은 자기 대신 편지 쓰는 보조 서기를 고용했다, 그리고 애초에 쓰고 싶지 않은 혹은 써야 할 권한이 없는 편지였기 때문에 그는 무심하게 통신 기록 남기지 않았다.

노왁은 지역 축제에서 장난감 오리를 총으로 맞힐 때처럼 내

주장을 한 방에 날려버렸다. "공식 편지지가 아니라고요!" 여왕이 나폴리를 방문하는 동안(실제로 1889년 6월에 일어난 일이다) 왕실의 다른 문서는 모두 공식 인장이 미리 인쇄된 편지지로 발행되었다. 인장이 있어야 할 위치에 찍힌 도장은 여느 인장의 위치와 일치하지 않는다. 그리고 시종이 자기 대신 감사 편지를 쓰는 조수를 고용했을지도 모른다는 내 논리에 대해 노왁은 카밀로 갈리의 통신 기록 중 그가 아닌 다른 사람이 쓴 경우는 없다고 잘라 말했다. 갈리는 비서였기 때문이다. 비서의 업무에는 편지 쓰는 일이 포함되었다. 게다가 "비서가 비서를 두는 것"에 대해서는 회의적이라고 노왁은 덧붙였다(노왁은 미국의 주식회사에서 일해 본 경험이 없는 게 분명하다).

그의 주장이 어긋난다는 것을 입증하려 들면 온갖 꼬투리를 잡을 수 있겠지만, 압박을 받는 이 역사가는 편지가 위조라고 생각하는 편이 훨씬 쉽게 설명된다고 말한다. *그렇다면 누가?*

마르게리타 여왕이 방문하기 6년 전에 자신의 피제리아의 상호를 '퀸 오브 이탈리아'로 지은 에스포시토라는 사람을 기억하는가. 그가 가장 유력한 용의자다. 한 가지 사실만 빼고. 갈리의 편지는 묘하게도 '라파엘 에스포시토 브란디' 앞으로 되어있다. 노왁은 절제된 표현을 썼지만 "지금이나 19세기나 이탈리아의 남자들은 아내의 성을 따르지 않았다." 이 명백한 실수는 위조의 심증을 더욱 굳혀주는 증거이자 동시에 에스포시토에 대한 의심을 거두게 해준다. 자기 이름을 잘못 쓰는 사람은 없을 것이다. 그렇다면 누가 그렇게 할까? *피자이올로의 성을 '브란디'로 바꿨을 때 이익을 보는 사람은 누구일까?*

누군가 브란디로 이름을 썼다. 1927년 그 피제리아는 에스포시토의 아내 마리아 브란디의 조카 두 명이 물려받았다. 노왁은 자신의 논문에서 이렇게 추측했다.

브란디 집안의 형제는 대공황의 와중에 자신들의 피제리아를 홍보하기 위해 '가문의 신화'를 이용하기로 했다. 그들은 어찌어찌 해서 카밀로 갈리라는 이름을 알아냈고, 신빙성 있는 날짜를 정한 다음, 왕실의 인장을 믿을만하게(완벽하게 똑같지는 않아도) 고무로 복제했다. 오래된 종이와 펜(여기에서 만년필을 사용하지 않은 것 또한 실수였다), 지나치게 정중한 각본, 그렇게 위조가 이루어졌다.

만약 노왁의 말이 옳다면 이는 매우 성공적이고 오랫동안 많은 이득을 본 위조임에 틀림없다. 심지어 미켈란젤로의 가짜 큐피드도 그 꼬마가 누군가의 심장을 찌르기 전에 밝혀졌다. 그러나 이 작은 감사 편지는 21세기까지 살아남은 19세기의 나폴리 피제리아 세 곳 중 하나인 피제리아 브란디를 온갖 나폴리 여행안내서와 피자 관련 모든 역사서에 실리게 해주었다. 그리하여 사보이 여왕의 동기를 둘러싸고 논쟁을 벌이느라 연구 시간을 낭비한 어리숙한 학자들은 말할 것도 없고, 역사 속 피자 한 조각을 먹었다고 감동하는 어리숙한(나도 인정한다) 100만 명의 여행객을 불러들였다.

물론 두 가지 모두 사실일 수도 있다. 에스포시토는 실제로 여왕을 위해 피자를 만들었고, 조카들은 50년 후 집안의 전설을 보강해 어떻게든 사업을 일으키려고 편지를 위조했을지 모른다. 그렇더라도 당신은 노왁에게 그 점을 절대로 납득시킬 수 없을 것이다.

다행히도 재커리 노왁의 다리를 부러뜨리려던 사람은 없는 것으로 알려졌다. 그의 논문이 별로 주목을 받지 못했기 때문이다. 그는 내게 말했다. "재미있는 것은 당신이 첫 번째 학자라는 겁니다." 나는 내 자격이 부풀려지는 것을 즐겁게 용인한다. "아무도 여기에 관해 관심을 보이지 않았거든요."

내 생각에는 많은 사람들이 주목했지만 무시하기로 마음먹은 게 아닌가 싶다. 이탈리아 속담에 이런 게 있다. "사실이면 좋겠지만, 사실이 아니어도 재미있으면 됐다!"

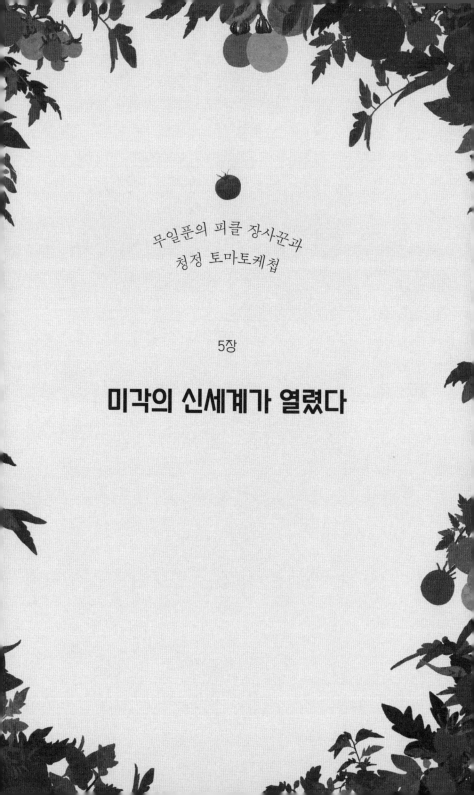

무일푼의 피클 장사꾼과
청정 토마토케첩

5장

미각의 신세계가 열렸다

누구나 그런 상황에 놓인 적 있을 것이다. 당신은 레스토랑에 있다. 아마 데이트 중일 것이다. 웨이터가 햄버거나 프렌치프라이용으로 케첩 병을 놓아두고 갔다. 한데 이 빌어먹을 놈이 병에서 나오지를 않는다. 당신은 병을 툭툭 치고 흔들고 나이프로 좁은 병목을 쑤시기도 한다. 금세 주변이 엉망이 된다. 그래도 케첩은 나오지 않는다. 아, 느낌이 쎄하다. 오늘 데이트는 망할 각이다. 음식은 식어가고 좌절은 차오른다. 이게 왜 이렇게 어려워야 하는지 당신은 이해할 수 없다. 알고 보니 이유가 있었다. 당신의 데이트를 망치게 만든 작자의 이름은 병에 적혀 있을 것이다.

토마스 울프의Thomas Wolfe의 소설 《그대 다시는 고향에 가지 못가리You Can't Go Home Again》에서 대공황 시대의 트럭 운전수들이 "걸쭉한 토마토케첩을 햄버거에 넘치게 찍 뿌리는" 매너에서도 볼 수 있듯 미국인들은 예로부터 미식에 관심이 없다는 평판을 받아왔다.

많은 이들에게 케첩은 햄버거나 아메리칸풋볼처럼 미국적으로 여겨진다. 하지만 우스터소스나 청교도와 마찬가지로 애초 영국에서 수입하던 품목이었다. 영국은 17세기에 상인들이 배로 들여온 동남아시아의 피시 소스에서 양념과 이름을 모두 가져왔다. 이 최초의 케첩들은 남중국해의 호키엔어(중국 남동부 푸젠성과 대만, 말레이시아와 싱가포르의 화교들이 많이 사용하는 언어—옮긴이)로 kê-tsiap, kôechiap, ke-tchup으로 다양하게 번역된다.

최초의 영국식 케첩ketchup(혹은 catsup으로도 표기되었다. 3세기 동안 두 가지 스펠링을 혼용해왔다)은 영국인이 토마토를 먹기 전에는 버섯, 호두 또는 생선으로 만들었다. 버섯과 생선 케첩은 그 맛을 추측하기 어렵지 않다. 어쨌듯 케첩의 먼 친척뻘인 우스터소스는 앤초비로 맛을 내기 때문이다. 그러나 호두로 만든 케첩은 맛이 쉽게 상상되지 않는다. 오늘날의 토마토케첩은 그런 초기의 케첩들보다 훨씬 걸쭉하기 때문이다. 초기의 케첩은 버섯과 생선, 견과를 수개월 동안 소금물이나 식초에 절인 것이 기본이었다. 호두는 최대 일년까지 식초에 담가두었다.

1600년대에도 토마토는 여전히 관상용 식물이었다. 케첩이 미국에 들어오면서 비로소 토마토는 케첩이 되었다. 이에 대해 작가 맬콤 글래드웰Malcolm Gladwell은 〈뉴요커〉에 쓴 글에서 "영국의 전통적인 과일과 채소 소스에 미국인의 토마토에 대한 열광이 결합"한 것이라고 분석했다.

버려지는 부산물과 찌꺼기를
끓이고, 양념하고, 발효시켜서….

토마토케첩의 최초 레시피는 1800년대 초반(로버트 기번 존슨 대령이 소장했던 "러브애플 케첩" 레피시를 기억할 것이다)에야 등장했고, 상업적인 케첩은 남북전쟁 이후 흔하게 보이기 시작했다. 새롭게 등장한 캔 토마토 인기의 직접적인 산물이다.

홀 토마토 통조림업자들은 병들거나 벌레 먹거나 덜 익거나 상한 토마토를 기계적으로 폐기했다. 주로 바닥에 던지면 나중에 쓸어버리거나 호스를 통해 하수구로 흘러나가게 하는 방식으로 처분했다. 토마토케첩은 그런 업자들에게 부산물, 쓰레기 또는 찌꺼기라고 부르던 것을 편리하게 처리하고 돈까지 버는 방법을 제공해주었다. 끓이고 찌꺼기를 걷어내고 양념을 하고 발효시킨 후의 혼합물은 맛없어 보이는 갈색이었다. 그래서 유명한 인공 색소, 본래 직물 산업을 위해 개발된 콜타르 염료가 토마토케첩의 밝은 빨간색을 내는 데 사용되었다.

19세기 말 캔 토마토의 인기가 치솟았을 때 부산물(혹은 폐기물)인 케첩 또한 그랬다. 앞서 말했듯 미국에는 1,800개의 통조림공장이 있었다. 그리고 통조림공장마다 부업으로 소규모 케첩 공장을 병행했을 것이다. 만약 당신이 하인즈, 헌츠, 델몬트, 그 외 소기업 브랜드 케첩 중 한 개를 고르느라 슈퍼마켓에서 우왕

좌왕한 적 있다면, 선택할 수 있는 케첩 브랜드가 무려 94개였던 1897년의 코네티컷 소비자를 동정하라. 1915년 이전에 미국에서 판매되던 독특한 케첩 브랜드는 실제로 몇 배 더 많은 800개로 확인되었다. 이렇듯 치열한 경쟁에 맞서서 부지런한 제조업자들은 Best Yet, Home Comfort, Mother's Kind, Mother's Sharp, Time O' Day, 혹은 Climax처럼 눈길 끄는 독특한 브랜드를 붙여 자사 제품을 돋보이게 하려고 노력했다.

수요가 워낙 많다 보니 일부 제조업자는 통조림 부산물을 보충하려고 신선한 토마토를 구매해야 할 정도였다. 사과나 호박, 순무 같은 재료로 채우는 제조업자들도 있었다. 1896년 〈뉴욕 헤럴드 트리뷴〉은 "전국의 모든 식탁"에서 케첩을 볼 수 있다고 전하며, 케첩을 국민 양념으로 선정했다. 그들 중 미국인의 식탁에서 가장 흔하게 보이는 케첩은 하인즈Heinz로 불리는 브랜드였다.

영리하고 조숙한 소년 사업가, 품질을 무기로 피츠버그 최고의 기업인이 되다

1884년 피츠버그 남부의 독일 이민자 가정에서 출생한 헨리 J. 하인즈Henry J. Heinz는 앨러게니강에서 5마일 떨어진 샤프스빌에서 성장했다. 그의 친할머니 샬럿 루이지 트럼프는 45대 미국 대통령의 할아버지인 프레드릭 트럼프의 6촌이었다. 하인즈 가의 혈

통인 트럼프는 실제로 웰던 스테이크에 케첩을 잔뜩 뿌려 먹을 정도로 케첩 애호가로 알려져 있다.

6촌 동생의 손자와 달리 헨리 하인즈는 자수성가한 사람이었다. 그는 여덟 살 때 어머니의 채소밭에서 남는 채소를 이웃집에 팔면서 사업을 시작했다. 수요가 많아지자 그의 부모는 자신들 소유 밭 0.75에이커(약 3,000제곱미터)를 아들에게 물려주었다. 헨리가 열두 살이 되었을 때 밭은 4에이커까지 늘었다. 이 조숙한 아이는 자신의 수익으로 말과 이륜마차를 샀다. 집집마다 찾아다니며 푼돈을 버는 대신 식료품점과 호텔에 농산물을 납품하는 도매상이 되면 훨씬 쉽게 많은 돈을 벌 수 있으리라 계산한 것이다. 그는 나아가 호스래디시horseradish(서양의 고추냉이. 독일인과 덴마크인들은 생선과 함께 호스래디시를 즐겨 먹는다―옮긴이)나 사우어크라우트sauerkraut(잘게 채 썬 양배추를 소금에 절여 발효시킨 보존식품―옮긴이) 같은 저장식품을 자신의 제품 목록에 포함하면 여름이 끝나도 사업을 할 수 있겠다고 판단했다.

호스래디시는 특히 펜실베이니아 서부에 많이 정착한 독일과 영국계 주민들 사이에서 잘 팔리는 제품이었다. 신선도가 떨어지는 육류와 해산물의 맛을 살짝 감춰주는 데 유용한 호스래디시는 집에서 만들려면 시간이 걸리고 거추장스럽다. 혹이 있는 뿌리를 북북 문질러서 씻고 껍질을 벗긴 다음 강판에 갈아야 하는데 이 과정에서 손가락이 긁히고 눈이 따가워지고 코가 얼얼해졌다. 헨리는 걸음마를 시작한 후부터 어머니를 도와 호스래디시를 만들었다. 10대가 되어서는 두 여동생을 조수 삼아 이 매운 뿌리 식물을 다듬고 소금과 식초를 넣어 병에 저장했다.

19세기 미국에서는 영국에서 수입된 양념들(1706년에 설립된 유명 브랜드 Crosse & Blackwell)을 구입할 수 있었다. 반면 미국산 양념들은 품질 기준도 낮고 윤리관도 부족한 소규모 기업에서 생산되었다. 가령 당신이 19세기에 병에 담긴 양념을 구입다면, (운이 좋을 경우) 자갈이나 잡초, 식물 줄기가 들어있거나 (운이 나쁠 경우) 톱밥 혹은 간 순무 절임에 부패를 막으려고 유해한 방부제를 넣은, 품질이 형편없는 제품을 샀을 가능성이 높다.

헨리는 제품만 좋으면 주부들이 지갑을 열게 될 거라고 확신했다. 그리고 수많은 흠결을 감춰주는 기존의 불투명한 갈색이나 초록색 병보다 비싸고 깨끗한 병에 호스래디시를 담아 청정함을 보증하는 홍보 전략을 세웠다. 그 의도는 적중해서 17세의 하인즈는 한 해 5만 6,000 달러어치(이 장부터 모든 숫자는 현재의 달러 수준으로 표시할 것이다)의 호스래디시 판매고를 올렸다. 한편으로 그는 야간 강좌로 경영학을 공부하고 아버지의 벽돌공장에서 회계를 배웠다.

1869년, 갓 결혼한 25세의 하인즈는 친구인 L. 클라렌스 노블L. Clarence Noble과 하인즈 앤 노블Heinz & Noble(1872년 노블 형제가 회사에 합류한 뒤 '하인즈, 노블 앤 컴퍼니Heinz, Noble & Company'로 개명했다)

을 설립했다. 0.75에이커의 밭과 작은 부엌에서 두 명의 동생을 직원으로 두고 시작한 호스래디시 병조림 사업은 천문학적인 매출을 올리며 승승장구했다. 회사 설립 수년 만에 160에이커로 재배 밭을 넓히고 성수기에는 150명의 직원을 고용하는, 피츠버그에서 대표적인 최고속 성장 기업이 되었다. 거기에다 샐러리 소스(브레인푸드로 입소문 나며 인기 양념이 되었다), 사우어크라우트, 식초, (헨리의 어머니 레시피로 만든) 케첩, 그리고 그들의 대표 제품이자 회사를 키우고 추락하게도 만든 피클도 추가되었다.

그들의 오이 피클은 1800년대에 막대한 인기를 끌었다. 신선한 샐러드가 아직 드물었고, 거의 전량을 영국에서 수입하던 때였다. 하인즈와 노블은 자신들의 제품을 팔 수 있는 기존 시장이 있음을 간파했다. 그들은 버드와이저의 클라이데즈데일Clydesdales(버드와이저 맥주 광고에서 이용하는 말의 한 종류— 옮긴이)보다 더 늙어 보이는, 정성껏 손질한 말이 끄는 마차에 알록달록한 광고로 치장하고 물건을 팔았다. 그들의 피클을 찾는 소비자는 대단히 많았다. 1875년 불안정한 경제 상황에도 노블은 1부셸(27.22킬로그램)에 60센트라는 보증 가격으로 오이를 전량 사들이기로 일리노이의 대규모 농장과 계약했다.

노블과 하인즈에게는 계약한 것보다 훨씬 더 많은 오이가 생겼다. 그 해는 풍작 중의 풍작이었다. 오이가 쓰나미처럼 피츠버그로 밀려 들어왔다. 그 숫자는 여느 해 같으면 피클 제조업체의

흡사 모델 같은 하인즈의 배달 마차들은 광고도 겸했다. (H. J. Heinz Company Photograph, 펜실베이니아 피츠버그, 존 하인즈 의원 역사센터, 디에트르 도서관 및 기록보관소)

생산 능력을 시험하는 기회였을 것이다. 그러나 2년 일찍 뉴욕에서 시작되어 일주일간 증권거래소를 폐장시켰던 1873년의 공황이 오이와 동시에 피츠버그에 들이닥쳤다. 도시의 생명줄이었던 용광로와 제철소, 공장들이 줄줄이 문을 닫았다. 실업자 비율은 40퍼센트까지 치솟고 피클 시장은 바닥으로 추락했다. 하루에 2,000부셸(약 5.4톤)이라는 어마어마한 양의 오이가 쏟아져 들어왔지만 갈 곳이 없었다.

전국적으로 영역을 확장한다는 야망 아래 회사는 이미 지나치게 많은 일을 벌여놓은 상태였다. 역사적인 경제 위기(대공황이 오기 전 전국적으로 최악이었다)가 들이닥치기 전부터 방만한 지출로 자본 부족에 시달리던 하인즈와 노블은 오이 대금을 지불하기는커녕, 오이를 처분할 비용조차 마련하지 못했다.

오이와 빚이 쌓였다. 빚을 갚으라는 채권자들의 목소리가 터져 나오기 시작했다. 회사는 직원들에게 급여도 주지 못했다. 1875년 12월 17일 하인즈, 노블 앤 컴퍼니는 그 주에 앨러게니 카운티에서 파산 신청을 한 13개 회사 중 하나가 되었다.

〈피츠버그 리더*Pittsburgh Leader*〉(1864년부터 1923년까지 펜실베이니아 피츠버그에서 발간되었던 주간지—옮긴이)는 "피클에 빠진in a Pickle(곤경에 빠졌다는 의미의 영어 표현—옮긴이) 3인방"이라는 타이틀의 기사에서 하인즈를 비방하는 사람들과 경쟁자들이 벼락부자의 추락에 샤덴프로이데schadenfreude(남의 불행이나 고통을 보면

서 기쁨을 느끼는 심리—옮긴이)를 만끽하고 있다고 조롱했다. 하인
즈는 아내에게 크리스마스 선물도 해줄 형편이 안 되는 무일푼이
되고 말았다. 그의 회사에 투자했던 이웃들이 화가 나서 집으로
몰려들었다. 처가 식구들조차 그를 공격했다. 동업자이자 절친한
친구였던 클라렌스 노블은 회사의 몰락이 자신의 오이 선구매보
다 하인즈 때문이라고 공개적으로 비난했다. 독실한 루터교 신자
이자 일요학교 교사였던 헨리에게 최악의 일격은 파산으로 채권
자들을 속인 데 대한 수치심과 죄책감이었다. 그는 모두에게 반
드시 빚을 갚겠노라고 다짐했다. 어떤 채권자에게는 현금이 아닌
다른 수단으로 보상했다. 조지프 캠벨 통조림 제국 파트너인 에
이브러햄 앤더슨이 바로 그 사람이다. 돈 대신 하인즈의 흰색 종
마를 받은 그는 말을 타고 캠든을 행진하며 즐거워했다.

부활을 위해 고른 무기, 토마토케첩

모든 것을 잃은 산 마르자노 토마토 농부 미켈레 루지에로가 그
랬던 것처럼 하인즈는 불운을 겪고 좌절과 질병에 빠졌다. 하지
만 미켈레와 달리 헨리는 새해를 맞이하며 기운을 차렸다. 팔 수
있는 것은 모두 내다 판 헨리 하인즈는 가족의 도움으로 사업자
금을 마련하고 새로운 회사를 차렸다. 그는 샤프스빌의 농가주택
부엌으로 돌아왔다. 말 그대로 뿌리로 돌아와서 다시 호스래디시

껍질을 벗겼다.

겸손해졌지만 좌절하지 않은 헨리는 오전에 밭을 돌보고 오후에는 영업 상담을 하며 하루를 바쁘게 보냈다. 한때 피츠버그의 자부심이자 빛나는 팀워크를 자랑했던 말의 필요성을 절실히 깨달은 그는 일기장에 마침내 "우리를 도와줄 말을 단돈 16달러에" 살 수 있게 되었다고 적었다. 그리고 간단히 덧붙였다. "눈이 안 보이는 장님이다."

피츠버그가 경제 불황에서 벗어나던 그 무렵, 사람들은 여전히 호스래디시를 찾았다. 하인즈는 예전의 고객들에게 연락했다. 그들 중에는 헨리 하인즈가 꼬마였을 때부터 그에게서 물건을 산 이들도 있었다. 첫 번째 여름을 지나는 동안 사업이 회복될 기미가 보였다. 하지만 헨리는 은행과 잠재적인 채권자들로부터 싸늘한 대접을 받았다. 식초 제조기와 보일러가 필요했지만, 그들은 하인즈가 수지맞는 피클 사업으로 돌아가는 데 필요한 자금을 빌려주지 않았다. 새로운 융자를 받지 못하게 된 하인즈는 초기 투자 없이 신속히 생산하고 판매할 수 있는 수익성 높은 제품으로 방향을 돌렸다. 바로 토마토케첩이었다.

케첩 사업에는 부산물을 처리해주기 원하는 토마토 통조림업자와 커다란 통만 있으면 됐다. 호스래디시와 달리 작물을 재배할 필요도 없었다. 케첩은 회사가 도산하기 전 하인즈, 노블 앤 컴퍼니 라인에 마지막으로 추가된 제품이었다. 이제 헨리는 '좋은 것, 더 좋은 것, 가장 좋은 것a kind of good, better, best'이라는, 세 가지 케첩 라인을 들고 두 발로 시장에 뛰어들었다. 토마토 함량이 높은 그의 프리미엄 케첩은 경쟁사들의 케첩(그리고 그 자신의 저가 제품)보다 두 배 비싼 병당 6~7달러에 팔렸다. 하인즈는 호스래디시를 만드는 일이 수고스럽지만, 케첩은 훨씬 더하다는 사실을 경험으로 알고 있었다. 토마토 껍질을 벗기고 자르고 씨를 제거하고 으깨어 곤죽을 만든 다음 몇 시간이고 끓여야 했다. 결정적으로 피츠버그는 주부들이 일주일 동안 집집마다 돌며 품앗이로 콘세르바를 만드는 남부 이탈리아가 아니었다. 1901년 하인즈 사의 한 직원은 사보에 쓴 글에서 후배 직원들에게 "늦게 태어난 덕에 토마토가 젤리가 되도록 끓이고 (…) 얼굴과 팔을 데어가며 타지 않게 젓고 또 젓고 끝없이 젓는 (…) 힘든 일을 면했으니 얼마나 운이 좋으냐"고 말했다.

토마토를 젓다가 화상을 입는 일은 32세 하인즈의 기억에도 여전히 새로웠다. 편의성과 품질을 걸고 호스래디시로 거두었던 성공을 재현하기 바라며 그는 자신의 케첩이 "가정에 있는 어머니와 여성들을 구원해주는 축복"이라고 광고했다. 호스래디시를 판매하던 때처럼 하인즈는 케첩을 투명한 유리병에 담아 팔았다. 품질과 투명함이 성공의 열쇠일 거라는 그의 예감은 또다시 큰 보답으로 돌아왔다. 회사는 첫해에 100만 달러어치의 케첩을 판매했다. 파산 신청을 한 터라 변제의무가 없었음에도 하인즈는 하인즈, 노블 앤 컴퍼니 시절의 채권자들에게 한 푼도 빠짐없이 빚을 갚았다.

　다음 4반세기 동안 하인즈는 첫 회사의 성공을 재현했을 뿐만 아니라 이윤도 크게 초과했다. 렐리시relish(열매채소를 다져서 달고 시게 초절임한 양념류—옮긴이)와 기타 양념류부터 수프와 통조림 콩, 그리고 피클까지 60종 넘는 제품을 판매했다. 20세기가 시작됐을 때 피츠버그에서 가장 고성장한 기업은 US 스틸이나 웨스팅하우스, 혹은 카네기의 회사가 아니었다. 피클과 케첩을 등에 업고 순조롭게 미국 최대의 다국적 기업이 되어가고 있던 H. J. 하인즈였다. 가장 많이 눈에 띄는 것은 말할 것도 없었다. 캠벨 사의 아서 도랜스Arthur Dorrance처럼 하인즈도 대량의 소비자 광고를 믿었다. 그는 뉴욕시 최초로 6층 높이의 전광판을 세우고 1,200개의 전구를 이용해 "하인즈 토마토케첩"과 피클, 그 외 제품들을 돌아가며 광고하는 등 말 그대로 경쟁에서 독보적이었다. 오늘날 플랫아이언 빌딩이 위치한 5번로와 23번가가 교차하는, 뉴욕에서 가장 번잡한 곳이다. 독일의 라인강 강둑에도 20미터에 이르는 "하인즈 57" 광고판이 세워졌다.

　1896년에 채택된 "하인즈 57종" 슬로건(이미 그 숫자를 넘겼지만 헨리는 '57'의 느낌을 좋아했다)은 워낙 잘 알려져서, 뉴욕에서 샌프란시스코까지 전국의 철도 주변과 높은 언덕에는 단순히 '57'이라고 쓰인 거대한 광고판이 세워졌다. 누구도 "57이 뭐야?"라

애틀랜틱시티에 있는 하인즈 잔교와 파빌리온은 바닷바람과 커스터의 최후 항전을 묘사한 벽화, 공짜 기념품으로 여행객을 끌어들였다. (H. J. Heinz Company Photograph, 펜실베이니아, 피츠버그 존 하인즈 의원 역사센터, 디에트르 도서관 및 기록보관소 소장)

고 물을 필요가 없었다. 하인즈는 홍보의 달인이었다. 심지어 그는 애틀랜틱시티 바다에 잔교를 설치해서 파도 위를 신나게 걸어 하인즈 57 가건물에 도착할 수 있게 했다. 그곳에 가면 요리 시연과 무료 시식을 체험하고 피클 모양의 핀 기념품도 살 수 있었다. 커스터의 마지막 항전(19세기 미국 제7 기병대 대장 커스터George Armstrong Custer와 그의 기병대는 원주민 수족Sioux族과 벌인 전투에서 전멸당했다─옮긴이)을 묘사한 대형 그림은 그 보드워크에서 관광객들에게 가장 인기 있는 볼거리였다.

　하인즈는 일터에서도 혁신가였다. 그의 회사는 직원들(많은 직원이 이민 온 지 얼마 안 되는 사람들이었다)에게 수영장, 체육관, 샤워실, 점심 식사, 저명강사 초빙 강의, 현장 의료, 휴게실, 옥상정원, 직원 전용 1500석 극장 등을 제공했다. 회사는 심지어 전용 음악 감독도 고용했다. 오늘날 실리콘 밸리의 원형이라 할 만하다. 헨리 하인즈는 "선한 일을 하면 번성한다"는 격언을 믿었다. 도금시대Gilded Age(1865년 남북전쟁이 끝나고 1873년에 시작되어, 불황이 오는 1893년까지 미국 자본주의가 급속하게 발전한 28년간의 시대─옮긴이)가 끝나갈 때 그는 엄청난 부자가 되어 잘 나갔고, 카네기와 록펠러만큼 유명했다. 그러나 그의 제국을 실존적으로 위협하는 조짐이 나타나고 있었다. 부유하고 힘 있는 경쟁자가 아니라 흰 실험복을 입은 점잖은 말투의 전직 교수였다.

벤조에이트를 둘러싼 전쟁이 시작되었다

하비 워싱턴 와일리Harvey Washington Wiley는 1844년 인디애나의 통나무집에서 농부이자 순회목사의 아들로 태어났다. 언더그라운드 레일로드Underground Railroad(남부에서 북부나 캐나다로 탈출하는 노예를 도와주던 비밀 조직─옮긴이)에서 차장으로 활약하다 남북전쟁에 참전한 후 인디애나 의과대학에서 박사학위를 취득했지만 개업 대신 학교에 남아 화학, 그리스어, 라틴어를 가르쳤다. 이후 하버드에서 한 학기 만에 이학사 학위를 취득했다. 1878년, 재가 동한 헨리 하인즈의 회사가 케첩을 쏟아내고 있을 때 와일리는 독일에서 세계적인 화학자들과 연구에 몰두했다. 두 사람은 서로 를 몰랐다. 그러나 그들은 직접 격돌해 이 나라 양념의 성격을 근 본적으로 바꿀 운명이었다.

와일리가 1882년 미국 농무부의 화학국장으로 임명되기 전까 지 식품의 안전과 상표 또는 첨가물을 규제하는 어떤 연방법도 없었다. 1830년대에 시작되어 1850년대까지 이어졌던 대중건강 운동의 직접적인 결과였다. '대중의 건강'을 확보하는 것과는 거 리가 먼 잭슨식 반지성주의 운동(토마토 알약 열풍에 불을 지핀 것 과 같은 것)은 과학보다 개인의 판단을 우선시했고 실제로 헬스 케어에 대한 정부의 규제를 막는 데 성공했다.

그 결과 반세기 후에는 이유식이 든 병이나 콩이 든 캔에 아무 것이나 들어갈 수 있게 되었다. 소비자들만 그것을 몰랐다. 석고 로 우유를 하얗고 진하게 만들고 포름알데히드로 부패하는 것을 막았다. 비소로 초콜릿을 반짝거리게 만들고, 아이들이 좋아하는 단단한 사탕에 비소로 색을 입혔다. 특허 의약품은 토마토 추출 알약과 감홍calomel(염화수은의 약품명. 단맛이 난다—옮긴이)에 비교 적 무지했던 시절을 지나서 코카인, 헤로인, 모르핀, 알코올, 마 리화나를 함유한 위험한 조제약으로 진화되었다. 가장 유명한 사례로, 코카콜라의 '코카Coca'는 코카인이었다. 그리고 케첩과 다른 식품에서 발견된 화학 보존제가 있었다.

으깨진 토마토는 즉시 발효되기 시작하고 유통기한도 얼마 되지 않는다. 따라서 토마토케첩은 일찌감치 인공 방부제를 사용한 식품들 중 하나이다. 케첩은 한 번에 적은 양을 꽤 오랜 시간 동안 사용하는 양념 역할을 하기에(케첩 한 병이 당신의 냉장고에서 얼마나 오랫동안 머무는지 생각해보라) 호두, 버섯 또는 앤초비로 만든 케첩을 이용하던 소비자들은 토마토케첩에도 비슷한 유통기간을 요구했다.

토마토 이전의 케첩들은 소금이나 식초 같은 천연 보존료를 첨가할 뿐만 아니라 부패를 일으키는 박테리아를 살균하는 과정에서 점성을 더하기 위해 여러 번 졸인 덕분에 유통기간이 길었다. 앤초비와 버섯 케첩은 보통 일년까지였고 호두 케첩은 더 길었다.

토마토 통조림공장의 부산물로 만든 케첩이 그 정도 수명을 유지할 수 없는 것은 놀라운 일이 아니다. 신선한 토마토를 사용한 케첩은 나은 편이었지만 여전히 병이 다 비워지기 전에 발효가 시작되었다. 게다가 '병'이 열쇠였다. 캔 토마토는 캔을 밀봉한 후 끓는 물에 몇 시간 동안 담가서 박테리아를 죽였다. 하지만 다른 양념류와 마찬가지로 케첩은 전통적으로 유리병에 넣어서 팔았기 때문에 고온에 넣으면 깨지기 쉬웠다. 따라서 케첩은 병에 넣기 전에 가열해서 살균했다. 그렇더라도 병에 담는 과정에서 혹은 코르크 마개에 묻은 오염물 등이 병에 들어갈 수 있었다. 합성 보존제가 첨가되지 않은 병 케첩은 식품점 진열대에서 부패가 일어났다. 소비자가 일단 병을 개봉하면 공들여 만든 케첩도 일주일을 넘기지 못했다. 그래서 제조업자들은 부패를 늦추기 위해 붕산boric acid, 살리실산salicylic acid, 벤조에이트benzoates(안식향산) 같은 방부제를 첨가했다.

그 옛날 하인즈, 노블 앤 컴퍼니 시절의 하인즈 케첩은 언제나 방부제에 의존했다. 처음에는 천연 보존제인 살리신산(아스피린의 친척뻘이다)이 함유된 버드나무 껍질을 이용했다. 합성 살리신산이 나온 건 1874년이었다.

이후 캘리포니아에서 대량의 붕사borax(인기 가정용 세제, 20 Mule Team Borax에도 사용한다는 것이 알려졌다) 광상이 발견된 후 하인즈는 붕산boric acid(붕사에 염산을 반응시켜 불순물을 제거한 뒤 정제한 것—옮긴이), 그리고 나중에는 독일 화학자가 석탄 타르에서 추출법을 고안한 안식향산나트륨sodium benzoate으로 바꾸었다. 이 말은 하인즈 케첩에 석탄에서 유래한 두 가지 성분이 함유되었다는 의미다. 방부제와 착색제다.

어떤 통제도 받지 않고 케첩과 다른 가공식품에 보존제를 사용하는 세태는 미국 최고의 화학자 하비 와일리의 주목을 끌었다. *이 첨가물들이 안전할까? 얼마나 먹어도 될까?*

전혀 테스트해본 적 없으므로 아무도 몰랐다. 1902년 와일리는 이 같은 질문에 해답을 찾기 위한 실험에 착수했다. 언론이 이름 붙인 이른바 "독약구조대poison squad"다. 실험 대상은 식품 첨가물의 안전한 적정선을 알아보기 위해 자원한 건강한 열두 명의 남성들이었다. 익살스럽게 "용감한 자만이 감히 음식을 먹는다"는 모토를 내건 이 남성들은 기숙사와 연구실에 격리되었다. 와일리는 그들이 아파서 침대에서 나오지 못할 때까지 매일 세 끼, 벤조에이트, 붕산, 포름알데히드 같은 일반 식품 첨가제의 양을 점차 늘린 식사를 제공했다.

단 세 명의 지원자만 10일간의 벤조에이트 시험에서 끝까지 버텼다. 참가자들은 목구멍과 식도의 염증, 복통, 어지럼증, 체중감소를 겪었다.

비록 케첩에 사용되는 것보다 안식향산나트륨의 함량을 훨씬 더 높이기는 했지만 와일리는 케첩 보존제로 가장 흔하게 쓰이는 벤조에이트가, 훗날 소비자 보호의 선구자(미국 자동차의 설계상 위험을 《어느 속도에서도 안전하지 않다》는 책을 통해 고발한 랄프 네이더를 가리킴—옮긴이)가 된 이의 표현을 빌리자면, "어느 속도에도 안전하지 않다"고 결론 내렸다. 그의 전기 작가가 "열성분자 화학자"라고 묘사한 와일리는 벤조에이트의 완전한 금지를 위한 캠페인을 강력하게 벌이기 시작했다. 마침 의회에서는 미국 최초의 식품 규제인 순수식품의약품법the Pure Food and Drug Act을 입안하고 있었다. 이로써 한편에는 하비 와일리, 반대편에는 헨리 하인즈가 참전한 벤조에이트 전투가 시작되었다.

케첩은 미국에서 선구적인 양념이었다. 그리고 하인즈는 선구적인 케첩 제조업자였다. 케첩은 헨리 J. 하인즈를 대부호로 만들어준 베스트셀러였다. 하인즈는 이디스 워튼Edith Wharton(1862~1937. 미국의 소설가)이 말한 앤드류 카네기Andrew Carnegie(1835~1919. 미국의 철강 재벌—옮긴이), 헨리 클레이 프릭 Henry Clay Frick(1849~1919. 미국의 기업가, 금융가, 예술후원자—옮긴이), 조지 웨스팅하우스George Westinghouse(1846~1914. 발명가이자 사업가, 웨스팅하우스 전기회사를 세우고 라디오를 처음 만듦—옮긴이) 앤드류 멜론Andrew Mellon(1855~1937. 미국의 재무장관, 자선사업가, 금융가—옮긴이)과 더불어 "피츠버그의 제왕들" 중 한 명이었다. 하인즈는 벤조에이트 전쟁에서 나올 수 있는 몇 가지 결과를 예측해보았다. 어느 것도 좋지 않았다. 정부는 보존제, 사실상 케첩을 금지할 수 있었다. 아니면 다른 기업들이 보존제가 들어가지 않는 케첩을 개발함으로써 그를 하룻밤 사이에 파멸시킬 시킬 수 있었다.

일년에 400만 개의 케첩을 생산하는 하인즈에게 걸린 이해는 어마어마했다. 하지만 그래서 기회임을 그는 알았다.

사활을 건 실험,
합성 보존제 무첨가 케첩을 만들라!

대중건강운동Popular Health Movement의 방임주의가 한바탕 휩쓸고 지나간 후 건강에 대한 국가의 태도는 바뀌었다. 1870년대에 발족한 의사협회와 여성클럽, 금주협회, 뭉뚱그려서 순수식품운동 Pure Food Movement으로 알려진 풀뿌리 시민운동 조직들은 연방정부의 식품 안전 규제를 촉구하는 캠페인을 벌였다. 수십 년의 노력에도 성과를 만들어내지 못한 운동의 지도자들은 1904년 마침내 지지자들과 가공식품 회사의 중역들, 하비 와일리와 함께 세인트루이스에서 여러 날에 걸쳐 일명 '순수식품의회Pure Food Congress' (1904년 세인트루이스에서 개최된 세계박람회 행사의 하나로 순수식품 의약품법 제정의 계기가 됨—옮긴이)를 열어 토의와 논쟁을 벌인 끝에 개혁을 이뤄냈다.

와일리와 다른 참가자들이 보존제의 위험을 경고하는 발표를 한 후, 하인즈 연구소 직원 G. F. 메이슨이 연단에 올라가 자사의 식품 연구원들이 첨가물 없는 케첩을 개발하려고 했지만 실패한 이유를 설명했다. 메이슨은 "천연 보존제 외에 가능한 모든 방법을 써봤지만, 만족스러운 결과를 얻지 못했다"고 말했다. 보존제를 첨가하지 않은 모든 케첩이 60시간 안에 여지없이 발효되면서 부패했다는 것이다. 사실상 보존제가 들어가지 않은 케첩을 만드는 것은 불가능하다는 게 그의 설명이었다. 하비 와일리는 아마도 케첩은 "보존제를 사용해서는 안 되는 식품"이라고 반응했을 것이다. 비록 그런 말들이 미국 전체에서 공론화되지는 못했지만, 남북 다코타는 이미 첨가물로서 효력을 발휘하기에는 너무 낮은 수준인 0.01퍼센트 이내로 붕산 사용을 제한하고 있었고, 다른 주들도 따라가는 추세였다. 하인즈가 미국의 다른 식품회사보다 더 많이 진출해있던 유럽 여러 국가에서도 안전상 우려를 이유로 미국에서 수입되는 가공식품에 엄격한 규제를 가하기 시작했다. 워싱턴의 의회는 식품 안전에 관한 법안을 만들라는 거센 압력을 받고 있었다. 와일리는 대중의 인식을 깨우치기 위해 최선을 다했다. 그는 여성 단체와 접촉해 인터뷰하고 테디 루즈벨트Theodore Roosevelt Jr.(1858~1919. 미국의 26대 대통령—옮긴이) 대통령에게 규제의 필요성을 직접 호소했다.

하인즈는 벤조에이트가 안전할 뿐만 아니라 "크랜베리나 다른 과일에도 천연으로 존재한다"고 주장하며 와일리와 공개적으로 논쟁을 벌였다. 그러는 한편 보존제 없이 한 달 이상 상하지 않을 케첩을 개발하는 데 조용히 매달리고 있었다. 그가 금지령을 예상했을 때 이 문제가 생존이 달린 문제라고 판단했는지, 자신의 윤리적 신념을 표방할 기회로 봤는지, 아니면 케첩 시장을 장악할 기회라고 여겼는지 우리가 알기는 어렵다. 아마도 모든 게 섞여 있었을 것이다. 다만 그가 청정함을 내걸고 양념 사업에 뛰어들었다는 사실을 기억할 필요가 있다. 그런데 자신은 그 약속을 지키지 못했고, 대중 정서는 무첨가 케첩을 원하고 있었다. 헨리 하인즈에게는 시간이 없었다.

하인즈와 그의 연구원들은 왜 가정에서 만드는 케첩은 보존제가 들어가지 않는데도 실험실 주방에서 만드는 케첩보다 유통기한이 더 긴지 궁금해했다. *왜 H. J. 하인즈 컴퍼니는 하인즈 부인의 케첩처럼 만들 수 없을까?* 메이슨과 그의 팀은 홈메이드 케첩의 레시피를 분석하기 시작했다. 그 결과 집에서 만드는 케첩에는 상업적인 케첩보다 설탕과 식초, 향신료를 더 많이 넣는 경향이 있음을 알아냈다. 나아가 텃밭에서 금방 수확한 완숙 토마토로 만든다는 사실도 알았다.

천연 방부제인 식초의 양을 늘리면 저장기한은 길어지지만 신맛이 너무 강했다. 메이슨은 이를 보완하려 설탕을 더 넣었다. 하지만 설탕이 많아지자 쉽게 상해서 식초를 더 넣었고, 다시 설탕이 더 필요해졌다. 그렇게 해서 드디어 균형이 맞았을 때 하인즈 케첩은 시중에 나온 다른 브랜드보다 설탕과 식초의 함량이 두 배가 되었다. 향신료도 더 많이 들어갔다. 병에 넣기 직전에 가라앉은 가루 향신료를 걸러낼지언정 향신료가 많이 들어갈수록 저장기한이 늘어난다는 사실을 메이슨은 발견했다.

하인즈는 레시피를 조정하는 것을 넘어서서 공정 자체를 변경했다. 나아가 바닥에 떨어진 것을 주워 먹어도 될 정도로 공장을 철저하게 살균하고 청결하게 만들었다. 공기가 침투해서 발효를 일으키는 것을 막기 위해 토마토 펄프를 저장하는 기존의 목재 통을 래커 칠을 한 밀폐 금속 통으로 교체했다. 같은 이유로 케첩의 병목을 좁게 만들었다.

이런 혁신을 통해 하인즈의 연구자들은 점점 더 무첨가 케첩을 향해 다가갔다. 하지만 갈 길은 여전히 멀었다. 생각할 수 있는 모든 방법을 동원했지만, 테스트 배지의 케첩은 여전히 며칠 지나지 않아 부패했고, 코르크 마개는 새해 전야이기라도 하듯 병에서 뻥 하고 튀어 올랐다. 그들은 정말이지 거의 모든 시도를 했다. 그러나 한 가지 결정적인 변수를 간과했다.

토마토였다.

뒤바뀐 전선, 그의 역공이 시작되었다

과숙 토마토는 덜 익거나 벌레 먹은 토마토처럼 통조림용으로는 적합하지 않다. 그런데 그때까지 사용해온 케첩용 생토마토는 잘 익은 토마토에 비해 펙틴 함량이 적었다. 펙틴은 많은 과일과 채소에서 발견되는 젤라틴 성분의 복합탄수화물로, 젤리나 잼을 굳히는 데 흔히 쓰이는 효과적인 점증제다. 하인즈 연구원들은 이 펙틴에 또 다른 중요 특성이 있음을 발견했다. 바로 천연 보존제 성분이었다. 다만 토마토에서 적절한 양의 펙틴을 얻는 것은 까

앨러게니강을 건너 피츠버그 하인즈 공장에 도착한 토마토 바구니들. 하인즈는 케첩에 신선한 토마토를 통으로 사용한 선구자였다. (펜실베이니아 피츠버그, 존 하인즈 의원 역사센터, 디에트르 도서관 및 기록보관소. H. J. 하인즈 컴퍼니 사진.)

다로웠다. 토마토가 알맞은 상태로 익어야 할 뿐만 아니라 지나치게 조리를 해서도 안 됐다. 펙틴에 열이 가해지면 펙틴산이 분해되기 때문이다. 그러나 덜 조리하면 세균이 생길 위험이 있었다. 어쨌든 알맞게 잘 익은 신선한 토마토로 시작하는 것이 중요했다.

그래서 H. J. 하인즈는 오늘날 산 마르자노 토마토의 통조림업자처럼 비용을 많이 지불하더라도 토마토를 까다롭게 선별하고, 완벽하지 않은 토마토는 공정에서 퇴출했다. 또 가장 신선한 토마토를 얻기 위해 토마토 생산지 근처에 공장을 세움으로써 케첩 비즈니스를 분산시켰다. 하인즈의 공장들 중 한 곳은 뉴저지의 세일럼(존슨 대령의 고향)에 세워졌다. 또 다른 한 곳은 캐나다 시장을 겨냥해서 온타리오주 레밍턴에 세워졌다. 디트로이트 동부는 새롭게 떠오르는 주요 토마토 생산지로, 이 책이 끝나기 전에 (그리고 이 장에서도) 토마토 관련 이야기에서 거대한 면모를 드러내게 될 것이다.

하인즈는 한 걸음 더 나아가 케첩에 특화된 품종을 개발하는 토마토 육종가가 되었다. 그런 다음 재배 농가와 계약을 맺어 펙틴 함유량이 높고 젤라틴이 적은 토마토 종자와 모종을 보급했다. 미국에서 이런 식으로 원재료를 관리한 식품 제조업자는 그가 최초였다(오늘날 텃밭 농사꾼들은 종자 카탈로그를 통해 이 하인즈 품종을 구매할 수 있다).

토마토에 내재한 천연 보존제의 암호를 해독한 메이슨의 연구소 과학자들은 계속해서 테스트 배지 검사를 했고, 긴장하면서 부패의 징후를 관찰하고 기다렸다. 그리고 1904년 말 드디어 그들은 개봉 후 한 달 지속을 보증하는(오늘날 실온에서 유통기한이다) 무방부제 케첩을 생산하는 공식을 알아냈다. 그로부터 2년이 지나지 않아 하인즈는 무방부제 케첩을 세상에 내놓았다. 헨리 하인즈는 벤조에이트와의 전쟁에서 마침내 승리했다.

하인즈의 성공은 케첩 산업에 큰 충격파를 안겨주었지만 정작 경쟁자들을 놀라게 한 것은 그가 보인 다음 행보였다. 하인즈는 벤조에이트와의 전쟁에서 민첩하게 위치를 바꿔 적수인 하비 와일리와 한 편이 되었다. 그리고 무방부제 케첩을 추구할 때 보여준 것과 같은 열정으로 벤조에이트 전면 금지를 밀어붙였다.

그의 회사는 다른 케첩 브랜드보다 광고에 더 많은 비용을 들여 식품에 벤조에이트 사용을 반대하는 전국적인 캠페인을 대대적으로 시작했다. 〈콜리어_Collier's_〉(1888년 피터 페네론 콜리어가 만든 미국의 종합 잡지-옮긴이)에 실은 두 페이지짜리 광고를 통해 하인즈는 벤조에이트를 "위험 약물"로 규정했다. 다른 광고에서는 왜 할머니는 절대 넣지 않는 화학물질을 넣은 케첩을 먹는지 소비자들에게 수사적으로 물었다. 그리고 모든 케첩의 좁은 병목에 두른 띠지에도 적힌 것처럼 케첩이든 피클이든 자신들이 만든 모든 제품, 즉 "하인즈에서 생산하는 57종"에는 벤조에이트라든지 다른 보존제가 들어있지 않다는 사실을 강조했다.

하인즈는 1902년에 도리아식 그리스 기둥을 연상시키려는 의도로 8각형의 독특한 병을 도입했다. 또한 코르크 마개를 밀폐력이 뛰어난 부패 방지용 흰색 스크류 캡으로 교체했다. 이로써 오늘날 세계적으로 가장 널리 알려진 식품 용기이자 하인즈의 상징이 된 케첩 병이 완성되었다. 1983년에 눌러 짜는 플라스틱 용기가 도입되기 전까지 이런 틀은 기본적으로 바뀌지 않았다.

그러나 혁명적인 것은 병 안에 든 내용물이었다. 하인즈는 무

케첩에 벤조에이트 사용을 비난하는 20세기 초반의 하인즈 광고. 친숙한 용기 디자인은 오늘날까지도 실질적으로 바뀌지 않았다. (스미소니언협회 미국 사박물관 기록물센터, N.W.Ayer 광고대행사 기록물)

방부제 케첩을 만들기 위해 펙틴과 설탕, 소금, 식초의 양을 극적으로 늘릴 필요가 있었다. 그 과정에서 케첩은 감칠맛보다 단맛이 강해졌다. 묽었던 것도 걸쭉하게 바뀌었다. 하인즈는 사실상 케첩의 성격 자체를 바꿨다. 게다가 그 점도는 프렌치프라이와 햄버거가 인기를 끄는 시기와 딱 맞아떨어졌다. 특히 햄버거는 1904년 세계무역박람회에서 막 소개된 터였다.

모든 사람이 열광한 것은 아니었다. 어떤 소비자들은 설탕과 식초 맛이 강해서 토마토 맛을 느낄 수 없다고 불평했다. 실제로 하인즈 케첩은 코카콜라보다도 액량 온스(fl.oz.)당 설탕 함유량이 더 높다. 많은 사람들이 방부제가 들어있어도 감칠맛 나는 버전을 더 좋아했다. 경쟁업체들은 천연 재료만으로 만드는 케첩이 상온에서 한 달 이상 보관 가능하다는 말을 믿지 않았고 하인즈가 늘키지 않을 만큼 방부제를 사용할 거라고 수군거렸다. 그들이 하인즈에게 사적으로 내뱉은 말은 당연히 글로 옮길 수 없을 정도였다.

하인즈와 와일리는 비난에 개의치 않고 방부제 반대 운동을 계속했다. 대중은 한때 적수였던 이 기묘한 조합과의 성전聖戰에 패했다. 사람들은 하인즈 케첩에 설득당했다. 판매량은 경이롭게 늘어서 1908년 한 해 매출이 7,900만 달러에 이르렀다. 그러나 무방부제를 공식화하는 데는 한 가지 문제가 있었다. 펙틴만 든 케첩(병 한 개에 24개의 토마토가 들어간다고 알려졌다)은 짜증 날 정도로 케첩이 나오는 속도가 느렸다. 좁은 병목은 상황을 더 악화시켰다. 하인즈는 교묘하게 불리함을 자산으로 바꿨다. 자신의 케첩은 "토마토가 더 많이 들어간 대신 수분은 적다"고 광고한 것이다. 그리고 소비자들에게 "케첩이 병에서 얼마나 천천히 나오는지 주목하라"고 촉구했다. 1987년 'Anticipation'이라는 텔레비전 광고를 보면 케첩을 먹는 소비자들은 (칼리 사이먼의 히트송이 흘러나오는 가운데) 케첩이 흘러나오기를 간절히 기다린다.

이따금 꽤 오래 기다릴 수도 있다. 하지만 단지 걸쭉하거나 병목에 엉뚱하게 걸려서 나오지 않는 경우라면 해결 방법은 어렵지 않다. 하인즈는 케첩을 개선하면서 의도치 않게 '비뉴턴 유체non-newtionian fluid'를 개발했다. 이런 액체는 소위 뉴턴의 점성의 법칙을 따르지 않기 때문에 그렇게 불린다. 이 법칙을 문외한의 용어로 설명하면, (흔들거나 휘젓는 게 아니라) 오직 온도만 물질의 점성 혹은 농도에 영향을 준다는 것이다. 대부분의 일반 액체는 뉴턴의 법칙을 따른다. 일례로 오렌지 주스 병을 흔든다고 해서 주스가 더 빨리 나오지는 않는다.

그러나 케첩 같은 비뉴턴 유체는 가만히 두면 거의 고체처럼 작용한다. 케첩이 병에서 나오기 전에 당신은 한동안 케첩 병을 거꾸로 세워둘 수 있다. 그러나 흔들면(플라스틱 병일 경우 누르면) 점질계수가 일시적으로 약해져서 케첩이 액체처럼 작용한다. 답답할 정도로 걸쭉한 상태에서 급격히, 위태로울 정도로 묽어지는 이유다. 케첩 병을 흔들다 막판에 햄버거를 케첩 범벅으로 만드는 것도 그 때문이다.

케첩이 안전하게 흘러나오도록 하려면 사람들이 흔히 하듯 병 바닥을 치는 게 아니라 병목 바로 아래 '57'이 쓰인 살짝 도드라진 부분을 세게 치라고 하인즈 컴퍼니는 제안한다. 내용물에서 멀리 떨어진 병 입구가 효과적이다.

그런데 잠깐! 당신보다 먼저 당신의 테이블 위에 도착해 있기 일쑤인 이 케첩 병은 도대체 어떤 역할을 할까? 만약 당신이 마요네즈 좀 달라고 했다가 때 헬만 사 마요네즈 병이 테이블에 탁 놓이면, 멍하니 있다가 놀라서 "아, 이 제품을 가져다줬구나." 하고 생각할 것이다. 그러나 케첩 병은 으레 8각형의 그것이려니 예상한다. 흰 뚜껑에 홀쭉한 8각형의 병, 만인이 알아보고 사랑하는 품질의 상징인 하인즈 케첩이다. 아마도 곳곳의 레스토랑 테이블에 그 상업적인 포장의 케첩이 보이는 것만큼 헨리 하인즈의 놀라운 성공을 말해주는 것도 없을 것이다.

그러나 가정에서는 좌절 요인을 줄인 눌러 짜는 플라스틱 케첩 병이 유리병을 압도적으로 대체했다. 오늘날 미국인 가정의 97퍼센트가 케첩을 갖고 있다. 미국의 인종적·문화적 다양성을 생각했을 때 대단한 위업이다. 도대체 왜 이 양념이 그토록 다양한 음식을 즐기는 데 필수불가결한 것이 되었는지 의문이 생긴다.

우리는 왜 이토록 케첩을 사랑할까?

단맛 짠맛 신맛 쓴맛,
그리고 감칠맛이 공존하는 세상 유일한 음식

해답을 찾기 위해 나는 유명한 식품 과학 저술가 해롤드 맥기 Harold McGee에게 연락을 취했다. 그의 896페이지짜리 저서 《식품과 요리에 대하여On Food and Cooking》는 초콜릿의 템퍼링tempering(적온처리법. 초콜릿에 들어 있는 카카오버터를 안정적인 베타 결정으로 굳히는 작업—옮긴이)에 연관된 화학부터 퍼프 페이스트리puff pastry(밀가루 반죽에 유지를 넣어 많은 결을 낸 페이스트리로, 바삭바삭하고 고소한 맛이 난다—옮긴이) 과학에 이르기까지 상상할 수 있는 모든 식품을 다룬다. 그러나 케첩을 찾아보기 전에 케첩의 주재료부터 알아보기로 한다. 나는 맥기에게 토마토 특유의 감칠맛이 어디에서 나오는지 물었다.

"요점을 말하면 토마토가 만들어내는 균형이라고 생각해요." 그가 말했다. "대부분의 식품은 우리에게 일정한 계열의 특정한 맛을 주죠. 그런데 토마토는 그것들을 모두 포괄해요. 균형을 맞추려고 하기 때문이죠. 알다시피 토마토는 달지만 너무 달지 않고, 시지만 너무 시지는 않아요. 향긋하지만 단순한 향이 아니에요. 토마토는 단순히 과일도 아니죠. 푸른 채소처럼 푸르지만도 않고요. 버섯처럼 버섯 맛만 나는 것도 아니고, 어쨌든 그 모든 것들이 합쳐져서 우리의 감각을 감질나게 하고, 우리로 하여금 계속해서 먹고 싶게 만들죠."

맥기의 설명에 따르면 토마토에는 또한 우마미umami라고 부르는, 감칠맛을 돋우는 물질인 글루타민산염이 많이 들어있다. 지난 세기에야 인간의 미각을 구성하는 다섯 개의 기본적인 맛 중 하나로 인정받았다. 다른 네 가지 맛, 즉 단맛 짠맛 신맛 쓴맛보다 규정하기 어려운 '우마미umami'는 일본어로 '좋은 맛'이라는 뜻인데, 그렇게 설명한다고 해서 의미가 더 명확해지지는 않는다. 내 경우에는 집에서 만든 치킨 수프를 만족스럽게 한 그릇 먹었을 때의 맛처럼 생각된다. 육류, 우스터소스, 단단한 치즈, 버섯은 모두 글루타민산이 풍부하다. 과일 중에서는 토마토가 드물게 글루타민산을 함유하고 있는데, 그래서 토마토를 채소로 취급하고 먹는지도 모른다. 토마토는 달면서도 여전히 감칠맛의 특성을 갖고 있기 때문이다.

글루타민산염은 MSGmonosodium glutamate(글루탐산모노나트륨)의 'G'로 오랫동안 '맛 증진제'로 이용해왔다. 하지만 맥기는 얼른 그 용어를 바로잡아 주었다. "그것은 우리가 잘 몰랐던 시절의 유물이에요. 우리는 MSG가 우리 혀의 특별한 수용체를 자극하고, 따라서 사실상 맛이라는 사실을 몰랐어요." 그가 설명했다. "맛 증진제는 표현하기 어려운 맛을 설명하려고 붙인 용어예요. 하지만 이제 더는 쓸모가 없어졌죠. 소금도 음식의 맛을 더 낫게 만들기 때문에 맛 증진제로 부를 수 있다는 뜻이죠. 그렇다면 글루타민

산염도 그 범주에 들어가요. 사실 그것은 개별적이고 구분할 수 있는 맛이에요. 그 맛이 있으면 우리가 먹는 음식이 전체적으로 맛있어져요."

케첩의 경우 특히 그렇다. 헨리 하인즈가 과육의 비율이 높은 완숙 토마토를 이용하기 시작하자 우마미를 나게 하는 글루타민 산염 함량이 크게 높아졌다. 거기에다 식초와 설탕을 두 배 늘리자 케첩은 새콤달콤해졌다. 그는 소금의 양도 늘렸다. 본래 케첩에는 언제나 약간 씁쓸한 맛이 있었다. 단맛, 신맛, 짠맛, 쓴맛, 여기에 감칠맛까지. 하인즈는 다섯 가지 기본적인 맛의 버튼을 모두 누르는 양념을 개발했다. 어떤 포커스 그룹도 이보다 더 훌륭할 수 없을 것이다. 맬콤 글래드웰은 감탄하며 이렇게 썼다.

하인즈 케첩의 맛은 단맛과 짠맛 수용체가 있는 혀끝에서 시작해서 신맛이 강하게 느껴지는 측면을 따라 번져 감칠맛과 쓴맛이 느껴지는 혀끝을, 오래 크레센도(점점 강렬하게)로 강타한다. 슈퍼마켓에 진열된 상품 중 이렇게 감각의 스펙트럼을 경험할 수 있는 게 얼마나 될까?

게다가 그 스펙트럼이 제공하는 것은, 육류든 감자튀김이든 "당신이 먹는 일반적인 음식에는 들어있지 않은, 고도로 집중된 맛의 원천이죠." 맥기는 덧붙였다. "고기든 감자튀김이든 나름대로 맛이 있지만, 케첩이 줄 수 있는 성분들은 빠져 있죠. 케첩이 그런 점을 보완해줘요."

이것이야말로 양념에 대한 훌륭한 정의다.

그러나 우리가 무엇을 왜 먹는가에 대한 해답은 글루타민산염과 맛의 수용체 그 너머에 있다. 예컨대 수프 한 그릇이나 케첩에 찍어 먹는 프렌치프라이 같은 소위 컴포트 푸드comfort food가 우리에게 위안을 주는 이유는 무엇일까?

1988년 〈미식학 저널Journal of Gastronomy〉에 실린 "케첩과 집단무의식Ketchup and the Collective Unconscious"이라는 제목의 논문에서 작고한 식품 역사가이자 이론가인 엘리자베스 로진Elisabeth Rozin은 "먹는다는 것은 중요한 의미가 있으며 정서적으로 충전되는 행위다."라고 주장했다. "우리가 케첩을 좋아하는 이유는 단지 양념으로서의 매력뿐만 아니라 영화가 생겨난 이래 대다수 공포영화 감독들이 익히 알고 있는 어떤 것 때문이다. 케첩과 피의 묘한 유사성 말이다."

흔쾌히 동의할 수 있는가? 무의식적으로, 그렇다는 말이다. 피는 예로부터 경외감을 불러일으키고 신성한 힘을 부여받았기 때문이라고 로진을 말한다. "많은 문화에서 피는 생명의 원천이고 (…) 신들에게 바치는 것이며" 나아가 "평범한 인간이 소비하도록 허락된 게 아니기 때문이다. 그럼에도 엄밀히 말해 생명에 강력하고도 기본적인 요소이기 때문에 매력적이고 탐나는 것이다. 인간의 이성이 이런 애매함을 어떻게 다스릴까?"

케첩이 그 대체물로 고안됐다는 것이다. 지구상의 거의 모든 문화는 어두운 오렌지 색부터 짙은 빨강, 그리고 실제로 피와 비슷한 색깔까지 식물이 기본 재료인 소스(아시아의 간장과 피시 소스, 멕시코의 칠리소스, 또는 유럽과 미국의 토마토소스)를 개발해왔다. 그녀는 이렇게 결론을 내렸다. "문화를 막론하고 이런 유사성은 본능적인 인간 행동이 작용함을 시사한다."

물론 "토마토소스 스파게티를 먹는 나폴리인, 토티야와 레드 칠리소스를 먹는 멕시코인이나 감자튀김 봉지와 케첩을 든 미국의 10대가 자신의 식사를 피의 상징적인 환기라거나 재현이라고 분석하는 것을 순순히 받아들일 가능성은 낮다." 그 불쌍한 10대는 그저 미셸 오바마가 없애기 전 균형 잡힌 급식(정부의 초등학교 산수에 의하면 감자튀김+케첩=두 가지 채소)을 먹으려고 할 뿐이다. 그럼에도 로진은 "원초적인 동기는 우리 의식에서 사라졌을지 모르지만, 무의식적 습성은 남아 우리의 식사 전통에서 확고하게 자리 잡았다"고 주장한다.

일부 사람들이 도발적이라고 평가하는 엘리자베스 로진의 가설과 조금 더 근거 있다고 생각하는 해롤드 맥기나 맬콤 글래드웰의 추론은 상호 배타적이지 않다. 로진은 다만 우리의 케첩 애호 이면에 존재하는 부가적이고 무의식적인 동력을 탐지하며 한 걸음 더 들어갔을 뿐이다. 로진의 가설을 받아들이든 무시하든, 그건 당신의 자유다.

요란한 스캔들이 지나간 자리

그나저나 케첩의 어마어마한 인기로 볼 때 선택할 브랜드가 몇 개 없다는 사실은 다소 놀랍다. 이따금 미식가gourmet의 케첩이 불쑥 나오겠지만 하인즈를 따라잡지는 못할 것이다. 사람들은 그저 하인즈만 좋아하는 듯하다. 벤조에이트와의 전쟁 이후 하인즈는 전 세계 케첩 레이스에서 한 번도 선두를 놓친 적이 없다. 현재 하인즈는 미국 시장의 60퍼센트를 장악하고 있으며, 유럽에서 소비되는 케첩 열 병 중 여덟 병이 이 제품이다. 하인즈와 와일리가 벤조에이트를 금지하려는 전쟁에서 패배했는데도 그렇다.

1906년 1월 말, 식품안전법 통과는 의심스러워 보였다. 순수 식품과 의약품법The Pure Food and Drug Act은 상원을 통과했다. 그러나 의회에서 27년 동안 계류되어 있었고, 그 회기에서 다시 폐기될 것처럼 보였다. 시어도어 루즈벨트 대통령의 지지에도 불구하고 법안 통과는 지지부진했다. 스페인-미국 전쟁 당시 의용기병대Rough Riders 사령관이었던 루즈벨트는 적의 총탄보다 육류 통조림으로 사망하는 미군 병사들을 더 많이 본 터였다.

하원에서 법안 토의가 막 시작된 직후 27세의 추문폭로 저널리스트 업톤 싱크레어Upton Sinclair(1878~1968. 미국의 소설가—옮긴이)가 발표한 소설이 세상을 충격에 빠뜨렸다. 육류포장 산업의 끔찍하고 비위생적인 실상을 다룬 《정글The Jungle》이라는 작품이었다. 이 책은 전국적인 돌풍을 일으켰고, 식품에 도사리고 있는 위험성에 대해 대중과 정치권의 각성을 불러일으켰다. 누구보다도 싱클레어 자신이 더욱 놀랐다. 헌신적인 사회주의자였던 작가는 애초에 그런 공장에서 일하는 이민자들의 처우에 대한 관심을 촉구하기 위해 소설을 썼다.

도살당한 돼지와 소의 상태(화학약품과 쥐똥, 톱밥이 뒤범벅된 썩은 고기)에 관한 내용은 소설에서 몇 페이지에 불과했지만, 병적 흥분 상태에 가까운 대중의 상상력을 불러일으키면서 식품 안전 개혁에 유리하게 저울추가 기울어졌다. 그리하여 마침내 1906년 6월 30일 미국 최초로 식품 안전을 규제하는 순수식품과 의약품법이 통과되었다.

그러나 벤조에이트에 대한 언급은 없었다.

법은 통제보다는 식품 성분 표기 의무에 초점을 맞추었다. 심지어 특허 의약품에 사용되는 마취제도 성분을 표기하면 여전히 허용되었다. 한편 벤조에이트에 대한 토의는 1909년에도 계속되었다. 연방심판위원회Federal Referee Board는 벤조에이트의 안전성을 확인하기 위해 와일리의 독약구조대보다 덜 거친 방법을 쓴 최근 연구를 근거로 소량의 벤조에이트는 안전하다고 판정했다.

연방정부는 드디어 케첩 규제에 관심을 갖게 되었지만(놀랍게도 레이건 행정부에서) 접근 방법은 아주 달랐다. 연방규정집 21권 155조 194항은 1983년 이후로 케첩Catcup(묘하게 고어의 스펠링을 채택했음을 주목하라)은 유량流量, flow rate를 기준으로 어떤 것은 "catsup"으로 표기할 수 있고 어떤 것은 할 수 없는지, 법령 설명에 있어서 지금까지 가장 긴 조항을 이용해서 명시했다.

완제품의 농도를 보스트윅 점도계Bostwick Consistometer로 검사했을 때 20℃의 환경에서 유량이 30초 안에 14센티미터를 넘어서는 안 된다. 보스트윅 점도계의 사용법은⋯.

그러고 나서 한 페이지에 걸쳐 보스트윅 점도계의 올바른 사용법을 설명한다. 이 법령에 의거하자면, 미국에서 가장 많이 팔렸던 인공 보존제를 첨가한 하인즈의 오리지널 케첩은 보스트윅 검사에서 낙제점을 받았을 것이고, 따라서 요즘 같으면 "catsup" 심지어 "ketchup"으로도 불리지 못했을 것이다.

일부 케첩 제조업자들이 현재의 정부 기준을 충족시키기 위해 어떻게 점성을 높이는지 아는가. 그렇다, 보통 잔탄검xanthan gum(양배추 등의 십자화과 식물에서 얻은 균에 탄수화물을 주입해 발효시켜 만든 천연혼합물—옮긴이) 같은 식품 첨가물을 이용한다. 내가 그들의 케첩이 여전히 순수한 천연이냐고 물었을 때 하인즈 대표는 벌컥 화를 내려고 했다. 그러나 아이스크림과 샐러드드레싱에도 들어있는 이 흔한 점증제는 저렴한 케첩을 만들 때 필수적이다. 법규는 여전히 "토마토 과육이 붙어있든 없든, 통조림을 만들고 남은 껍질과 심 따위의 부산물에서 나오는 액체"를 허용하기 때문이다. 다시 말해, 바닥에 떨어진 찌꺼기다.

그렇다면 연방규정집 21권 155조 194항은 방부제, 특히 벤조에이트에 대해 어떻게 말하고 있을까?

아무 말도 없다. 사실 안식향산나트륨(쇼듐 벤조에이트sodium benzoate)은 하비 와일리가 생각했던 것보다 오늘날 더 흔한 식품 보존제가 되었다. 청량음료, 과일 주스, 샐러드드레싱, 간장뿐만 아니라 치약과 아기용 물휴지에도 들어간다. 일종의 안전 기준이 있지만 그 첨가제에 대해선 여전히 논란이 분분하다. 그것이 비타민 C와 결합해 발암성 물질인 벤젠을 생성할 수 있기 때문이다(안식향산나트륨이 첨가된 많은 음료에서 일어나는 일이다).

2008년 코카콜라는 이런 논란을 피하려고 주력 제품에서 안식향산나트륨을 뺐다. 그러나 다른 제품, 인기가 덜한 탄산음료에는 여전히 사용하고 있다.

100년 넘게 세상에서 가장 사랑받는 양념

헨리 하인즈는 벤조에이트 규제 전쟁에서 패했을지 모르지만 대중의 정서와 마음을 얻는 전쟁에서는 승리했다. 그의 뚝심 덕분에 토마토케첩은 용기에 적혀 있는 그의 이름과 함께 세계로 퍼져나갔고, 세상에서 가장 인기 있는 양념으로 부상했다. 아울러 모든 하인즈 케첩 병에는 20개의 토마토가 들어간다는 사실을 잊지 말자. 아니 그에 상당하는 양의 페이스트(회사가 현재 배타적으로 이용하고 있다)는 H. J. 하인즈를 매년 200만 톤이 넘는 세계 최대의 가공 토마토 구매자가 되게 했다.

페이스트를 이용함으로써 회사는 토마토 농장 근처에 케첩 공장을 두지 않아도 되었다. 그 결과 케첩 공장은 하나하나 문을 닫고 있다. 오늘날 미국에서 판매되는 하인즈 케첩은 모두 오하이오 프레몬트에 있는 단일 공장에서만 생산된다.

헨리 하인즈는 1919년 74세의 나이로 세상을 떠났다. 이후 1950년대까지 집안의 후손들이 회사 운영을 맡았다. 2013년, H. J. 하인즈 컴퍼니는 버크셔 해서웨이와 브라질의 투자회사에 2억 3,000만 달러에 매각되었다. 그리고 2년 후 거대 식품회사 크라프트Kraft에 인수 합병되어 세계에서 5번째로 큰 식품회사가 되었다.

그러나 헨리 하인즈는 무덤 속에서 편히 쉬지 못할 듯하다. 크래프트 하인즈의 많은 제품에는 안식향산나트륨이 들어있다.

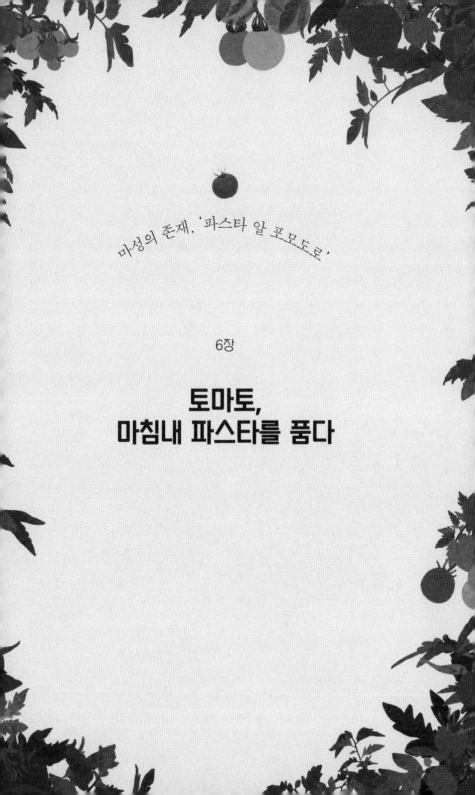

마성의 존재, '파스타 알 포모도로'

6장

토마토,
마침내 파스타를 품다

"낙원의 천사들은 토마토소스에 베르미첼리vermicelli(지름이 2.08~2.30mm인 스파게티보다 굵은 파스타 ―옮긴이)만 먹는다!" 나폴리 시장이 대담하게 선언하며 무솔리니에게 반기를 들었다. 파시스트가 최근에 내놓은 파스타 금지령에 이탈리아 시민들은 최후까지 싸울 것을 맹세하며 거리로 쏟아져 나왔다.

이탈리아인들은 그동안 노동조합을 무력진압하고 반체제인사들을 살해한 무솔리니와 검은셔츠 당원들(이탈리아의 파시스트, 우익 단체원)의 무자비한 만행을 참아왔다. 그러나 이번에는 파시스트들이 너무 나갔다. 8년 전 무솔리니가 정권을 잡는 데 배후에서 도왔던 파시스트당의 창립회원 필리포 토마소 마리네티Filippo Tommaso Marinetti(1876~1944. 이탈리아의 시인, 편집자, 예술이론가이자 미래파 운동의 창시자―옮긴이)는 1930년 말 "어리석은 이탈리아인의 신앙과도 같은 음식 파스타를 금지할 것"을 주장하는 선언문을 발표했다. 그는 파스타가 이탈리아인을 뚱뚱하고 볼품없이 만들며 전쟁에 대비할 수 없게 만든다고 목소리를 높였다.

나폴리인들이 분노하며 애국보다 파스타를 선택하자 무솔리니는 이를 정책으로 밀어붙이면 말을 들을 거라 생각했던 것 같다. 그러나 이탈리아인들, 특히 남부 이탈리아인의 베르미첼리와 토마토소스에 대한 사랑은 뜨거웠다. 놀랍게도 '파스타 알 포모도로pasta al pomodoro'(토마토 파스타라는 뜻)는 최근에 소개된 신참으로 인기를 끈 지 겨우 반세기밖에 되지 않았다. 물론 이탈리아인의 파스타 사랑은 그보다 훨씬 전으로 거슬러 올라가 중세성기high middle age(유럽의 역사에서 11세기부터 13세기까지를 일컫는 용어—옮긴이)부터 시작되었다.

창문에도, 길가에도, 집기둥에도, 도시 곳곳에 파스타가 걸렸다

마르코!

폴로!

이 탐험가의 이름은 요즘은 아이들이 모여 있는 풀장에서 주로 들린다. 하지만 내가 어렸을 때 그는 이탈리아에 파스타를 소개한 주인공으로 더 유명했다. 그 전설은 폴로의 회고록에서 유래한다. 그는 자신이 중국에서 파스타를 목격했고, 그 원료를 나무에서 얻는다고 썼다. 그 말은 그가 어떤 식물(사고야자의 녹말 성분이 있는 열매)을 밀가루의 원료로 착각했거나 아니면 중국에 있는 동안 아편을 발견했을지 모른다는 의미다. 하지만 자신들의 파스타가 마르코 폴로를 통해 중국에서 들어왔다고 믿는 이탈리아인은 없다. 왜냐하면 마르코 폴로는 1295년에 이탈리아로 귀환하며 자신이 중국에서 먹어본 국수를 '라자냐lasagne'(반죽을 얇게 밀어 넓적한 직사각형 모양으로 자른 파스타에 속을 넣어 오븐에 구운 음식—옮긴이)에 비교했기 때문이다.

어쨌든 미국인들은 중국이 이탈리아에 파스타를 소개했을 뿐만 아니라 가장 흔한 파스타 종류의 이름도 붙였다고 배웠으며 여전히 그렇게 믿는 사람이 적잖다. 1938년 개리 쿠퍼가 마르코 폴로 역할을 맡은 전기영화 때문이다. 영화에서 중국인 집주인은 바다 빙Bada Bing 클럽에서 막 걸어 나온 토니 소프라노(1999년 1월 10일부터 2007년 6월 10일까지 HBO에서 방영한 인기 있는 미국 드라마 '소프라노스'의 등장인물—옮긴이)처럼 "스파—겟"이라고 발음하며 폴로에게 국수를 권한다. 그 다음에 무슨 말이 나올지 예상할 수 있을 정도다. "어이, 굼바goombah(미국계 이탈리아인들 사이에서 가까운 친구를 칭하는 말—옮긴이)!"

피자와 토마토처럼, 이탈리아 버전의 파스타는 나폴리 근방에서 시작되었다. 테라코타 지붕에서 토마토를 말리기 좋은 온난한 바람과 뜨거운 햇살은 파스타를 건조하는 데도 이상적이었다. 파스타는 부서지거나 곰팡이가 생기지 않도록, 너무 빠르지도 너

1897년경 나폴리 거리에서 파스타를 말리는 모습. (LC- DIG-stereo-1s28228. 의회도서관 J. F. 자비스 출판사)

무 느리지도 않게 건조해야 하는, 놀랍게도 복잡한 공정을 거친다. "파스타는 시로코sirocco로 만들고 트라몬타나tramontana로 말린다"(각각 남부와 북부의 지중해 바람을 뜻한다)는 말이 있다. 게다가 나폴리와 살레르노, 아말피 해변이 에워싸고 있는 이탈리아 남부 캄파니아에는 베수비오산에서 불어오는 건조한 바람과 온화한 해풍이 번갈아 불었다. 1400년경 파스타는 단백질 함량이 높은 듀럼 밀로 만들어졌다. 로마 시대 이후 그 지역에서 주로 재배한 듀럼 밀은 점차 상업적으로 생산되기 시작했다. 그 후로 200년 안에 나폴리만과 아말피 해안의 전 지역이 파스타 산업에 종사했고, 1633년 한 해에만 3만 파운드를 수출했다.

그러나 아이러니하게도 나폴리가 파스타 주산지가 되는 데 간접적으로 도움을 준 것은 이탈리아의 영원한 라이벌 프랑스였다. 십자군은 12세기와 13세기에 이탈리아에 실크 생산법을 전수했다. 국제 시장으로 번성하는 도시인 데다 (천 염색공으로 고용된 유대인을 포함해) 노동력을 얻기 쉬운 항구도시였던 나폴리는 유럽에서 주요한 실크 생산지가 되었다.

이탈리아는 1400년대 말까지 유럽 실크 생산을 실질적으로 독점했다. 그러던 중 루이 11세가 캄브리아에서 선발한 실크 직조공을 리옹으로 데리고가 프랑스의 실크 산업을 촉진했다. 이런 경쟁 구도는 가뜩이나 비축해놓은 누에가 병충해를 입어 휘청거리던 나폴리의 많은 실크 공장에게 치명적이었다. 위기에 처한 나폴리 인근 그라냐노와 다른 지역 실크 공장들은 파스타로 업종을 바꿨다.

나폴리인들은 훗날 피자에 대해 보여준 열정으로 파스타를 포용했다. 비록 가난한 농민들은 가끔 먹거나 냄비 바닥에 붙은 찌꺼기로 만족해야 했지만 말이다. 하지만 파스타는 북쪽의 이웃들(통일 후 북부의 동포)로부터는 결코 존중받지 못했다. 그들은 나폴리인을 '마카로니를 먹는 사람들'이라는 의미의 "만지아마체로니mangiamaccheroni"라고 조롱했다(훗날 북부의 이민자들은 당혹스럽게도 외국어로 그런 모욕을 돌려받았을 것이다). 설령 모욕적이라 해도 그 별명이 틀린 것은 아니었다. 나폴리를 방문한 사람들은 놀라울 정도로 파스타가 확산한 풍경을 꼼꼼히 기록했다. 나무로 된 기둥에서 말리고, 문가를 가로질러 걸어놓고, 열려있는 창문에 매달아 놓고…. 사방에 파스타가 있었다. 1845년경 인구 50만 명이 좀 안 되는 도시였던 나폴리에는 피제리아의 4배인 280개의 마카로니maccheroni 가게가 있었다.

초기의 마카로니는 지금과 많이 다르게 조리되었다. 흔히 물이나 고깃국물에 넣고 완전히 부드러워질 때까지 끓인 다음 기름과 돼지비계, 식초, 포도즙, 그리고 주머니에 돈이 더 있으면 치즈 가루를 넣었다. 나폴리 마카로니는 피자처럼 길거리 음식이었다. 맨손으로 먹었고, 그런 관습이 거리에만 국한되지 않았다. 1700년대 말 나폴리의 왕 페르디난도 4세의 만찬에 참석한 한 아일랜드인 하객은 왕이 피둥피둥한 손을 파스타 접시에 넣어 "나이프도 포크도 스푼도 사용하지 않고 맨손으로 비틀고 잡아당기고 잔뜩 쥐어 게걸스럽게 입어 쑤셔 넣는" 모습을 보고 입맛이 떨어졌다. 게다가 신하들이 모두 볼 수 있는 산 카를로 극장의 박스 좌석에 앉아 드러내놓고 그러는 습관이 있다더라고 말했다.

19세기에 들어 파스타를 약간 딱딱하게(알덴테) 익혀서 먹는 습

1865년경, 길거리에서 맨손으로 파스타를 먹는 나폴리 사람들. (LC-DIG-ppmsc-06572. 의회도서관)

관이 일반화되었다. 그 용어 자체는 1차 세계대전 이후에야 널리 퍼졌다. 역사가 데이비드 젠틸코어David Gentilcore는 더 딱딱한 파스타에 대한 선호가 길거리 마카로니의 인기가 높아진 것과 시기적으로 일치하며, 두 가지는 서로 관련이 있다고 설명했다. 긴 국수 가락을 입으로 가져가는 동안 끊기거나 떨어뜨리지만 않는다면 베르미첼리든 스파게티든 손으로 먹는 것이 확실히 더 쉽다.

마카로니(원래 듀럼 밀로 만든 건조 파스타를 가리키는 말이었다) 만들기는 고된 작업이었다. 뻑뻑하고 단단한 밀가루 덩어리를 꼼꼼하게 반죽해야만 한다. 기계가 발명되기 전에는 남자들이 온종일 맨발로 반죽을 밟았다. 반죽이 끝난 단단한 덩어리는 동으로 만든 틀(구멍이나 홈이 있는 튼튼한 판)에 넣은 후 남자 두 명 또는 말이 기다란 지렛대를 이용해 커다란 스크루를 돌리면 베르미첼리 국수나 다양한 크기의 속이 빈 원통형 튜브가 나왔다.

끝이 없어 보이는 다양한 크기와 모양의 파스타 종류(지금까지 약 300종)에 부여된 이름은 유쾌하게 서술적이며 사실적이기까지 하다. 스파게티spaghetti는 '작은 실'이라는 뜻이며 나비넥타이 모양의 파르펠레farfalle는 그냥 '나비'라는 뜻의 이탈리아어다. 그리고 로마 시민이 슈퍼마켓 진열대에서 파스타 상자를 둘러볼 때 우리에게는 베르미첼리로 읽히는 것이 로마 시민에게는 글자 그대로 '작은 벌레'다. 이탈리아에서 영어권이나 다른 나라로 파스타가 수출될 때 번역되지 않은 게 다행이다.

돼지 품종 교체가 불러온 나비효과

1800년대 초 이탈리아반도에서는 토마토와 파스타를 모두 먹었다. 그러나 여전히 두 가지를 합쳐 '파스타 알 포모도로'가 만들

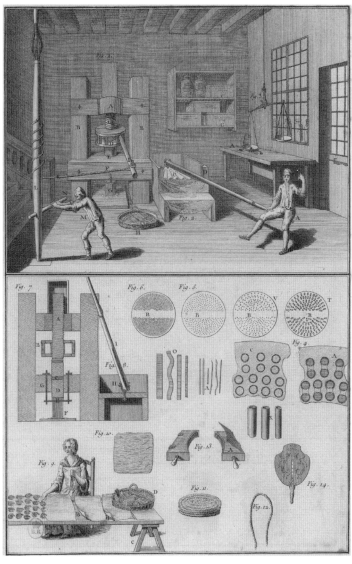

폴 자크 말루앵Paul-Jacques Malouin이 그린 18세기의 마카로니 기계, (1767년 프랑스 국립도서관)

어지지는 않았던 것 같다. 토마토에 양파, 마늘, 향신료를 넣어 뭉근히 끓여서 만든 소스는 1700년대 말부터 대중화되었지만 여전히 육류나 생선과 함께 먹었다. 아마 누군가가 파스타에 토마토소스를 끼얹을라치면 이런 비난이 날아왔을 것이다. "파스타에 토마토라고? 너 제정신이니? 그건 아니지!" 그러다 1880년대 중반이 되어서야 토마토소스는 파스타의 기본 토핑이 되었다. 이쯤 되면 궁금증이 생긴다. *어떻게 그런 일이 일어났을까?* "너, 제정신이니?"라고 구박당할 만큼 파스타와 어울리지 않는다고 여겨지던 토마토가 어떻게 그 국수 가닥과 섞여 파스타 알 포모도로가 되었을까? 무엇이 상황을 바꿔놓았을까?

돼지다.

적어도 지울리아 마리넬리가 파스타 박물관에서 들려준 바에 따르면 그렇다. 파스타 박물관은 파르마 근처 토마토 박물관 바로 위쪽에 있다. (논리상 위치가 바뀌었지만) 편리한 배치다.

나는 혹시 잘못 들었나 싶어서 다시 물었다. "어떻게 돼지가 토마토와 관련이 있죠?"

"19세기 전까지 일반 사람들은 파스타에 라드(돼지기름)를 끼얹어 먹었어요. 그게 맛있으니까요. 그런데 19세기 중반 돼지의 품종이 바뀌었어요. 흑돼지가 대백종Large White(요크셔 종이라고도 한다—옮긴이)이라든지 랜드레이스Landrace, 듀록Duroc 같은 품종으로 바뀌었죠. 이들은 흑돼지보다 프로슈토prosciutto(이탈리아의 건염 생

햄―옮긴이) 맛이 산뜻하고, 성장이 훨씬 빨라요. 하지만 라드의
질은 별로 좋지 않았죠."

돼지 품종 교체는 프로슈토 디 파르마prosciutto di Parma(파르마햄)
로 유명한 파르마 지역에서 시작되어 이탈리아 전역으로 퍼졌다.
당연히 만지아마체로니들의 항의와 불평이 쏟아졌다. 맛없는 라
드는 이탈리아인들로 하여금 자연스럽게 파스타에 다른 소스를
이용할 방법을 궁리하게 했을 것이다. 지울리아의 말에 따르면,
마침 이탈리아의 남과 북 모두에서 토마토 육종 프로그램으로 더
맛있는 품종이 생산되고 있었다. 이렇게 요리에 혁명이 일어날
무대가 꾸려지고 있었다. 하지만 누가 맨 처음 불을 붙였을까?
그 어떤 셰프가 이탈리아의 시그니처 음식이 될 파스타 알 포모
도로를 개발함으로써 역사에 남게 되었을까?

토마토소스, 드디어 파스타를 품었다

알렉상드르 발타자르 로랑 그리모 드 라 레니에르Alexandre Balthazar
Laurent Grimod de La Reynière(1758~1877. 프랑스의 변호사이자 작가. 관
능적이고 공개적인 미식 생활로 유명세를 얻음―옮긴이)는 이탈리아
인처럼 들리지 않고, 심지어 한 사람 이름처럼 들리지도 않는
다. 그러나 이 프랑스인의 1807년 저서 《미식가 연감L'Almanach des
gourmands》에는 토마토소스로 만든 파스타가 최초로 언급되었다.

그리모는 프랑스에서 유명했다. 그 나라 최초의 레스토랑 비평가이며 영향력 있는 '인플루언서'였다. 흔히 현대 프랑스 요리의 아버지로도 불린다. 다만 파스타와 포모도로의 접목은 거의 틀림없이 프랑스가 아닌 이탈리아, 특히 두 가지 재료가 풍부했던 어딘가에서 일어났다. 아마도 나폴리였을 것으로 짐작되는 그곳에서 그리모는 토마토소스로 만든 파스타를 먹었을 것이며 자신의 미각을 한 차원 높은 수준으로 끌어올렸을 것이다. 실제로 나폴리 식단은 미국인 생리학자 앤셀 키스Ancel Keys(미 육군의 K 레이션은 그의 이름을 딴 게 아닐까 생각된다)의 관심을 끌었다. 그는 1950년대 초기 나폴리를 방문했을 때 비록 가난하지만 탄수화물을 축적carb-loading하고 올리브오일을 사랑하는 나폴리인의 원기 왕성함과 기대 수명에 충격을 받았다. 그 일을 계기로 그는 식단이 심장 건강에 미치는 영향에 관해 획기적인 발견을 했다. 키스가 추천하는 개선된 식단은 '지중해식 식단'으로 발표되었다.

칼라브리아 공작 이폴리토 카발칸티Ippolito Cavalcanti(1787~1859. 이탈리아의 귀족, 직업 요리사는 아니지만 요리를 즐김―옮긴이) 역시 1873년 나폴리 가정식에 대한 안내서를 펴냈다. 이 책에서 카발칸티는 놀라울 정도로 현대적인 베르미첼리 알 포모도로 레시피를 비롯해 파스타를 적당히 삶는 법, 토마토로 걸쭉한 소스를 만드는 법까지 알려준다.

1891년 이탈리아 요리책《부엌의 과학 그리고 잘 먹는 법: 가정주부를 위한 실용적인 매뉴얼*Science in the Kitchen and the Art of Eating Well: A Practical Manual for Families*》이 출판되었을 무렵에는 토마토소스로 파스타를 만드는 방법이 얼마나 일반적이었는지 저자는 마케로니 알라 나폴레타나*maccheroni alla napolitana* 레시피를 한 개도 아니고 두 개나 포함시켰다. 첫 번째는 토마토와 미트소스(비록 미트는 완성된 소스에서 뺀 다음 따로 먹지만)를 곁들이고, 두 번째는 토마토와 볶은 양파(차려내기 전에 뺀다), 올리브오일, 치즈 가루로 만드는 전통적인 파스타 알 포모도로다. 레시피는 펜네(실린더처럼 원통형으로 된 파스타, penne는 펜촉을 뜻하는 'penna'(펜나)의 복수형—옮긴이) 같은 숏 파스타에 끼얹어 먹을 것을 제안한다.

이 요리책의 저자는 70세의 전직 실크 중개상 펠레그리노 아르투시*Pellegrino Artusi*(1820~1911. 궁중과 귀족의 식문화에 대해 연구, 71세에 유명한 저서를 완성했다—옮긴이)였다. 은퇴 후 부지런히 살기로 결심한 그는 이탈리아 전역을 돌아다니며 요리법을 수집해 한 권의 책으로 집대성했다. 그리하여 1800년 말, 아직 이름만 통일 국가였던 젊은 나라를 위한 이탈리아 요리책 원고가 완성되었다. 그러나 그의 원고를 검토한 출판업자들은 잡동사니를 모아놓은 글에 불과하다며 퇴짜를 놓았다. 이탈리아 전역을 여행하며 790개의 레시피를 수집하고 이후에도 계속 기록으로 남긴 아르투시는 결국 이탈리아 최초의 국민 요리책을 자비로 출판했다. 130년이 지난 후, 우리 모두 아는 것처럼 아르투시의 책은 이탈리아에서 가장 인기 있는 요리책이자 여전히 잘 팔리는 고전이 되었다.

아르투시가 남부보다 북부의 요리를 선호하고 "특정 환경 또는 계층에 한정된" 요리(소위 농부의 음식 'peasant food')는 간과한 면이 있음에도 이 책은 1891년 당시 밀라노부터 시칠리아까지 전국의 요리를 대략으로나마 훑었다는 점에서 지금도 가치가 높다. 볼로냐의 토르텔리니Tortellini(만두 모양의 면을 사용한 이탈리아 파스타. 보통 쇠고기나 닭고기로 속을 채우고 생크림으로 맛을 낸다─옮긴이)라든지 밀라노의 사프란 리소토risotto, 제노바의 라비올리 ravioli 같은 레시피는 요즘의 이탈리아 요리와 굉장히 비슷해 보인다.

토마토, 그리고 파스타 속 토마토의 인기는 산 마르자노 토마토를 캄파니아에 보급하는 데 중요한 역할을 한 통조림 식품회사 치리오Cirio와 더불어 20세기에도 가속화되었다. 치리오 사는 화려한 광고와 레시피 팸플릿 무료 배포, 요리 경연대회를 통해 캔 토마토와 토마토 제품 사용을 촉진했다. 1936년 캔 토마토를 이용한 최고의 레시피 경연에는 3,000명의 경쟁자가 몰려들었다. 치리오의 상징이며 창의적인 광고 포스터는 오늘날 수집광들이 좋아하는 아르데코art deco(1920~30년대에 유행한 장식미술의 한 양식. 기하학적 무늬와 강렬한 색채가 특징이다─옮긴이) 시대의 아페리티프aperitif(식욕 증진을 위해 식전에 마시는 술─옮긴이) 포스터들을 추억하게 한다. 어떤 것은 실제로 거장 일러스트레이터 레오네토

현대 광고 포스터의 아버지로 불리는 레오네토 카피엘로가 치리오를 위해 1921
년에 제작한 석판화. (트레비소 박물관 소장)

카피엘로Leonetto Cappiello(1875~1942. 이탈리아 출신 포스터 아트 디자이너. 혁신적인 포스터 디자이너로 '현대 광고의 아버지'로 일컬어진다—옮긴이)가 직접 그렸다.

이즈음 토마토는 파스타와 불가분의 관계가 되어, 머지않은 미래에 이탈리아 식단의 일부가 될 운명처럼 보였다. 그러나 1920년대 초기에 그려진 카피엘로의 강렬한 포스터는 파스타와 토마토 그리고 통조림 산업 전체가 바닥을 알 수 없는 곳으로 곤두박질치게 될 운명임을 예고하고 있었다.

> "파스타가 과거의 영웅적인 전사들을
> 피둥피둥 살찌고 무기력한 게으름뱅이로 만들었다."

알프스에서 아드리아해까지 이탈리아 북부를 동서로 가로지르는 포 밸리Po Valley는 이 나라에서 가장 중요한 농업지역이며 주요한 토마토 생산지 및 통조림 산업의 중심지다. 이곳은 또한 전후에 싹튼 사회주의운동이 가장 뜨겁고 요란하게 전개되었던 곳이기도 하다. 1919년과 1920년에 발생한 노동자 파업은 토마토를 밭에서 썩게 만들었고 불안한 지주들은 해결책을 촉구했다.

그들은 멀리 볼 필요가 없었다. 포 밸리 출신으로 사회주의에 환멸을 느낀 37세의 전 사회주의자 베니토 무솔리니Benito Mussolini는 스스로 명성을 쌓아왔다. 그가 최근에 결성한 국가 파시스트당Partito Nazionale Fascista은 1차 세계대전의 참화를 딛고 일어나 이탈리아를 재건하고 옛 로마의 영광을 되돌리겠다고 약속했다. 무솔리니는 이탈리아를 일종의 르네상스로 다시 안내하겠다고 맹세했다. 비록 이번에는 시스틴 성당 대신 파시스트 건축가의 손에 이탈리아를 맡겼지만.

그는 또 사회주의 근절을 약속했다. 그의 맹세는 이 땅과 포밸리의 공장주들 사이에서 울려 퍼졌다. 무솔리니는 그들의 지지를 얻어 1922년 10월에 정권을 잡았다.

무솔리니는 식품을, 국민의 즉각적인 욕구를 통제하고 자립과 내핍, 나아가 수십 년간 이민을 떠난 이탈리아인을 대체할 생산성과 생식력 증가라는 파시스트의 어젠다를 장려하는 수단으로 보았다. 그런 맥락에서 파시스트들은 국가가 수입 밀에 의존하고 있다는 점을 우려했다. 무솔리니 정권은 기후나 토양이 적절하지 않은 지역에서조차 농부들에게 토마토처럼 값나가는 환금성 작물 대신 밀이나 쌀을 재배하게 강제했다. 그 결과 토마토 수확량은 절반 이하까지 떨어졌고 곡물 생산은 약간 증가했다. 특히 토마토 통조림 산업은 여성들이 일터에서 일하는 것을 제한하는 정책으로 말미암아 노동력이 부족해지면서 부가적으로 고통을 받았다. 한때 중요한 수입원이었던 토마토 수출은 3분의 1 수준으로 곤두박질쳤다.

전후 기아와 영양실조에 직면해있던 이탈리아는 식량 생산이 늘기는커녕 더 줄고 있었다. 위기에 봉착한 무솔리니는 국민을 상대로 낭비를 없애고 음식물 섭취를 줄이도록 독려하는 캠페인을 벌였다. 과학자들을 동원해서 열량과 영양소가 적게 함유된 식단이 건강에 이롭다고 선전했다. 시심詩心을 발휘해 국민에게 빵을 낭비하지 않도록 호소하는 시를 발표하기도 했다. 한편 밀 수입을 줄이기 위해 파스타 대신 국내에서 재배하는, 이탈리아 북부 사람들의 주식이었던 국산 쌀 소비를 독려했다. 11월 1일을 쌀의 날로 선포하고, 전국에 쌀 트럭을 보내고, 무료 샘플과 레시피 책자를 배포했다. 1930년 말, 초기 파시즘의 전성기부터 무솔리니의 오랜 친구였던 필리포 토마소 마리네티는 한술 더 떠 파스타 완전 금지를 발표하기에 이상적인 날로 크리스마스 연휴를 택함으로써 무솔리니를 능가했다.

1930년 12월 28일자 튜린의 일간지 〈가제타 델 포폴로*Gazzetta del popolo*〉에는 마리네티Marinetti의 "미래파 요리에 대한 선언"이 실렸다. 마리네티는 초기 파시스트이며 무솔리니의 조력자이자 미래파 예술의 창시자 중 한 명으로 매우 유명했다. 미래파는 케케묵은 과거와 결별하고 속도, 에너지, 기계화, 20세기의 효율을 예술에 적용하고자 한 20세기 초의 운동이다. 그리고 마리네티에게 음식은 예술이었다. '다다이스트의 식단'과 더 비슷하게 들리는 그의 '미래파 식단Futurist cuisine'에는 '촉각 만찬tactile dinner'도 포함되었다.

만찬에 참석한 손님들은 각자 짝을 이뤄 스펀지, 코르크, 사포, 펠트처럼 촉각이 다양한 잠옷으로 갈아입은 다음 완전한 어둠 속에서 손으로 음식을 먹었다. 어두우면 음식과 파자마의 질감을 더 민감하게 느낄 수 있기 때문이다.

다른 만찬에서는 엔진의 진동이 식욕을 자극한다고 주장하며 모형 비행기를 등장시키기도 했다. 테이블에는 먹지 못하고 침만 흘리게 하는 음식이 차려져 있었다. 알약으로 농축시켜놓은 식품이라든지, 완숙한 달걀로 채운 자두를 올려놓은 콘 아이스크림처럼 군침 도는 혼합물 따위다.

일부 이탈리아인에게 마리네티는 몽상가였다. 실제로 그의 레시피 중 많은 것들이 누벨 퀴진nouvelle cuisine(밀가루와 지방 사용을 삼가고 담백한 소스와 신선한 야채·생선의 이용을 강조하는 요리법—옮긴이)과 분자미식학molecular cuisine(음식의 질감과 조직, 요리과정을 과학적으로 분석해 새로운 맛과 질감을 개발하는 일련의 활동. 조리과정 중 물리·화학적으로 일어나는 변화를 탐구하는 것을 그 목표로 하며 과학적·예술적·기술적 측면을 강조한다—옮긴이)의 탄생을 예고해주었다. 어둠 속에서 혹은 눈가리개를 하고 음식을 먹는 행위는 최근 몇 년 사이에 소규모로 재현된 적도 있다. 그러나 대다수 사람들에게 그는 설령 존재한다고 하더라도 레이더에 잡히지 않는 무해한 아방가르드 괴짜였다, 적어도 그들이 사랑하는 파스타 알 포모도로를 겨냥하기 전까지는.

파스타 철폐를 주장하는 선언문에서 마리네티는 국민이 파스타를 "매일 두 차례 피라미드처럼 쌓아놓고" 먹는 습관이 세대를 거치는 동안 이탈리아인의 "나약함과 비관주의, 과거를 동경하는 무기력함, 중립주의"를 초래했다고 주장했다(공평하게 말하면 스파게티 한 접시를 먹어치우는 것만큼 "식후 낮잠"도). 간단하게 파스타가 나폴리인들을 어떻게 만들었는지 보라고 마리네티는 경고했다. 매일 파스타를 먹는 관습이 예전의 "영웅적인 전사들과 감동적인 연사들"을 "매사 비꼬기나 하는 감정적 회의론자로 만들고 스스로의 열정을 억누르도록 변형시켰다." 파스타를 먹어서 뚱뚱해진 이탈리아인은 "철제와 목재, 강철로 만드는 현재의 육중한 기차를 대체할 초경량 알루미늄 기차"에 대비해야 한다(즉, 살을 빼야 한다), 이탈리아에는 "인간의 미각과 삶, 오늘과 내일의 조화를 이루는 것이 목표"인 새로운 요리가 필요하다는 언설이 이어졌다.

"아르투시의 시대는 끝났다." 마리네티는 이렇게 선언했다.

마리네티의 파스타 공격을 가볍게 넘어가고 싶지만 그의 캠페인에는 음흉한 계략이 있었다. 무솔리니의 간소한 식단과 자급자족 정책을 열렬히 실행하려는 의도를 그런 식으로 드러낸 것이다. 게다가 나폴리 사람들이 파스타 때문에 게을러진다고 미래파가 불평한 것은 무솔리니가 이탈리아인을 "겁쟁이에 게으르고, 정적인 생활을 좋아해서" 허약해졌다고 모욕한 것을 되풀이한 말에 불과했다. 마리네티가 쌀을 "애국적인" 선택이라고 말하면서 "파스타는 더 이상 전사의 음식이 아니다"라고 강력히 선언한 것은 미래파와 파시즘이 만난 분명한 흔적이었다.

국제적인 조롱이 쏟아지고 파스타를 먹은 후 낮잠도 포기한 나폴리 시민들이 거리에 나와 시위를 했지만 마리네티는 자신의 주장을 꺾지 않았다. 그러나 히틀러가 현대 미술이 변질되었다고 선언하면서 무솔리니로 하여금 가장 현대적 예술인 미래파를 무엇보다 철저히 근절하라고 자극하는 바람에 '미래파'는 '현재'에 발목을 잡히고 말았다.

파스타에 관해 말하자면, 무솔리니는 사실 '파스타 인 브로도'(수프 속의 국수, 이탈리아식 만둣국이라고도 불린다)의 애호가였다. 그는 이탈리아 중부와 북부의 쌀 재배 지역에서 듀럼 밀 생산을 늘림으로써 자급자족 문제를 해결하려고 했다. (무솔리니의 노력이 무색하게 오늘날 이탈리아는 듀럼 밀의 40퍼센트를 수입한다. 즉 슈퍼마켓에서 이탈리아산 파스타를 샀을 경우, 당신은 북미산 밀을 먹는 것일 수 있다는 의미다). 그 덕에 나폴리 주민과 낙원의 천사들은 계속해서 행복하게 토마토소스를 끼얹은 베르미첼리를 먹을 수 있게 되었다. 그러나 겨우 스파게티를 맘 편히 삶을 수 있게 되었을 뿐, 파스타 알 포모도로에는 또 다른 위협이 도사리고 있었다. 바로 토마토 부족이었다.

토마토가 없는 파스타라니…. 상상하기도 싫은 일이 2차 세계

대전 기간에 일어났다. 이탈리아가 독일과 동맹을 공식화하고 서명을 한 1939년 5월의 강철조약Pact of Steel(나치 독일과 이탈리아 왕국이 맺은 동맹 조약) 때문이었다. 본래 피의 조약Pact of Blood으로 제안된 강철조약은 토마토 조약이라고도 볼 수 있다. 전쟁 중 이탈리아에서 수확한 토마토의 90퍼센트를 독일에 보낸다는 비밀 경제동맹이 포함된 세부 항목(어찌나 세부적이었는지 내용을 아는 사람이 별로 없었다) 때문이었다.

토마토 페이스트 통조림 같은 기본적인 주식이 희귀해졌다. 설령 제조업자들이 토마토를 확보한다고 쳐도 통조림 캔 원료인 주석을 더는 영국에서 수입할 수 없었기 때문이다. 그러나 이탈리아인의 창의력은 그것을 극복했다. 오랜 기억을 가진 기업들은 시곗바늘을 돌려 1800년대처럼 콘세르바 네라를 만들고, 롤이나 시트로 된 페이스트를 팔기 시작했다. 이것으로 미래파는 물 건너간 일이 되었다.

점령과 이민, 변주를 통해 새로 탄생하는 음식들

그러는 사이 무솔리니는 로마 제국의 영토와 영광을 되찾겠다는 약속을 지키기 위해 여러 시도를 했다. 갈리아Gaul(고대 켈트족의 땅. 이탈리아 북부·프랑스·벨기에·네덜란드·스위스·독일을 포함한 옛 로마의 속령屬領—옮긴이)와 영국을 재정복하는 대신 아프리카에서 식민지 소유권을 공고히 하고 확장하는 것을 통해서였다. 리비아와 이탈리아령 동부 아프리카에 식민지를 건설하는 것도 포함되었다.

파스타 알 포모도로는 이탈리아인 침략자들과 함께 자연스럽게 아프리카에 상륙했고, 원주민에 의해 전통적인 요리와 결합했다. 그렇지 않고는 인제라에 스파게티가 더해진 소말리아 음식을 설명할 길이 없다. 인제라는 테프라고 부르는 토종 곡물로 만든 얇고 납작한 빵이다. 납작한 인제라 위에 마리네티의 표현처럼, 매콤한 고기가 든 토마토소스로 만든 스파게티를 "피라미드"처럼 빙빙 돌려 쌓은 뒤, 잘게 썬 바나나를 곁들여 반으로 접어서 손으로 먹는다. 궁극적인 아프로−이탈리아 퓨전 음식인 셈이다.

1943년 연합군의 탱크 공격으로 이탈리아의 짧은 리비아 식민 통치는 끝났지만 문화적인 영향은 그 나라에 오래도록 남아있었다. 이탈리아가 철수한 뒤 무아마르 카다피Muammar Qaddafi는 30년 동안 리비아의 '탈 이탈리아화'를 약속했지만 요리에까지 미치지 못한 것은 분명하다. "리비아의 모든 국민처럼 그는 이탈리아 음식, 특히 파스타를 좋아했다." 2011년 카다피가 권좌에서 물러나기 전 우크라이나 출신 전속 간호사는 지도자에 대해 이렇게 말했다. 무솔리니는 이탈리아 국민에게 리비아 식민지에 정착할 것을 권장했다. 미국으로의 이민 물결을 막고 이탈리아의 식량난을 해결하려는 이중의 방편이었다. 무솔리니가 에티오피아를 침략한 후 국제통상 금지조치를 당하면서 이탈리아의 식량난은 격화된 터였다. 무솔리니의 목표는 이탈리아 정착민에게 땅을 소유하게 함으로써 토마토 수출의 생산 기지를 만드는 것이었다. 이탈리아인들은 원주민의 절반이 추방된 키레나이카Cyrenaica 지역에 정착촌을 만들었다. 그러나 20세기 아프리카에 대한 식민지화는 이탈리아인을 먹이기보다 식민지가 오히려 이탈리아 수출품의 4분의 1을 먹어치움으로써 역효과가 났다.

이탈리아는 아프리카에 토마토를 소개하지 않았다. 토마토는 이탈리아보다 100년 먼저 아프리카 대륙에 상륙했다. 어떻게 들어왔는지는 미스터리로 남아있지만, 역사가들은 막연히 "침략자, 탐험가, 선교사, 무역상"과 관련된 음모론적 추측을 했다. 일부에서는 18세기 포르투갈 탐험가 덕분이라는 주장도 편다. 하지만 아프리카에서 토마토에 대한 최초의 기록이 나온 곳은 1839년, 자유를 얻은 미국 노예와 자유민으로 태어난 흑인들을 위한 정착촌이 막 세워진 라이베리아에서였다. 이는 토마토가 미국 노예였던 흑인들에 의해 아프리카에 소개됐을 수도 있다는 흥미로운 가능성을 암시한다. 미국 남부에 토마토를 소개한 것도 같은 노예들일 수 있다.

토마토는 오늘날 여러 아프리카 국가의 식단에서 주재료로 이용된다. 가나에서는 모든 채소 소비의 38퍼센트를 토마토가 차지한다. 가나에서 가장 많이 재배되는 토마토 품종은 메릴랜드 벨트웨이의 육종가들이 개발한 유서 깊은 로마 품종이다. 토마토는 아프리카의 수프나 스튜, 그리고 서부 아프리카의 상징적인 요리 졸로프 라이스jollof rice(아프리카식 볶음밥—옮긴이)에도 자주 등장한다. 가나 출신의 저널리스트 패티 슬로리는 "스페인에 파에야paella, 이탈리아에 리소토, 인도에 비리야니biriyan, 중국에 볶음밥이 있다면 서부 아프리카에는 양파, 후추, 향신료, 토마토, 채소, 육류로 만드는 졸로프 라이스가 있다"고 말한다. 일부 아프리카 국가에서는 토마토가 워낙 인기가 높은 탓에 그 수요를 충족시키기 위해 가공 토마토 제품을 수입해야 한다. 그 대부분이 중국산이다. 중국은 스페인에 식민 지배를 당했던 필리핀을 통해 1654년 토마토를 들여왔다. 이탈리아에서처럼 중국에서도 토마토는 처음에 가지의 한 종류로 간주되었다. 중국인들은 돌려서 말하지 않고 그것을 '판치에番茄'라고 불렀다. '이방인의(외국의) 가지'라는 뜻이다.

중국에서는 서양요리 전문 레스토랑을 위해 처음으로 토마토가 재배되었다. 20세기에 들어 전통 요리에 이방인의 가지를 접목하려는 시도가 일어났다. 중국에도 수세기 동안 파스타(국수)와 토마토가 모두 있었지만, 이 둘을 서로 어울리지 않는 것으로 간주했다. 토마토가 중국 요리 전반에 채택되었다고 해서 그 나라가 세계 최대의 토마토 생산 국가(대부분 수출용 가공 제품이다)

가 될 정도로 확대된 적은 결코 없었다. 한 가지 유명한 예외가 있다면 인기 있는 중국식 컴포트 푸드인 '스크램블드 에그 앤 토마토'다. 일요일 오전이면 미국의 동네 카페에서 쉽사리 만들어내는 것처럼 보이지만 그 요리는 사실 아시아가 원조다.

반대로 세계에서 가장 인기 있는 남부 아시아 음식은 마요네즈만큼이나 거의 서구화되었다. 영국 외무상 로빈 쿡Robin Cook(1946~2005)이 "영국의 진정한 국민음식"이라고 부른 것이다. 흔히 떠올리는 피시앤칩스fish and chips가 아니라 토마토 베이스의 커리 소스에 뼈 없는 닭고기를 넣어 만든 인도의 테이크아웃 음식 '치킨 티카 마살라chicken tikka masala'다. 메소아메리카 채소를 이용한 인도 음식이 어쩌다가 영국에서 사랑받게 되었는지를 어떻게 한 문장으로 간단하게 설명할 수 있겠는가. 그러나 그에 대한 진실은 좀처럼 인용되지 않는 쿡의 나머지 말에 숨겨져 있다. 쿡은 2001년 영국의 다문화주의를 칭송하는 연설에서 치킨 티카 마살라가 진정 영국적이라고 말했다. "그 음식이 영국에서 인기가 높기 때문만이 아니라 외부의 영향을 흡수하고 적응시키는 영국의 방식을 완벽하게 보여주기 때문이다."

그 말을 들은 인도인들은 눈살을 찌푸렸을지도 모른다. 왜냐하면 치킨 티카 마살라를 흡수하고 적응시켰던 건 영국인이 아니기 때문이다. 그들이 다소 영향을 주었을지는 모른다. 이쯤 되면 레시피 전체를 들여다볼 필요가 있다. 왜냐하면 그 주된 재료가 식민지 점령과 이민 그리고 고안이기 때문이다. 다시 말해 토마토의 역사와 궤를 같이한다.

점령: 1500년대 스페인에서 포르투갈로 토마토가 소개되었던 그 시기, 이베리아반도 식민주의자들의 해양 정복 열망도 커지고 있었다. 토마토는 포르투갈 식민지 개척자들과 함께 16세기 말 인도아대륙Indian subcontinent(인도를 중심으로 한 인도양의 반도半島, 매우 넓기 때문에 단순한 반도로 보지 않고 대륙에 버금간다는 의미로 아대륙이라 부른다. 인도, 파키스탄, 방글라데시, 네팔, 부탄, 스리랑카 등이 여기에 속한다─옮긴이)으로 건너갔다. 그곳에서 이 시큼한 빨간 열매는 지역 주민들로부터 당혹스러움과 경멸을 동시에 받았다. 이후 200년간 토마토의 지위는 그저 그랬다. 그러다 영국인들이 도착했고, 그들은 당연히 자신들이 좋아하는 영국 음식을 먹길 원했다. 19세기에는 그 음식에 토마토가 포함되어 있었다. 그들은 토마토를 재배하기 시작했다. 정확하게 말하자면, 그들이 크리켓 경기를 즐기는 동안 하인들이 재배했을 가능성이 크다.

이는 수많은 음식과 다양한 식민지에서 수없이 반복되어온 전형적인 식민지 음식 스토리다. 그러나 영국 식민지 정부는 다른 지역에서도 그랬듯 벵골(남아시아의 동북부 지방. 1877년에 성립된 영국의 식민 제국인 인도제국의 독립된 주─옮긴이)에서도 영국식 식단을 고수하는 데 그치지 않았다. "식민지의 미각을 바꾸는 것 또한 식민 국가의 어젠다였다." 역사학자 우트사 레이Utsa Ray는 이렇게 썼다. 여기에는 "쌀을 먹어서 허약한" 벵골인의 식습관을 감자, 토마토, 컬리플라워, 당근, 콩, 심지어 카사바라고 알려진 남미의 뿌리채소까지 포함한 식단으로 교정하는 것"이 포함되었다. 대영제국의 설득에 따라 이런 채소들은 어느 정도 인기를 끌었다. 특히 감자는 인도 가정식에서 흔한 재료다. 다만 벵골 주민들은 토마토의 용도를 찾는 데는 어려움을 겪었다.

이주: 20세기 중후반에는 식민지화의 흐름이 바뀌었다. 영국인들이 인도에 정착하는 대신 인도인들이 영국으로 이주하기 시작했다. 많은 인도인이 2차 대전이 끝나고 영국의 재건을 돕기 위해 건너왔고, 그 이민자들에게 요리해 줄 인력도 따라왔다(오래전에 영국인들도 그랬다). 이 과정을 통해 전쟁 전 6개에 불과하던 영국 내 커리 음식점이 오늘날 1만 2,000개로 늘었다. 음식이 맛없기로 널리 알려진 영국의 시민들은 인도 음식의 자극적인 향신료에 매료되고, 커리를 비롯해 다른 남아시아 음식의 팬이 되었다. 그 음식들 중 일부에는 어떤 형태로든 토마토가 들어있었다.

고안: 치킨 티카 마살라의 탄생에 관해 가장 많이 언급된 버전은 이렇다. 1971년경 스코틀랜드 글래스고. 어느 비 내리는 밤, 인도 식당에서 저녁을 먹던 한 피곤한 버스 운전사는 치킨 커리가 너무 밍밍하다고 불평하며 주방으로 돌려보냈다. 벵골인 셰프(영국인 점령군에게 토마토를 포함해 다른 서양 채소를 먹도록 설득당한 벵골인의 후손)는 위궤양 치료를 받느라 캔 토마토 수프를 먹어

본 적이 있었다. 버스 운전사가 커리 접시를 들고 주방에 나타나 불평을 쏟아내자 몸도 아프고 짜증이 났던 셰프는 커리에 토마토 수프를 부어 다시 내보냈다. 그 결과에 만족한 버스 운전사는 다시 이 음식을 먹으러 오기 시작했고, 얼마 안 가 소문을 들은 그의 동료들도 왔다. 다음 이야기는 짐작이 갈 것이다. 치킨 티카 마살라는 인도와 유럽 음식의 결합일 뿐만 아니라 식민주의와 이민, 소화불량의 결합으로 메뉴에 추가되었다. 그리고 세계에서 즉, 인도 밖에서 가장 유명한 인도 음식이 되었다.

폭풍우 치는 밤과 위장병에 걸린 셰프의 다채로운 디테일은 그렇다 치더라도, 치킨 티카 마살라는 영국 어딘가의 벵골 음식점에서 유래한 게 거의 확실하다. 인도인 셰프 겸 작가 아니타 자이싱가니Anita Jaisinghani에 따르면 또 다른 버전 중 "가장 그럴듯한 내용"은 이 음식이 처음 만들어진 도시는 런던이고, 희석하지 않고 "캔에서 곧장 덜어낸 수프는 캠벨 사의 제품"이었다.

이탈리안들의 '아메리칸 드림'

만약 캠벨 수프가 등장하는 이야기가 사실이라면, 우리가 좋아하는 수프 회사가 불과 몇 년 사이에 토마토가 기본이 된 두 가지 중요한 혁신을 이끌었다고 볼 수 있다. 나머지 하나는 아이들이 주변을 어지럽히지 않고 먹을 수 있는 파스타 형태를 개발하기 위해 일년간의 내부 연구 끝에 1965년 첫선을 보인 스파게티오SpaghettiO(토마토소스에 링 모양의 파스타를 넣은 미국 브랜드—옮긴이)다. 아이들이 먹는 아침 식탁에 스파게티오와 치리오Cheerios(미국 제너럴 밀즈 사에서 만든 시리얼 브랜드—옮긴이)가 함께 놓인다고 상상해보라. 그 자체로 엄마들의 시간과 돈을 획기적으로 아껴주는 혁명이었다.

비록 수프로 유명해졌지만 캠벨 사는 1915년부터 스파게티를 캔에 넣어 판매해왔다. 프랑스계 이민자인 알퐁스 비아르도Alphonse Biardot가 1886년에 설립한 수프와 간편식품 제조업체인 프랑코 아메리칸Franco-American을 인수하면서부터다. 프랑코 아메리칸은 세기가 바뀐 직후 레스토랑이나 요리책들이 흔히 그러듯 프랑스 분위기가 나는 스파게티 알 라 밀라네즈Spaghetti à la Milanaise라는 제품을 세상에 내놓았다. 여전히 이탈리아 음식보다는 프랑스 음식에 더 개방적인(게다가 그의 회사는 어쨌든 프랑코-아메리칸이었다) 미국의 대중에게 어필하기 위해서였다.

비아르도는 스파게티와 토마토소스를 캔에 넣은 최초의 기업가였지만 가장 큰 성공을 거둔 이는 같은 이민자이자 철자만 살짝 바뀐 헥터 보야르디Hector Boiardi였다. 보야르디는 17세에 이탈리아 피아첸차(파르마 외곽)의 고향을 떠나 1914년 엘리스섬에 도착했다. 뉴욕의 유명한 플라자 호텔 주방에서 말단직 일자리를 얻었던 그는 일년 안에(1차 대전으로 숙련자들의 공백이 생겼기 때문일 가능성이 있다) 주방장으로 승진했다.

전쟁이 끝난 후 보야르디는 클리브랜드로 이주해 이탈리안 레스토랑을 열었다. 그의 소스는 인기가 높아서 단골들이 테이크아웃할 수 있는지 종종 물을 정도였다. 테이크아웃을 위해 낡은 우유병을 사용하던 보야르디는 수요가 점점 많아지자 1928년 소스를(지금은 조리된 파스타도) 캔에 담는 공장을 세웠다. 그리고 자신의 이름을 이용해 발음 나는 대로 철자를 바꾼 '셰프 보야르디Chef Boyardee'라는 상표를 붙였다.

그의 스파게티와 라비올리, 라자냐 캔 제품에는 모두 미소 짓는 셰프 B의 얼굴이 그려져 있다. 미국인이 이탈리아인 셰프에게 기대하는 이미지를 빼닮았다. 캔 안에 든 내용물의 품질을 소비자에게 확신시켜주는 반짝이는 눈동자와 수염, 높다란 흰색 토크 모자와 네커치프. 미국이 그의 모국에 전쟁을 선포했을 때 보야르디는 자신을 받아들여 준 국가의 군대와 전투식량 생산 계약을 맺었다. 전쟁의 절정기에는 하루 25만 개의 스파게티와 토마토소스 캔을 생산했다. 남북전쟁 이후 캔에 담긴 토마토가 그렇게 인기가 있었던 적이 없었다.

"전쟁에서의 경험은 셰프 보야르디라는 이름을 전국적으로 알리는 데 결정적인 역할을 했죠." 현재 상표권을 소유하고 있는 콘아그라 브랜즈Conagra Brands(미국의 식품기업―옮긴이) 대표 댄 스키너Dan Skinner의 말이다. "병사들이 귀환했을 때 그 브랜드는 이미

이 사내의 캔 스파게티를 어떻게 사 먹지 않을 수 있을까? 헥터 보야르디는 이 이미지로 수백만 개의 셰프 보야르디 통조림을 판매해왔다. (콘아그라 브랜즈 사의 등록 상표 셰프 보야르디. 허락을 받아 로고를 재인쇄함.)

긍정적인 연상을 일으켰죠. 거기에다 헥터 보야르디는 전시에 세운 공로로 국가적인 영웅이 되었어요." 실제로 보야르디는 트럼프 대통령으로부터 영예로운 골드스타 훈장을 받았다.

귀환한 퇴역군인들은 셰프 보야르디의 캔 제품을 찾았고 그들의 자녀, 그 자녀의 자녀들도 그랬다. 오늘날 셰프의 스파게티와 라비올리 제품 4종은 미국에서 가장 잘 팔리는 통조림 식품 20위 안에 들고, 합산 매출은 셰프 보야르디 토마토소스 파스타를 미국에서 가장 잘 팔리는 캔 식품으로 등극시켰다.

보야르디가 1차 세계대전 전야에 미국에 도착했을 무렵, 이탈리아 이민자들의 정착지 밖에서는 파스타를 찾아보기 힘들었던 점을 생각하면 이런 성취는 더욱 각별하다. 그렇다고 파스타가 알려지지 않았던 것은 아니다. 훨씬 전인 1787년, 이탈리아 여행을 마치고 돌아온 토머스 제퍼슨은 나폴리에서 선적한 실물이 도착하기 전에 '마카로니 기계'의 설계도를 스케치하기도 했다.

1세기가 지난 1903년 〈캔자스 시티 스타 Kansas City Star〉에 실린 기사는 "마카로니, 스파게티, 베르미첼리"를 구매하는 가정주부들을 위해 상세한 조언을 했다. 아울러 "세계 최고의 마카로니는 단단한 이탈리아 밀가루로 만든 제품"이지만, 향후 미국 제품의 질이 향상되어 "수입이 불필요해질" 거라는 예언을 덧붙였다.

신문이 20세기의 미국인들에게 파스타를 소개할 필요가 있었던 것은, 그만큼 이국적이고 여전히 낯선 식품이었기 때문이다. 그런 상황은 파스타 없는 이탈리아만큼이나 상상할 수 없는 어떤 것의 출현으로 극적으로 바뀌었다. *바로 알코올 없는 미국이었다.*

미국에서 탄생한 파스타,
'스파게티 앤 미트볼'

1920년 1월 17일, 미국수정헌법 18조(금주법)가 발효되었다. 만약 그 조치가 우리의 이탈리아 돼지들만큼 파스타와 관련이 있는 것이냐고 묻는다면 음…, 그렇다. 전국적으로 알코올의 생산과 판매를 금지한 것은 불법 무허가 술집이 천문학적으로 증가한 결과였다. 뉴욕에만 3만 2,000개였고, 그중 많은 수를 이탈리아계 미국인이 운영했다. 살롱과 달리 무허가 술집은 여성들을 환영했다. 술집에 온 남성에게는 시원한 맥주 몇 잔과 땅콩 한 접시를 줘라, 그는 몇 시간이고 만족할 것이다. 그러나 광란의 1920년대 Roaring Twenties(재즈와 광소狂騷의 1920년대—옮긴이) 여성들은 식사를 원할 가능성이 더 컸다. 이탈리아 출신 무허가 술집 주인들은 자연스럽게 갖고 있는 것을 내놓았다. 예를 들면 토마토소스 스파게티와 집에서 만든 하우스 와인이었다. 결과적으로 적지 않은 미국인이 이탈리아 음식을 처음 맛본 곳은 이탈리아 레스토랑이 아니라 불법 무허가 술집이었다. 1920년 술통의 수도꼭지를 완전히 잠갔을 때 거의 제로였던 전국 파스타 소비량은 10년이 지난 후 매년 1인당 3.75파운드까지 증가했다.

파스타는 영화에 등장하기 시작할 정도로 주류가 되었다. 1925년에 나온 〈골드러시〉라는 무성 영화에서 배고픈 찰리 채플린이 포크로 스파게티를 먹는 것처럼 신발 끈을 돌돌 말아 허겁지겁 먹었을 때 사람들은 그 의미를 알지 못했다. 그러나 6년 후 〈시티 라이트〉의 화려한 디너 파티에서 파스타를 먹는 것을 상상하던 채플린이 부지불식간에 긴 종이테이프를 게걸스럽게 먹는 모습은 확실히 큰 웃음을 주었다. 1931년 즈음 미국은 공황기를 겪고 있었다. 많은 미국인 가정의 식탁에서 비싸지 않고 영양가 높은 스파게티는 어느새 신기한 것이 아닌 필수품목이 되었다. 파스타(거의 언제나 토마토소스 스파게티를 의미했다)는 이렇게 자리

스파게티는 1931년 찰리 채플린의 영화 〈시티 라이트〉에서 카메오로 출연할 만큼 인기가 높았다. (City Lights Copyright © Roy Export S.A.S. All rights reserved.)

를 잡았다.

치킨 티카 마살라를 개발한 벵골인이나 찹수이(미국식 중화요리의 대표 메뉴—옮긴이)와 비프 앤 브로콜리를 만들어낸 중국인 셰프처럼 미국에 온 이탈리아계 이민자들은 자신들의 전통적인 레시피를 새 나라에 적용시키면서 지역의 재료를 이용했다. 이탈리아인들이 본국에서는 별로 즐기지 않았던 재료도 포함되었다. 육류였다. 고기는 미국에서 흔한 식재료였다. 뉴욕에 정착한 어느 이탈리아계 구두닦이 소년은 "우리는 이탈리아에서 꿈도 못 꿨을 정도로 고기를 실컷 자주 먹는다"며 놀라워했다.

이런 풍부함은 많은 외국인들이 이탈리아 음식으로 오해하는 음식의 탄생으로 이어졌다. 역설적으로 실제 이탈리아에서는 알려지지 않은 미트볼 스파게티다.

이탈리아 이민자들이 뉴욕에서 탄생시킨 '스파게티 앤 미트볼'은 이탈리아 밖에서 유래한 글로벌 이탈리안 '클래식'의 한 사례다. 치킨 파마산chicken parmesan(빵가루를 입혀 튀긴 닭가슴살에 토마토소스와 모차렐라, 파마산 치즈 또는 프로볼로네 치즈로 덮고 오븐에 구운 요리—옮긴이)이나 소시지 호기sausage hoagie(다양한 종류의 차가운 런치 미트와 치즈를 길다란 이탈리아 빵 혹은 프랑스 빵에 넣고 달콤한 고추나 매운 고추, 상추, 양파, 오레가노를 첨가한 뒤 식초와 올리브오일 드레싱을 쳐서 만든다—옮긴이)처럼 고기가 많이 들어가는 토마토 베이스의 요리는 무엇이든 이탈리아계 미국인들이 개발한 요리라도 봐도 좋다. 선데이 그레이비Sunday gravy(이탈리아계 미국인들이 일요일에 온 가족이 모여 먹던 요리, 남은 고기에 레드와인, 토마토소스를 넣고 푹 곤 소스—옮긴이)도 그렇게 개발된 게 확실하다.

선데이 그레이비는 본국인 이탈리아에서는 절대 존재할 수 없었다. 그곳에서는 만찬에 그레이비를 한 번 올리려면 일년치 고기를 다 사용해야 할 것이므로. 그러니 낭비벽이 덜한 이탈리아계 미국인이 만들어 미국에서 아무리 인기가 높더라도 현대 이탈리아에서는 여전히 찾아보기 어려울 것이다. 니콜로 데 콰트로치

오키Niccoló de Quattrociocchi라는 이름의 한 시칠리아 레스토랑 주인은 1950년 미국을 방문한 뒤 쓴 회고록에서 "스파게티 앤 미트볼과 코톨레타 파르미지아나cotoletta parmigiana(파마산 치즈를 넣은 닭고기 튀김, 치킨가스 – 옮긴이)라고 불리는 맛 좋은 전통 미국 특별식"을 소개받은 에피소드를 이렇게 적었다. "두 요리 모두 매우 만족스러웠다. 분명 이탈리아 출신인 누군가가 미국에 사는 이탈리아인들을 위해 개발한 요리일 거라고 생각한다."

만약 당신이 로마 광장을 관광한 뒤 '스파게티 앤 미트볼'이 간절히 먹고 싶으면, 내가 아는 한 가지 방법을 추천한다. 아직 아무도 시도하지 않은 듯하지만, 스파게티 알 포모도로와 폴페페polpette(이탈리아 완자요리-주)를 주문한다. 그런 다음 아무도 보지 않을 때 스파게티에 미트볼을 넣는다. 낙원의 천사들은 아무도 신경도 쓰시 않을 것이다.

변종 토마토 전성시대가 활짝 열렸다

7장

빅보이의 탄생

때는 1866년, 바다를 사이에 두고 각자 자신의 정원에서 지칠 줄 모르고 일하던 두 남자는 서로의 존재를 몰랐다. 한 사람은 설명하기 힘든 큰 문제를 안고 있었고, 다른 한 사람은 설명은 할 수 있지만 그것을 가지고 무엇을 해야 할지 몰랐다.

미국 오하이오의 종묘상 알렉산더 W. 리빙스턴Alexander W. Livingston(1821~1898)을 괴롭히던 문제는 토마토 교잡육종(다른 두 품종을 교배시켜 잡종을 만들어내는 것)으로 더 우수한 과실을 얻어도 그 잡종으로부터 판매할 씨앗을 얻을 수 없다는 점이었다. 다음 세대에서 얻은 과실이 자기가 나온 토마토와 매우 다른 모습을 보이는 바람에 그 부모의 '진정한 자손(고정된 형)'이라고 할 수가 없었다. 심지어 색깔이 같을 거라고도 보장할 수 없었다! 더욱 당황스러운 점은 "여러 세대에서 보이지 않던 나쁜 특질이 알 수 없는 이유로 다시 나타날 수 있다"는 사실을 깨달은 것이다. 이런 열 받는 상황은 대부분의 사람들로 하여금 짐을 싸서 도망하게 만들었을 것이다. 실제로 15년간이나 노력을 해온 리빙스턴은 마침내 교배를 포기했다. "초자연적인 인내심과 지능 그리고 뛰어난 관찰력의 소유자"(《리빙스턴과 토마토*Livingston and the Tomato*》의 저자에 따르면 모두 리빙스턴에게 해당되는 특질이다)에다 불굴의 의지까지 겸비했지만 끝내 문제를 풀지 못한 것이다.

한편 대서양 건너편에서는 리빙스턴만큼이나 겸손한 한 오스트리아 수도사가 열정을 불태우고 있었다. 그러나 비슷한 기질(대단한 인내심과 사고력, 관찰력)을 소유했던 그는 리빙스턴과 달리 콩을 가지고 수년간 각고의 실험을 한 끝에 식물이 어떻게 부모로부터 특질을 물려받는지를 정확하게 알아냈다. 리빙스턴이 자신의 토마토에서 관찰했던, 제어 안 되는 유전의 이유까지 밝혀낸 것이다. 실제로 그레고어 멘델Gregor Mendel(1822년~1884. 오스트리아의 식물학자이며 아우구스티노회의 수사──옮긴이)은 유전의 법칙을 발견함으로써, 리빙스턴의 토마토가 항상 부모의 특질을 물려받지는 않는 이유는 물론이고 자손의 몇 퍼센트가 그렇게 되는지까지 정확하게 예측할 수 있었다.

안타깝게도 1866년 당시 리빙스턴이나 다른 육종가들이 멘델의 발견을 배울 확률은 희박했다. 그 이유는 아우구스티노 수사가 자신의 획기적인 연구를 발표한 수단이 〈브루노 박물학회 회보*Verhandlungen des naturforschenden Vereines*〉(영문명: Proceedings of the Natural History Society of Brünn)라는 무명의 학회지였기 때문이다. 그러니까 당신이 작은 회사 사보에 암 치료법을 발표하는 것과 비슷했다.

나는 리빙스턴이 배를 타고 멘델이 참석한 국제적인 원예학 컨퍼런스에 가서 "형질이 고정되지 않은" 토마토에 대해 불평을 늘어놓고, 그 미국인의 이야기를 들은 멘델이 찾아와 "대화를 나누고 싶다"고 말을 건네는 대체 우주를 상상해본다.

수사는 "모든 특질은 각 부모에게서 하나씩 받은 두 개의 유전자에 의해 표현됩니다."라고 설명할 것이다. 그러면 리빙스턴은 긴 새둥지 수염을 톡톡 치며 이 혁명적인 개념을 열심히 흡수한다. "어떤 유전자, 예를 들어 빨간 토마토의 색깔은 우성인 반면 다른 유전자, 가령 노란색은 유전자는 열성이죠. 이들이 각각 한 개씩 존재한다면 우성 유전자가 열성 유전자를 지배합니다. 따라서 빨간색 유전자와 노란색 유전자를 받은 토마토는 항상 빨간색입니다. 노란색 유전자를 두 개 가진 토마토만 노란색이 되는 거죠. 하지만 빨간색 토마토도 잠복한 노란색 유전자를 지닐 수 있습니다. 나중에 수정을 통해 이 유전자와 다른 노란색 유전자가 결합하면 거기서 노란색 토마토가 나오게 되겠죠."

"하! 그것이었어요!" 오하이오 사람은 눈을 휘둥그렇게 뜨며 감탄사를 연발할 것이다. "그래서 내가 제거했다고 생각한 유전적 특질이 몇 세대 지나서 나온 거군요. 흑투성이에 껍질이 질긴 녀석이 계속해서 나온 이유를 이제야 알겠어요. 이건 꼭 세상에 알려야 합니다."

멘델이 고개를 떨구며 대답할 것이다. "이미 논문을 발표했습니다. 왕립학회와 스미소니언 협회에도 사본을 보냈습니다만, 못 보셨습니까?"

멘델의 연구논문을 본 사람은 유럽에서도 거의 없었다. 발표 후 30년 동안 단 세 차례만 인용되었을 뿐이다. 멘델의 기념비적인 발견은 유전학자 시타르다 무케르지Siddhartha Mukherjee가 "생물학 역사상 가장 이상한 실종"이라고 부르는 것으로, 300년 전에 토마토가 스스로 사라진 일을 연상시킨다. 그러나 멘델의 발견은 그의 사후 수십 년이 흘러 현대 유전학의 토대가 되었다.

품종 개량의 선구자들

그레고어 멘델은 1822년 7월, 오늘날 체코 공화국의 일부인 하인츠엔도르프 베이 오드라우Heinzendorf bei Odrau의 오스트리아인 마을에서 태어났다. 그로부터 3개월도 채 지나지 않았을 때 오하이오주 레이놀즈버에서는 존과 메리 리빙스턴 부부가 알렉산더라는 이름의 아들을 낳았다. 두 가정 모두 근근이 살아가는 농부였다. 멘델의 집안은 그 땅에서 선조 대대로 농사를 지었고, 리빙스턴 집안은 미국의 국경 지대에서 토지를 개간했다.

그레고어 멘델은 어려서부터 농사일을 하고 양봉을 배웠다. 공부를 하고 싶었지만 가난한 집안 형편으로 좌절되었다. 그는 대학교육을 무료로 받고 "생계에 대한 끝없는 걱정"을 덜기 위해 오스트리아 수사가 되었다. 미래 유전학의 아버지는 학생 시절 졸업 시험에서 두 번이나 떨어졌다. 물리학보다 신학 점수가 더 좋았던 그는 나중에는 브루노에 있는 세인트 토마스 수도원의 대수도원장이 되었다. 그 수도원에는 5에이커의 텃밭이 딸려 있었다. 1856년에 멘델은 완두콩 교배를 시작했고, 나중에는 완두콩이 어떻게 색깔이나 키, 종자 모양, 꽃의 위치 같은 특질을 물려받는지 알기 위해 2만 8,000그루의 작물을 기르게 되었다.

같은 해, 육종가로 일했던 리빙스턴은 버크아이 종묘사에서 4,000상자의 종자를 구입해 자영업을 시작했다. 그가 미개척지에서 받은 교육은 한계가 있었지만 실용적이었다. "알파벳을 쓰고 문장을 읽는 법, 계산법, 나아가 삼수법Rule of Three(세 가지 수를 통해 제4의 수를 도출해낸다는 의미로, 중세부터 상인교육에 쓰임―옮긴이)까지" 배웠다. 이 수학적 도구는 다음과 같은 현실적 문제를 해결해 준다. 가령 4에이커 토지에 20파운드의 종자가 필요하다면 7에이커의 토지에는 몇 파운드의 종자가 필요할까?

종자 위탁 판매로 성공을 거둔 리빙스턴은 직접 종자를 얻기 위해 농장을 산 뒤 스스로 작물을 경작하기 시작했다. 리빙스턴은 작물 경작 이외의 일에도 관여한 것으로 알려진다. 그의 농장은 언더그라운드 철도Underground Railroad(남부에서 북부나 캐나다로 탈출하는 노예를 도와주던 비밀 조직—옮긴이)의 정류장이기도 했다. 그 종자상은 탈출한 노예를 숨겨주고, 먹여주고, 채소 운반 마차를 이용해 다음 역까지 이송해주는 역할을 했다.

리빙스턴은 1848년(멘델이 자신의 실험을 시작하기 8년 전이었다) 토마토 교배 실험을 했다. 과학적인 맥락에서가 아니라 그저 더 좋은 작물을 얻고 싶어서였다. 많은 채소 중 왜 하필 토마토였을까? 아마도 토마토가 금지된 과실이었기 때문이 아닐까? 리빙스턴의 기억 속에서도 그랬을 것이다. 어릴 때 들판에서 야생으로 자라는 '러브 애플'을 집으로 가져온 그를 보며 어머니는 소스라치게 놀라 야단쳤을 것이다. "애야, 이거 절대로 먹으면 안 된다! 독이 들어있어. 돼지들도 먹지 않는 거야!"

"어린 시절부터 토마토는 특별히 내 관심을 끄는 대상이었다"고 리빙스턴은 썼다(어머니들이여, 주목하시라).

기억하겠지만 토마토는 토마토 박각시벌레들에게도 특별한 관심 대상이었다. 리빙스턴은 이 녀석들을 통제할 방법도 직접 고민했다. 녀석들이 알을 까고 파괴적인 애벌레로 자라기 전, 나방 단계에서 유인하여 제거하기.

처음 한 일은 토마토밭 근처에 꽤 큰 규모로 패튜니아를 길러서 토마토가 밭에서 한창 자랄 때쯤 꽃을 피우게 하는 것이다. (…) 저녁이면 거의 벌새만한 나방이 달콤한 꽃으로 유인되는 것을 보게 된다. (…) 나방들이 꽃 위를 맴돌다 꿀을 빨아 먹으려는 순간이 기회다. 양 손에 짧고 넓적한 판자를 든 채 나방이 그 사이로 들어온 순간 찰싹 내리친다.

현명한 리빙스턴은 '민첩한' 꼬마들을 고용해 이 일을 맡길 것을 권했다. 교잡의 예측할 수 없는 변수에 비하면 박각시벌레는 사소한 골칫거리였다. 하지만 "면밀한 보살핌과 인고의 세월"을 견뎌낸 리빙스턴은 마침내 다음과 같은 결론을 내리며 사람을 미치게 만드는 작업을 포기했다. "신품종을 확보하기 위해 교잡이나 교배를 하는 것에 확신이 없다. 지난 15년간의 실패와 그로부터 배운 교훈도 잊지 못할 것이다."

그 교훈이란 유서 깊은 선택적 육종 기술이 교잡hybridization(유전적 조성이 다른 두 개체 간의 교배. 흔히 교배와 교잡을 구별하지 않고 같이 쓰는 예가 있으나 교배는 유전자 조성이 같은 개체 간에 쓰는 용어이고 유전자 조성이 다른 두 개체 간의 교배는 교잡이라고 한다—옮긴이)보다 훨씬 신뢰할 수 있다는 것이다. 농업이 시작된 이래 인간은 맛이나 모양, 가뭄에 대한 저항력, 조기 성숙 또는 수확량 면에서 더 우수한 특질을 보여주는 곡물이나 채소, 과실을 번식에 선택함으로써 농산물 식량의 원천을 개선하려고 노력해왔다.

(인간이 아닌 자연의 힘으로 선택이 이루어지는 찰스 다윈의 자연 선택과 구분하기 위해) 인위적 선택이라고도 부르는 이 선택 과정은 19세기에 신품종 토마토를 개발하는 방법이었다. 종종 우연한 변

이나 돌연변이 성향을 지닌 토마토들에 의해 새로운 품종이 만들어지기도 했지만 대개는 말 그대로 육종가의 피나는 노력의 산물이었다. 리빙스턴 같은 토마토 육종가들은 숱한 시행착오를 겪으며 자신들이 선호하는 토마토 품종 씨앗을 수천 개 파종한 다음 그들 중에서 최선의 토마토를 취해(예컨대 조생종 토마토를 번식시키려 한다면 가장 먼저 익는) 씨앗을 파종하고, 다시 그들 중 가장 빨리 익는 토마토를 취해 그 씨앗을 뿌리는 식으로 여러 세대를 거치며 품종을 개량했다.

식물학과 유전학에 대한 이해가 부족했던 육종가들은 최선의 개별적인 과실을 찾았다. 만약 어떤 토마토가 다른 토마토보다 여러 날 일찍 익으면 그 토마토는 번식을 위해 선택될 것이다. 그러나 초기의 육종가들이 몰랐던 사실이 있다. 주어진 식물에서 난 토마토들은 모두 유전적으로 일치한다는 사실이다. 하나의 나무에서 열린 과실들 사이에 차이가 발생하는 건 환경적 영향이나 유전자가 발현되는 복잡한 방식 때문이다. 따라서 꽃이 일찍 필 거라는 기대를 품고 한 나무에서 가장 빨리 익은 토마토를 선택하는 것은, 어느 하나가 다른 하나보다 걸음마를 일찍 시작했다는 이유로 그런 손주를 얻기 위해 똑같은 쌍둥이 딸 중 하나를 선택하는 것과 같다고 한 육종가는 말한다.

어느 날 토마토밭에서 일하던 리빙스턴의 눈에 수천 그루 중 한 나무가 유독 눈에 띄었다. 골이 지거나 울퉁불퉁한 대다수와

19세기 말 가장 성공적인 토마토 육종가, 알렉산더 리빙스턴, 1893년에 발표된 그의 전기 《리빙스턴과 토마토》 중에서. (의회도서관, 하티트러스트 제공)

달리 표면이 매끄럽고 반반한 모양의 토마토였다. "영감처럼" 어떤 생각이 스쳤다고 리빙스턴은 회고했다. "표본용 토마토 대신 이 특별한 토마토를 선택하면 어떨까?"

나는 곧장 행동에 옮겼다. 이 토마토의 씨앗을 정성껏 받아서 보관했다. 미래의 실험을 위한 토대로 삼기 위해서였다. 이듬해 봄이 오고 나는 그 씨앗을 내 밭에 두 줄로 심었다. (…) 반갑게도 그것들 모두에서 부모와 닮은 완벽한 토마토가 달렸다.

부모 식물에 달린 토마토는 판매하기에 너무 작았지만, 이 2세대의 토마토는 달랐다.

기쁘게도 원래보다 조금 더 컸다. (…) 이 작물에서 얻은 씨앗을 다시 심어 조심스럽게 수확했다. 다만 가장 먼저 익고, 가장 실한 표본에서 다음 식재를 위해 씨앗을 받아두었다. 이렇게 매 계절 정성껏 재배해서 가장 좋은 씨앗을 선택하는 과정을 반복했다. 그리고 5년이 채 지나지 않았을 때 과육과 크기, 품질에서 월등히 개량된 토마토를 얻을 수 있게 되었다.

1870년 리빙스턴은 특유의 겸손한 문체로 "미국 국민이나 내가 아는, 지금까지 세상에 나온 토마토 중 최초로 완벽하고 균일하게 매끄러운 토마토"라는 설명과 함께 '리빙스턴 파라곤Livingston Paragon'이라고 이름 붙인 토마토를 내놓았다. 매끄러움과 균일함에 더해 그 품종은 "재배가 쉽고", 계절이 끝나가도록 긴 기간 수확이 가능해서 시장에 더 좋은 값으로 판매할 수 있었다. 그러나 오늘날까지도 영향을 주는 중요한 자산은 외관이었다. 무엇보다 아름다웠다. 라파엘 펄의 캔버스에 그려진 깊게 골진 열매가 아니라, 오늘날 우리가 토마토를 그릴 때 기본적으로 떠올리는 특징을 갖고 있었다. 다만 리빙스턴은 파라곤을 설명하면서 맛에 대해서는 언급조차 하지 않음으로써 1세기 후 완벽하게 매끄럽고 빨갛고 균일한 (그리고 맛이 없는) 슈퍼마켓 토마토로 이어지게 되는 위태로운 길을 터주었다. 그 점을 기억해둬라.

당대 가장 유명한 토마토 육종가 겸 종묘상이었던 리빙스턴은 같은 방식으로 15종의 신품종을 계속해서 출시했고, 모두 자신의 이름을 붙였다. 따라서 우리는 리빙스턴의 페이버리트, 리빙스턴의 퍼펙션, 이어서 리빙스턴의 뷰티, 리빙스턴의 골든 퀸, 리빙스턴의 포테이토 리프, 리빙스턴의 뉴스턴(더 있지만 이 정도만) 같은 품종을 갖게 되었다. 리빙스턴은 판매가 아닌 종자 확보용 토마토를 재배하는 과정에서 씨앗을 추출한 뒤 엄청난 양의 과육이 남는다는 사실을 알았다. 다행히 인근 펜실베이니아주에 토마토 과육을 원하는 구매자가 있었다. 그렇게 해서 리빙스턴의 토마토는 1906년 하인즈가 방부제 사용을 중단하겠다고 공표하기 전까지 상당한 양이 하인즈 케첩 병에 담겼다. 따라서 하인즈의 선언은 그 토마토의 찌꺼기 사용을 중단하겠다는 의미이기도 했다.

리빙스턴의 토마토는 여러 품종이 이탈리아 북부에서 상업적으로 재배되어 통조림으로 사용되었다. 또 다른 품종인 글로브는 리빙스턴이 사망하고 20년 후 마블Marvel이라는 품종과 교배되어 마글로브Marglobe라는 잡종을 탄생시켰다. 1917년에 출시된 마글로브는 담배 시들음병에 강해서 수십 년간 상업적인 재배자들에게 인기가 좋았다. 오늘날 많은 잡종이 이 토마토의 유전자를 물려받았다. 게다가 1951년 새롭게 발견한 품종을 설명하기 위해 참고할 기준이 필요했던 토마토 연구자들이 리빙스턴의 계보 중에서 마글로브를 '표준' 토마토 즉, 토마토는 어때야 하는지를 선명하게 설명해줄 대표 품종으로 정하면서 역사에서 확고한 자리를 얻었다.

알렉산더 W. 리빙스턴이라는 이름은 대단한 성공과 치열한 자기 홍보에도 불구하고 점차 대중의 기억에서 희미해졌다. 회사는 더 이상 그의 집안과 관련이 없고, 우편 주문 카탈로그를 통해 리빙스턴 종자를 사는 소수의 열성적인 농부들만 그 이름을 기억할 뿐이다. 하지만 리빙스턴이 지극히 적은 유전자 풀을 가지고 연구했고, "천 그루 중 한 그루"의 확률로 나타난다고 추산하는 돌연변이 유전자 토마토를 확인하기 위해 매의 눈과 운만 가지고 선택하는 방식에 의존했다는 점에서 그의 업적은 오히려 더 빛난다. 리빙스턴은 그럴 만한 이유로 교잡을 포기했을 것이다. 그러나 현대적으로 비유하자면 인위적 선택을 반복하는 것은 한 번이라도 잘 되기를 기대하며 블라인드 데이트를 1,000번 하는 것과 같았다. 그에 비해 교잡은 특정한 기준에 따라 매칭 타깃이 정해지는 데이트 앱 오케이큐피드OkCupid(미국에 기반을 두고 국제적으로 운영되는 온라인 데이팅 앱)였다. 살아생전 리빙스턴은 자신 몫으로 주어진 화살을 일찌감치 다 썼고, 큐피드의 화살 통은 비어 있었다. 정작 토마토의 심장을 여는 데 필요한 화살은 멘델의 논문 속 빤히 보이는 곳에 숨겨진 채 세상 곳곳의 여러 도서관에서 먼지를 뒤집어쓰고 있었다.

멘델이 죽고 나서 4년 후인 1898년 리빙스턴도 세상을 떠났다. 2년 후 멘델의 저작물과 그의 유전의 법칙은 재발견되었고 큐피드는 잡종의 시대를 예고하는, 세상이 한 번도 본 적이 없는 짝짓기를 시작했다.

잡종화의 '샐러드 데이'가 도래하다

미국에서 상업적으로 교배된 최초의 식물은 옥수수였다. 토마토처럼 암수한몸이고 자가수분을 하지만 다른 식물과도 수정이 일어난다. 옥수수의 교잡이 가능하다는 것을 알았던 초기 인물 중에 그 이름이 과학과 관련이 없어 보이는 사람이 있다. 매사추세츠 세일럼의 마녀재판에서 화형을 집행한 것으로 더 많이 알려진 청교도 목사 코튼 매더Cotton Mather다. 매더는 1716년, 일반적인 노란색 옥수수밭 맞은편, 바람이 불어오는 쪽에 붉은색과 푸른색 옥수수를 심음으로써 최초로 교잡을 시도한 것으로 알려졌다. 그 결과 바람이 불어오는 방향의 노란 옥수수에 다양한 색깔의 알갱이가 섞여 있는 것을 발견했다. 이에 대해 그는 바람에 의해 자연스러운 타가수분이 일어난 부정할 수 없는 증거라고 썼다. 매더가 옥수수밭 외에서도 증거를 찾았다면 역사는 다른 길을 걸었을 것이다. 어쨌든 목사는 대단한 발견을 했다.

옥수수는 찰스 다윈의 관심사이기도 했다. 그는 1876년 다른 종과 타가수분한 옥수수가 자가수분 혹은 근친 교배한 옥수수보다 우수하다는 사실을 발견했다. 이런 현상에는 훗날 '잡종강세'라는 이름이 붙여졌다. 부모가 하나인 순종보다 잡종이 훨씬 더 튼튼하고 생산성도 좋았기 때문이다. 다윈이 잡종강세를 설명할 때 즐겨 드는 사례가 노새(암말과 수컷 당나귀 사이에서 난 잡종)였다. "잡종이 부모 어느 쪽보다 판단력과 기억력, 끈기, 사회성, 근육의 지구력이 우수하고 수명도 길다는 사실은 자연보다 인공이 낫다는 것을 시사한다"고 그는 썼다.

옥수수의 경우 잡종강세는 더 튼튼하고 가뭄에 강하며 무엇보다 수확량이 많음을 의미했다. 이런 발견은 대단한 혁명이었다. 1935년 아이오와에서 생산된 옥수수 중 10퍼센트만 잡종 씨앗으로 재배된 것이었다. 그런데 불과 4년 후 이 비율은 90퍼센트까지 치솟았다. 이처럼 잡종 위주로 재배를 한 결과 미국 옥수수의 에이커당 수확량이 20세기 중반 20부셸에서 20세기 말에는 120부셸로 6배나 증가했다.

다른 작물 육종가들은 이 점에 주목했다. 그리고 2차 세계대전 후 10년은 소위 잡종화의 샐러드 데이salad days(청년기를 뜻하는 영어 표현—옮긴이)였다. 게다가 샐러드에 신선한 토마토가 들어가기 시작했다.

텃밭 농사의 게임 체인저가 나타났다

오베드 쉬프리스Oved Shifriss는 오스만 제국이 팔레스타인을 지배하던 시기인 1915년에 태어나 최초의 유대인 농업정착촌인 엔 가딤Ein Gadim의 모샤브(부분적으로 집단농업 공동체)에서 성장했다. 헤브루 대학교에서 농업을 전공하다 21세에 미국행 배에 오른 그는 미국 코넬 대학교에서 식물 육종으로 박사학위를 취득하고 1942년 세계적인 종자회사 W. 애틀리 버피 앤 컴퍼니W. Atlee Burpee & Company에 입사해서 채소 육종 팀장으로 일했다.

"그의 나이 겨우 스물아홉 살 때였죠." 버피 사 CEO 조지 볼George Ball과 전화 통화를 하던 나는 대뜸 물었다. "그런 직책을 맡기에는 너무 젊지 않나요?"

"천만에요. 아닙니다." 볼은 강조하듯 대답했다. "당신이 사람을 뽑는다면 사실 그렇게 생각할 수 있죠. 하지만 식물 육종은 과학인 동시에 예술입니다. 실제로 나는 그렇게 주장합니다. 리리시즘이 관련되기 때문에 예술에 가깝다고. 식물이 우리에게 주는 느낌에 대해 말하는 겁니다. 꽃을 통해 번식하는 일도 충분히 복잡합니다만 채소 번식은 외관 말고도 많은 특질이 관련되기 때문에 특히 어렵죠. 굉장히 복잡한 일이에요. 천재성이 필요해요. 오베드는 천재였어요. 대단한 사람이었죠."

대학원을 졸업한 지 얼마 안 된 오베드 쉬프리스가 30대에 착수한 연구는 텃밭 농사꾼들에게 매우 중요한 일이었다. 지금까지 어디에도 없던 게임 체인저 토마토 변종을 만든 것이었다. 바로 *빅보이 토마토다.*

그 하나의 품종이 텃밭 토마토에 어떤 혁명을 가져왔는지는 상상하기조차 어렵다. 내가 그런 질문을 던지자 볼의 목소리에 활기가 돌았다. 나는 그가 수확량이라든지 열매의 크기, 병충해 저항성에 대해 말할 거라고 기대했다. 하지만 그건 빅보이가 첫선을 보인 1949년 상황을 몰라서 하는 생각이었다. 당시의 토마토는 지금과 매우 달랐다. 그 당시 가드너들이 기를 수 있는 토마토는 키가 매우 크고 옆으로 넝쿨처럼 뻗어 나갔다. 볼의 말에 따르면 가드너들은 1.5~4미터까지 자라는 토마토를 가꾸기 위해 사다리를 동원해야 했다. 또 정글처럼 뻗어 나간 가지에는 종종 거대한 티피처럼 생긴 지주대를 세워줘야 했다.

"사다리라고요?" 나는 허공으로 4미터 넘게 뻗어난 가지를 치거나 묶어주려고 흔들거리는 티피를 붙잡은 채 허우적대는 내 모습을 상상하며 물었다

"네. 사다리요. 게다가 그 시절 텃밭 농사를 짓는 사람들은 압도적으로 노인층이 많았죠. 오베드는 호기심이 매우 많은 사람이었어요. 그는 농장에서 연구하다가 펜실베이니아 저먼 타운에 위치한 버피 본사에서 가서 소비자들이 보낸 편지를 읽곤 했어요. '제 남편이 더는 토마토를 기를 수가 없어요. 남편이 기를 수 있

는 품종이 없을까요?' '지난번에 사다리에서 떨어진 후 이제 더는 사다리를 오를 수가 없어요.' '버피 사 관계자분께. 사다리가 필요 없는 종자는 없을까요?' 이런 편지를 읽는 일이 드물지 않았어요. (…) 빅보이의 대단한 장점은 키를 낮춘 거예요, 지금처럼." 쉬프리스는 여기서 멈추지 않았다. 기존의 전형적인 토마토 나무보다 넝쿨이 덜 뻗어 나가게 함으로써 티피처럼 생긴 지주대 없이 막대 하나에 가지를 묶어줄 수 있게 했다(가드너에게 또 다른 게임 체인저였던 토마토 케이지cage의 상업화는 몇 년 후의 일이다). 볼은 강조하려는 듯 잠시 침묵하다가 말을 이어나갔다. *"그건 혁명이었어요, 대단한 혁명."*

토마토 자체만 보면 "맛도 좋았을 뿐만 아니라 껍질이 얇고 모양도 동그래서," 과실의 무게가 1파운드에 달하는 이 품종은 "어떤 용도로든 이용할 수 있었죠. 샌드위치에도 이용할 수 있고 샐러드에도 넣을 수 있고. 텃밭 농사로나 요리용으로 완벽한 토마토였어요." 볼은 또한 성장기에 병충해에도 강했다고 자랑했다.

그 품종은 텃밭 농사를 짓는 사람들 사이에서 대세가 되었고, 더불어 가드너들의 숫자도 증가했다. 오베드가 빅보이를 개발하기 이전에 토마토는 열성적인 취미가들만 기르는 과실이었다. 2004년 그가 세상을 떠났을 때 볼은 〈뉴욕타임스〉와의 인터뷰에서 말했다. "어느 날 갑자기 엄마, 아빠, 옆집 보이스카우트 대원들 할 것 없이 누구나 토마토를 기를 수 있게 되었다. 그 품종은

1936년 위스콘신주 매디슨의 농부 사진에서 보듯 빅보이가 개발되기 전에는 토마토를 수확하기 위해 종종 사다리가 필요했다. (위스콘신 역사협회 WHI-15357)

텃밭 농사에 있어 V-8엔진(엔진 실린더가 8개 달린 엔진)이나 마이크로칩처럼 혁신적이었다."

쉬프리스의 연구 일지에 따르면 그는 자신이 손에 쥔 것이 얼마나 대단한지 곧바로 알아차리지 못한 듯하다. 그는 이렇게 썼다. "잡종 토마토들의 기원은 비교적 최근이다. 이 품종들이 시장을 얼마나 장악할 것인지는 시간만이 알겠지."

"오베드가 빅보이를 개발하는 데 얼마나 걸렸죠?" 나는 볼에게 물었다.

"8년에서 10년쯤 될 겁니다." 더 작게 자라는 토마토 나무를 만드는 것은 어렵지 않다. 그러나 다른 바람직한 특질을 잃지 않으면서도 작게 자라는 토마토 나무를 만드는 것은 어렵다. 예컨대 맛과 성공적인 개화와 열매 맺기, 병충해에 대한 저항성, 과실 모양과 크기 등. "말 그대로 발전시켜야 할 것들이 열 개라면, 그 모든 특징을 하나의 품종에 제대로 담는 겁니다. 복잡하고 어려운 게 그 때문이죠. 식물 육종을 전공한 사람들이 많지 않은 이유고." 볼의 설명이다.

오베드는 토마토에 더해서 오이, 가지, 머스크멜론, 수박에 대한 잡종화를 세계 최초로 성공시켰다. 그는 버피 사에서 근무한 길지 않은 기간에 12종의 개량종을 개발한 것으로 인정받고 있다. 그러나 그 어떤 것도 빅보이만큼 성공을 거둔 것은 없었다.

하지만 오베드 쉬프리스는 내심 더 큰 목표를 갖고 있었다.

1940년대 말 빅보이 개발과 같은 시기에 하나의 국가가 탄생했다. 중동의 포연이 가셨을 때 오베드의 팔레스타인 고향은 이스라엘의 영토가 되었다. 쉬프리스는 사막에 꽃을 피우는 국가적 과업에서 자신의 역할을 다하기 위해 고국으로 돌아갔다. 그리고 레호보트Rehovot에 위치한 와이즈만 과학연구소에 식물 유전학 프로그램을 창설하고 이끌었다. 이후 6년간 그곳에서 거주하며 석유의 대체물로 피마자 씨를 개발하는 프로젝트를 맡았다.

1958년 미국으로 돌아온 쉬프리스는 1984년 은퇴할 때까지 럿거스대학교에서 학생들을 가르치고 연구와 육종 실험을 계속했다. 은퇴 후에는 토마토에서 스쿼시로 관심을 돌려 (혹시 덜 알려졌을지 모르지만) 또 하나의 중요한 개발을 했다. 오이모자이크 바이러스에 강한 노란색 스쿼시 계열이 바로 그것이다. 오이모자이크 바이러스는 과실의 모양을 망쳐서 노란색 스쿼시의 상업적 재배를 가로막는 가장 큰 장벽이었다. 오베드 쉬프리스는 세상을 떠나기 일년 전까지도 연구 현장과 온실을 떠나지 않았다. 그는 스쿼시가 옥수수와 쌀, 감자와 나란히 영양가 높은 세계적인 주요 작물이 되기를 바라며 신품종(이를테면 스쿼시계의 빅보이)을 개발하는 꿈을 포기하지 않았다.

빅보이들에 관한 말이 나온 김에 나는 조지 볼에게 물었다. "빅보이라는 이름이 어떻게 붙여졌는지 알 수 있을까요? 혹시 오베드가 무덤까지 비밀을 가져갔나요?"

New Giant Hybrid Tomato
1131 BURPEE'S BIG BOY

Largest fruits of all our hybrids; some weigh 1 lb. and more,—average is about 10 ozs. Perfectly smooth, firm, scarlet-red, thick-walled fruits with meaty flesh of fine flavor and excellent quality. Plants are large, extremely vigorous, with moderately dense foliage that protects the fruits from sun-scald. Valuable for home and market. **Pkt.** (30 seeds) 50¢; **2 pkts.** 95¢; **3 pkts.** $1.35; **5 pkts.** $2.20

744 BURPEEANA EARLY DWARF PEA

A really high quality, early dwarf, wrinkled pea for the home garden, market grower, canner and freezer. Pods are dark green, 3 in. and more long and tightly filled with 8 to 10 sweet, tender peas. Vines grow 1½ to 2 ft. tall depending on location, and are exceptionally prolific. In comparison with other varieties of the same class, Burpeeana Early Dwarf is most outstanding for its high production of pods which are ready to pick in about 63 days. Experiment stations, to whom we sent seeds for testing purposes, reported most favorably on it. **Pkt.** 25¢; ½ lb. 55¢; lb. $1.00; 2 lbs. $1.90

New for 1949

1949년 버피 사 종자 카탈로그 뒷장에 첫선을 보인, 홈가드닝을 혁신시킨 빅보이 토마토. (W. Atlee Burpee & Company 제공)

볼이 선뜻 대답하지 못하고 망설였다. 그 순간 나는 무언가 민감한 부분을 건드렸다는 걸 직감했다. "아, 네. 그건 아니고요. 지금부터는 신중하게 대답해야겠군요. 〈USA투데이〉를 비롯해 많은 사람이 관련되어 있어서요. 그때 몹시 충격을 받았죠. 1991년에 회사를 인수한 후 창업자의 가족을 내보내야 했을 때요." 창업자 애틀리 버피의 손자인 조너선 버피를 가리키는 말이었다. "시기가 안 좋았을 뿐, 잘못된 일은 아니었죠. 1면에 싣기에는 사소한 거죠." 1면에 실리기에 "사소한 문제"라고? 볼은 계속해서 나에게 말했다. "그가 정확히 몇 살이었는지 잘 모릅니다." *당시 그는 51세였다.* "하지만 때가 때이니만큼, 우리는 그를 내보낼 수밖에 없었죠. 게다가 회사는 이미 20년 전 제너럴 푸드 사에 팔렸어요. 그래서 우리는 그에게 짐을 싸달라고 부탁했죠."

하지만 조너선은 일간지 헤드라인을 통한 작별인사를 선택했다. "버피 사, 빅보이를 내쫓다." "버피의 빅보이 해고되다." 조너선은 자신이 동명의 "빅보이"라고, 역대 가장 유명한 토마토는 자신의 별명을 따서 지어졌다며 억울함을 주장했다. 하지만 볼은 사실이 아니라고 힘주어 말했다. "오베드가 품종을 개발했고, 직접 이름을 붙였어요." 오베드가 자기 아들 조던의 별명을 따서 토마토에 이름을 붙였다는 것이다. "조던이 빅보이였거든요!" 조너선의 어릴 적 친구이기도 한 조던은 조너선보다 키가 컸다.

어쨌든 "빅보이"는 영어권 사람들이 기억하기 쉽고 외국인들이 발음하기 쉬운 두운체의 멋진 이름이 되었다. 볼의 말에 따르면 세일즈 컨퍼런스를 하러 전 세계 출장을 다닐 때 영어가 서툰 사람들도 그에게 접근하며 "빅보이!"라고 말한다. 정작 원어민들이 발음하기 까다로운 단어는 "토마토"다.

고통과 보람 사이, 육종가로 산다는 것

"나는 1978년부터 토-마흐-토의 품종 개량을 해오고 있습니다." 사이먼 크로포드가 영국 요크셔의 자기 사무실에서 영상 통화로 내게 말했다(미국은 토마토를 "포테이토"처럼 단어를 발음하는 몇 안 되는 영어권 국가에 속한다). 버피 사의 유럽 지점장이 되기 전 육종 팀장으로 근무했던 크로포드는 현대 종묘상 겸 육종가의 새로운 얼굴로, 오늘날 종자 산업의 글로벌한 성격을 보여주는 산증인이다. 그는 일리노이주와 환태평양에 거주하면서 전 세계로 출장을 다니다 고향인 영국으로 돌아왔다. 그가 생활하거나 방문했던 국가들의 리스트는 마치 세계지도를 보는 것과 같다.*

1876년 (리빙스턴이 그의 경력에서 절정기였을 때) 필라델피아에 설립된 버피 사는 영국에 유럽 지사를 두고 있다. 네덜란드에

---

* 오스트레일리아의 시드니, 멜버른, 퍼스, 브리즈번, 뉴질랜드의 오클랜드, 북 파머스틴, 일본의 지바, 아오모리, 중국의 쿤밍, 베이징, 상하이, 인도의 방갈로르, 델리, 인도네시아의 자카르타, 말랑, 그밖에 싱가포르, 타일랜드, 대한민국, 멕시코, 에콰도르, 콜롬비아, 칠레, 브라질, 아르헨티나, 미국, 유럽의 전 국가.

는 육종 연구 및 개발 연구소가 있으며, 인도에서는 내서성耐暑性, heat tolerance 테스트를 한다. 미국에서는 북미 시장을 위한 모든 하이브리드 신품종의 시장 테스트가 이루어진다. 크로포드는 리빙스턴처럼 실질적으로 종자 산업의 모든 부분에 관여해왔지만 가장 열정을 쏟는 것은 토마토 육종이다.

여러 시간 읽고 웹사이트를 뒤지고 전문 학술지를 붙들고 있었지만 나는 아담과 이브가 가족계획을 이해하는 정도로 교잡을 이해한다. 그 탓에 크로포드는 나에게 이 과정을 설명하는 데 아주 애를 먹었다. 그는 BBC 원예 프로그램의 호스트답게 차분하고 전문가다운 태도를 유지하면서 내게 설명을 했다. 적어도 BBC에서는 자주 듣기 어려운 두 단어 제웅emasculation(꽃가루 주머니가 터지기 전에 수술을 제거하는 것, 인공교배 시 필요한 작업—옮긴이)과 진동기vibrator(호박벌이 날개를 빠르게 떨어 고주파를 만들어내면 굳게 닫혀 있던 수술 속 화분이 꽃 밖으로 쏟아져 나오는데, 수분에 이런 곤충의 '웅웅거림'이 필요한 식물을 위해 호박벌을 대체하는 기구. 감자, 가지, 토마토 등이 대표적—옮긴이)를 설명하기 전까지는 그랬다.

모든 토마토 꽃은 암수 생식기를 함께 갖고 있으므로 "토마토는 당연히 자가수분을 합니다."라고 크로포드는 설명했다. 토마토의 작물화가 진행된 여러 세기 동안 꽃가루를 받아들이는 암술의 일부인 암술머리는 점점 짧아져서 거의 닫혀있는 원추형 수술 안쪽까지 위축되었다. 따라서 곤충이 다른 꽃에서 묻혀오는 꽃가루가 들어오지 못하게 하는 (적어도 단념시키는) 일종의 정조대 역할을 한다. 날갯짓이 빠른 벌들, 특히 뒝벌은 그러나 여전히 그런 역할을 한다. 그 벌들이 꽃에 앉아서 빠르게 날개를 떨면 꽃가루가 떨어져 암술머리에 묻는다. 그러면 꽃 아래쪽에서 수정된 씨방이 자라서 토마토가 된다. 이런 자가수분 결과 모든 토마토와 모든 세대에서 (변이를 가로막아) 앞 세대의 복제품이 생겨난다.

그러나 당신이 복제품을 원하지 않는다고 치자. 만약 당신이 각 특성 중 어떤 점을 취하기 위해 서로 다른 두 품종의 토마토를 결합 또는 '교배'해 잡종을 만들고 싶으면 어떻게 할까?

"먼저 당신이 어떤 특성을 원하는지부터 정하세요." 크로포드가 말했다. "가령 당신이 당도가 높은 플럼 토마토를 원한다고 칩시다. 그럼 산 마르자노 같은 타입의 토마토를 가지고 체리 토마토처럼 당분이 높은 토마토와 교배해야 할 겁니다."

예비 양친은 타가수분cross-pollination의 가능성을 조기에 막기 위해 곤충이 들어올 수 없는 온실에서 따로 기른다. 엄격한 근본주의자들이 여름 캠프 때 남녀 학생들을 격리하는 것처럼 말이다. "자가수분을 예방하기 위해 당신은 모본female parent으로 선택한 꽃에서 꽃가루가 방출되기 전에 거세해야 합니다. 겸자나 핀셋을 사용해서요. 그런 다음 이제 전동칫솔과 비슷한 생김새에 끝에 작은 튜브가 달린 진동 기구를 이용해 부본male parent에서 꽃가루를 포집합니다. 그렇게 모은 꽃가루를 모본에 수분합니다." 이때 작은 그림 붓 같은 도구를 이용한다.

아주 간단해 보인다. 그러나 토마토 인공교배에 성공하는 것은 암말과 당나귀를 클로버밭으로 보낸 다음 기분이 동하기를 바라는 것처럼 간단하지 않다. 가장 큰 이유는, 당신이 자손에게서 특정한 형질을 기대하기 때문이다. 단지 성숙한 노새를 기대하는 것과는 다르다. 게다가 토마토를 교배시킨다고 해서 바람직한 형질만 결합하지 않을 수도 있다. 어떤 토마토 잡종은 바람직하지 않은 형질만 물려받고, 좋은 형질은 잃어버릴 수 있다. 당신의 주된 교배 목표는 더 달콤한 플럼 토마토를 얻는 것이다. 하지만 그것들이 자라서 달콤한 열매를 보여주기 전까지는 속단할 수 없다. 어쩌면 병충해에 약할 수도 있다. 식감이 퍼석퍼석할지도 모른다. 설상가상 이 교배 사례에서 플럼 토마토가 아닌 체리 토마토 자손이 더 많이 나올 수 있다고 크로포드는 말한다. 플럼 토마토의 유전자는 열성인 경향이 있기 때문이다.

따라서 교배 과정은 하나가 아닌 여러 개의 플럼 토마토와 체리 토마토로 시작한다. "수많은 시행착오"를 거치게 되리라는 말은 절제된 표현이다. 일단 당신이 유망한 부모 계통을 갖고 있어서 유전자 다양성을 증가시킬 수 있게 되면, 각 부모의 유전적 변이를 제로 수준으로 줄일 필요가 있다. 그런 다음 그것들의 '교배'를 통해 부모와 일치하는 자손을 생산했을 때, 비로소 판매할 수 있는 잡종이 만들어진다.

왜 "여러 세대가 지나는 동안에도 나타나지 않던 나쁜 형질이 알 수 없는 이유로 다시 나타나는지"를 이해하지 못한 리빙스턴의 골칫거리는 바로 이 반복 과정의 문제에 있었다. 그러나 우리가 살펴봤듯이 리빙스턴은 각 단계에서 제거되어야 할 그 골칫거리들, '잠복' 열성 유전자를 제거해야 한다는 사실을 알지 못했다. 일례로 당신의 빨강 토마토가 빨강 우성 유전자 한 쌍을 갖고 있는지, 빨강과 노랑 유전자 한 쌍을 각각 가지고 있는데 그저 빨강색이 발현된 건지 분명히 알아둘 필요가 있다. 어떻게 아느냐고? 자가수분하게 둬라. 만약 모든 토마토 나무에 빨간색만 달렸다면 드디어 노란색 유전자가 제거된 것이다.

이런 식으로 되풀이한다. 오베드 쉬프리스는 거의 10년이 걸렸다. 최초 교배에 이어서 잇따라 부모 계통의 동종번식(즉, 자가수분)으로 성숙할 때까지 기른 다음 거기에서 최선의 식물을 선택하고 다시 동종번식 과정을 거치는 식으로 모든 자손이 똑같이 원하는 형질을 갖게 될 때까지 반복한다. 일반적으로 8세대를 거쳐야 한다. "이런 과정은 유전학 용어로 '동형homozygous'라고 부르는, 완전하게 균일한 계통을 얻게 해주죠." 크로포드의 설명이다. 물론 이 과정에서 같은 색상이라는 형질뿐 아니라 새로운 잡종이 지녀야 할 모든 형질이 각각 동형성homozygosity을 보여야 한다.

토마토가 익을 때까지 기다릴 필요 없이 육종가가 유전자 표지 genetic marker와 같은 현대의 도구를 이용해 유전자의 존재 유무를 추정할 수 있다고 해도, 이 작업을 위해서는 5~7년 동안 수만 그루의 식물이 필요하다. 며칠 만에 앱이 개발되고 눈 깜박할 사이에 메시지가 전송되는 즉각적인 시대에 식물 교배는 딴 세상 이야기처럼 들린다. 토마토에 적절한 특성을 주입하는 일은 그렇다고 치고, *훌륭한 육종가에게 필요한 자질은 무엇일까?*

"호기심이죠." 조지 볼은 주저 없이 대답했다. "훌륭한 식물 육종가를 찾을 때 제일 먼저 봐야 할 것은 절대적으로 호기심입니다. 두 번째로 중요한 자질은 날카로운 관찰력이죠. 만약 그 두 가지를 갖추고, 머릿속에 많은 정보가 담겨있으면 당신도 훌륭한 식물 육종가가 될 수 있습니다. 이건 공학과 아주 비슷하기 때문이죠, 유전학은 공학적인 상황에 처하는 일이 수시로 일어납니다. 아주 복잡한 상황에서 새로운 어떤 것을 만들어내야 하죠."

사이먼 크로포드는 여기에 몇 가지를 덧붙였다. "자기 단련과 체계화, 그리고 기록을 잘하는 것도 필수입니다. 식물에 대한 안목, 수시로 현장에 나가 보는 성실함도요. 식물 육종가는 현장에 나가야 할 일이 많습니다. 연구실에 틀어박혀 있어서는 절대 안 돼요. 나가서 작물을 관찰하고, 직접 돌보면서 몸으로 부딪쳐야 합니다. 농작물 재배에 대한 깊고도 넓은 이해가 필요하죠. 영양, 병충해 통제, 이 모든 게 식물 육종가에게 필수적입니다."

크로포드는 런던대학교에서 식물학과 유전학을 연구하던 중 식물 육종에 관심을 갖게 되었다. "그래서 관련된 책을 읽고 졸업

후 영국의 작은 육종 회사에서 일을 시작했어요. 그 시절 난 온실에서 살다시피 했어요." 그가 온실에서 보낸 시절은 결실로 돌아왔다. 그가 개발에 성공한 토마토 잡종 중에는 클라우디 데이즈Cloudy Days(이슬비가 많이 내리는 영국 기후에 맞춰서 개발되었고 이름으로 특징이 짐작되는 몇 안 되는 하이브리드 품종 중 하나다), 허니콤, 체리 베이비, 글래디에이터가 있다. 그 밖에 미디엄 레어(18온스의 과실이 열리는, 핑크빛을 띠는 비프스테이크 토마토), 행잉 바스켓용으로 개발된 과실이 작은 잡종인 텀블러는 (대부분의 토마토보다 수확이 한 달쯤 빠른) 45일 만에 빽빽하게 무더기로 열리는 체리 토마토다.

"엄청난 모험이죠." 크로포드가 육종에 대해 설명했다. "늘 계획을 세우지만 길모퉁이를 돌면 좋든 나쁘든 언제나 예상치 못한 놀라움이 기다리고 있거든요. 처음 선 골드를 맛보았을 때가 기억나는군요." 전 세계 텃밭에서 즐겨 기르는 품종이 된 골든체리 토마토 잡종을 일컫는 것이다. "정말 놀랐죠. 그 맛이 얼마나 달고 상큼한지 내 감각을 믿을 수 없을 정도였어요. 선 골드는 일본의 도키타 사에서 교배한 거죠. 20년 전인 그날 이후로 난 그들의 육종에 경외심을 가졌어요. 그들은 그저 베끼는 수준을 넘어선 혁신가들입니다. 그들은 자주적으로 사고했어요. 그 점은 식물 육종가들에게 또 다른 중요한 교훈이죠."

그러나 빅보이에 대한 사소한 실망은 수천 가지가 있다. 육종가가 된다는 것은 예측할 수 없고 설명할 수 없는 상황, 기대와 우려, 성공과 실패를 다루는 일이다.

사이먼 크로포드 같은 사람들에게 육종은 그만한 가치가 있다. "육종하는 일 자체가 보람 있고 재미도 있지요. 그러나 무엇보다 만족스러운 건 무더운 여름날 교배에 성공한 품종의 잘 익은 첫 과실을 맛보는 그 순간이에요."

휙휙 날아올라서, 우주의 시대로 쏘아 올려진 토마토

오베드 쉬프리스가 20세기 미국에서 유일하게 토마토 교잡에 성공한 사람은 결코 아니었다. 오히려 토마토 교잡에 가장 큰 공헌을 한 사람은 육종가가 아니었다.

모두에게 찰리 릭이라고 알려진 찰스 M. 릭Charles M. Rick은 식물학자이자 식물유전학자였다. 그는 1941년 캘리포니아대학교 데이비스 캠퍼스의 트럭작물연구소(근교농업에 대응하여, 대도시의 원격지遠隔地에서 자연조건을 적절하게 이용해 채소 · 화훼 과수 등을 재배한 후 트럭이나 기차로 대도시의 시장에 출하하는 작물, 원교농업작물—옮긴이)라는 유쾌한 이름의 연구소 교수직을 수락했다. 찰스 다윈과 인디애나 존스의 잡종으로 종종 불리던 릭은 일찌감치 재배토마토의 야생 친척들을 수백 종 수집하고 목록을 만들기 위해 남미(주로 페루와 에콰도르)를 7년 동안 열세 차례나 다녀왔다. 초창기에는 처음부터 끝까지 7주를 화물 수송기로 다녀야 해서 쉽지 않았다. 하지만 릭이 가족을 데리고 고물 폭스바겐 미니밴으로 토마토를 찾으러 안데스 해안을 뒤지고 다니는 것을 누구도 막지는 못했다(아버지 덕에 어려서부터 모험과 불편함의 맛을 즐길 줄 알았던 아들 존은 나중에 고고학자가 되었다).

릭이 남미 탐험을 시작했을 때 미국에서 교배하고 재배되던 토마토는 모두 400년 전 멕시코 정복기에 스페인 사람들이 가지고 온 한 줌도 안 되는 품종의 후손들이었다. 사실 그것들은 안데스에서 자라는 소수의 야생 토마토에서 태어난 것들이었다. 애초 얼마 안 되던 이 샘플들의 다양성은 미국에 도착하기 전 유럽에서 수 세기 동안 인위적인 선택을 통해 줄어든 터라, 작물화된 토마토에는 야생종 집단의 총 유전 물질 중 5퍼센트만 남아있었다.

나머지 95퍼센트를 찾으러 갔던 릭은 이전에 발견되지 않은 야생 토마토 품종 수백 가지를 수집했다. 그중 어떤 것은 전혀 '토마토'가 아니었지만 (즉 Solanum lycopersicum에 속하지 않았다) 작물화된 토마토와 상호 교배됐을 거라고 여겨질 정도로 밀접한 관련이 있었다. 여기에는 그 조상이라고 여겨지는 품종도 포함되었다. 콩보다 별로 크지 않은 열매가 열리는 작은 커런트(베리류의 열매―옮긴이) 또는 핌프 토마토Solanum pimpinellifolium가 바로 그 것이었다. 릭은 자신이 남미에서 채취한 토마토 품종의 씨앗들을 가지고 UC 데이비스에 토마토유전자원센터Tomato Genetics Resource Center를 설립했다. 그곳의 씨앗은행은 매년 1,000여 개의 씨앗 봉투를 원하는 육종가나 연구자들에게 무료로 보내준다. 현재는 릭의 대학원 제자인 로저 체틀랫Roger Chetelat이 맡고 있는 그 센터는 세계 최대 토마토 종자 컬렉션을 보유한 것으로 알려져 있다.

찰리 릭은 주변 환경과의 관계에서 토마토를 보는 접근방식으로 큰 성공을 거두었다. 사막에서 자라는 토마토를 발견하면 그 토마토가 분명 가뭄에 강한 유전자를 갖고 있을 거라고 생각했다. 또 선충류가 번식하는 환경인, 재사용 폐수로 키우는 페루의 어떤 마을에서 토마토를 발견했을 때는 그 토마토가 저 파괴적인 기생충에 대한 저항력을 갖고 있을 거라고 예측했다. 이들 토마토의 유전자를 확보한 그는 다른 토마토와 교잡하는 길고 긴 작업에 들어갔다. 일단 이 유전자들이 확인되면, (1957년산 쉐보레 자동차의 부품을 바꿔 끼는 것처럼 간단하지는 않지만) 다른 토마토와 교배가 가능하다. 대체로 유전자 분리는 어렵고 혜택만큼 해로운 영향도 있다. 일례로 가뭄에 강한 유전자의 배열은 쓴맛을 가지고 있거나 병충해에 약할 수 있다.

릭은 갈라파고스섬을 두 번이나 방문했다. 다윈이 서로 다른 종류의 핀치새를 연구하면서 자연선택과 진화에 대한 깨달음을 얻었던 바로 그 섬이다. 릭은 체리 토마토와 비슷하게 생긴 갈라파고스 토마토 씨앗을 집으로 가지고 왔다. 그러나 온갖 전문 지식을 동원해도 씨앗은 발아되지 않았다. 씨앗을 용제에 담갔다가 사포로 문질러도 보았지만 소용없었다. 동물의 소화기관을 통과하면 씨앗이 생명력을 얻게 된다는 말을 듣고 갈라파고스에 흔한 흉내지빠귀와 이구아나에게 씨앗을 먹인 뒤 그것을 회수해 실험했지만 소용없었다.

그는 마지막으로 갈라파고스 자이언트 거북이를 떠올렸다. 데이비스 캠퍼스에는 자이언트 거북이가 없었지만 샌프란시스코에 사는 로버트 보우먼이라는 핀치새 전문가가 집 뒷마당에 한 쌍을 키우고 있다는 사실을 알게 되었다. 릭은 보우먼에게 부탁해서 거북이에게 먹일 씨앗을 보냈다. 보우먼은 2~3일에 한 번씩 씨앗을 먹여 거북이가 변을 배설하자마자 냄새가 새어나가지 않게 밀봉한 뒤 릭에게 우편으로 보냈다(미국에서 우편으로 변을 보내는 것은 지금처럼 그때도 불법이었다). 그러면 릭은 핀셋을 들고 거북이의 변을 꼼꼼히 헤쳤다. 그러나 그는 우편으로 받은 많은 샘플에서 씨앗을 발견하지 못했고, 보우먼에게 보낼 씨앗도 조금씩 바닥을 보이기 시작했다.

그 무렵 릭이 알고 지내던 한 동물과학자가 쉽게 식별할 수 있게 마커로 씨앗에 색칠할 것을 제안했다. 이후 거북이는 붉은 염료를 칠한 갈라파고스 토마토 씨앗이 섞인 상추를 먹게 되었다. 한 달 후(거북이는 그 명성에 걸맞게 모든 면에서 느리다) 마침내 변속에서 붉은 씨앗이 모습을 드러냈다. 그리고 발아에 성공했다.

찰리 릭의 전설적인 집념을 보여주는 재미있는 일화를 넘어서서, 이 실험을 통해 갈라파고스 토마토는 20세기의 중요한 혁명 중 하나에 결정적 영향을 미치는 특질을 지녔음이 밝혀졌다. 다름 아닌 기계 수확이 가능한 토마토다.

한 손으로 가지에 달린 토마토를 딸 때 당신은 종종 과실과 함께 다소 초록색을 띠는 줄기(즉, 소화경. 꽃을 받치는 자루, 꽃과 가지의 연결 부위—옮긴이)가 딸려오는 상황을 경험했을 것이다. 과실이 숙성함에 따라 만들어지는 약한 부위 또는 '연결 부위'로, 잘 익은 과실이 나무에서 쉽게 떨어지도록 진화된 것이다. 그런데 토마토를 수확하고 가공하는 사람들에게는 이 부분이 성가셨다. 밭에서 그 부위를 제거하지 않으면 포장이나 통조림 공장으로 이동하는 과정에서 다른 토마토에 상처를 주기 때문이다. 소화경은 오래전부터 토마토 수확 기계를 사용하는 데 방해가 되었다.

그러나 갈라파고스 토마토Solanum cheesmaniae에는 '연결 부위가 없다.' 이런 형질이 작물화된 토마토와 만나 성공적으로 교배되면, 그 잡종 과실은 줄기에서 제일 약한 지점에서 가지와 분리될 것이다. 즉, 줄기와 토마토가 만나는 지점이다. 이를 다시 껍질이 두꺼운 토마토와 교배하면 마침내 기계 수확이 가능해진다. 트랙터처럼 생긴 기계가 이랑 사이로 천천히 나아가면서 날카로운 칼날로 나무를 자른 다음 나무 전체를 들어올려 토마토가 가지에서 깨끗하게 분리될 때까지 통 위에서 격렬하게 흔든다.

UC 데이비스 캠퍼스의 릭과 함께 일했던 캘리포니아 농부들에게 기계 수확기는 만성적인 노동력 부족을 덜어주는 신이 보낸 선물이었다. 노동력 부족은 멕시코 농장 노동력을 제한했던 1960년대 연방정부 정책의 결과였다. 기계 수확기는 하룻밤 사이에 미국 토마토 가공업을 떠맡게 되었다. 다만 기계는 신선 마켓에서 판매되는 생토마토를 수확하기에는 너무 거칠었다. 신선 마켓은 더욱 깔끔하게 선별한 흠집 없는 과실을 요구했다. 모두가 이런 발전을 반기지도 않았다. 기계 수확은 캘리포니아 가족 농장의 몰락을 가속화했다. 소규모 농가는 기계화 비용인 5만~20만 달러를 지불할 여유가 없었다. 기계가 출시되고 5년 안에 캘리포니아의 토마토 재배농가 5,000곳 중 4,428개가 폐업하고 3만 2,000개의 일자리가 사라졌다.

찰리 릭의 업적은 토마토 육종과 유전학의 거의 모든 측면에 영향을 끼쳤다. 그는 토마토를 모든 식물 중 게놈을 가장 잘 이해할 수 있는 것으로 만드는 데도 적지 않은 역할을 했다. 그가 몇십 년 더 일찍 태어났다면, 그의 남아메리카 발견은 중요한 진보가 아니라 식물학적 호기심에 그쳤을 것이다. 그러나 잡종화의 전성기에 남아메리카를 여행한 덕에 그는 학계에서 주류가 된 수많은 발견을 할 수 있었다. 릭이 남미에서 발견한 토마토들에서 얻은 최소 16가지 병충해 저항성은 현대의 토마토들에 적용되었다. 그 결과 현재 우리 곁에 있는 대다수 잡종 토마토들은 찰리 릭 덕분에 DNA 일부와 성공을 얻었다.

제트 스타라든지 슈퍼소닉 같은 이름이 반영하듯 교잡의 전성기는 토마토를 우주의 시대로 쏘아 올렸다. 따라잡기조차 버거울 정도로 빠르게 나오는 새로운 잡종들은 개선된 병충해 저항력, 조기 성숙, 더 커진 과실 크기, 선명한 색상을 등을 자랑한다. 게다가 좋은 물건을 알아보는 마케터들의 기민한 상술 덕에 빅보이에 이어 베터 보이, 서니 보이, 터프 보이, 빅 걸, 얼리 걸, 뉴 걸, 골든 걸, 브랜디 보이 같은 것들이 줄지어 나왔다.

개인적으로 나는 멘델, 리빙스턴, 쉬프리스, 릭 등의 이름을 딴 품종을 보고 싶다. 현대의 토마토는 그들 각각에게 어마어마한 신세를 졌기 때문이다. 사실 이 네 명의 선구자들이 영향을 끼치지 않은 토마토를 시장에서 찾아보기는 어렵다.

그리고 바로 여기에서 문제가 생겼다.

속속 개발된 신품종들이 예전 것보다 더 크고 더 둥글고 더 매끄럽고 더 빨갛고 더 빨리 자라고 병충해에 더 강하든, 혹은 당신의 텃밭에서 땄든 과일가게에서 구입한 것이든, 새로운 잡종 세대 토마토들에게는 한 가지 공통점이 있다. 20세기의 마지막 4반세기에 이르러서는 더 이상 간과할 수 없게 된 그 문제는 바로 토마토의 맛이 나아지기는커녕 점점 더 나빠졌다는 사실이다.

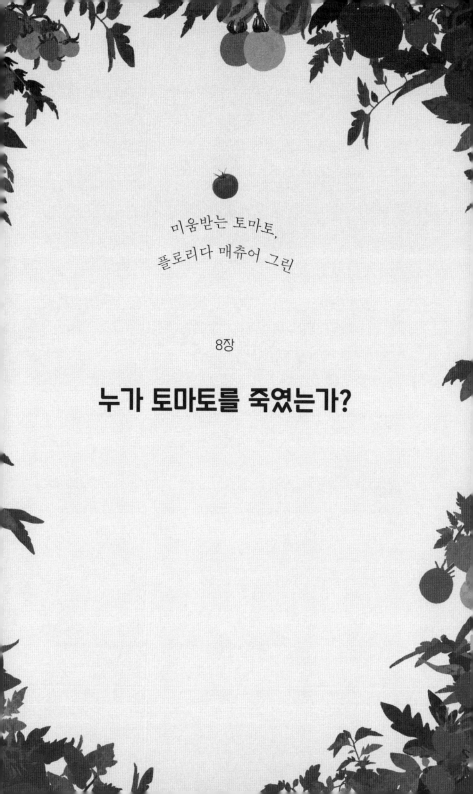

미움받는 토마토,
플로리다 매츄어 그린

8장

누가 토마토를 죽였는가?

"빨간 가방 누구 겁니까?"

공항 검색대에서 내가 가장 듣고 싶지 않은 말이다. 특히 플로리다 토마토 농장들을 순례하느라 피곤한 일주일 보낸 후, 어서 집으로 돌아가 침대에 눕고 싶을 때는 더욱 그렇다. 또다시 나와 내 비행기 사이에는 TSA(미국교통보안청) 보안검색대가 버티고 서 있다(지난번에는 가속성 폭약 1킬로그램과 묘하게 닮은 사워도우 스타터 1킬로그램을 가지고 프랑스행 비행기를 타려다 이 꼴을 당했다).

이 짐이 X선 촬영에서 폭발물처럼 보인 게 분명하다. 그래서 나는 직원이 가방 지퍼를 열 때 선제적으로 설명을 했다. "그건 토마토입니다."

그가 의아한 표정으로 나를 보았다. "초록색인데요."

그나마 단단한 걸 다행으로 여겨야 할 판이다. 잠시 후 가방을 낚아챈 내가 지퍼를 닫지 않고 서둘러 게이트로 뛰어가다 토마토 열 개가 몽땅 바닥으로 떨어졌기 때문이다. 당구공의 랙(시합 전에 공을 늘어놓기 위한 삼각형 나무 틀—옮긴이)이 깨진 듯 토마토가 탐파 국제공항 바닥을 통통거리며 굴러다녔다.

"어머나, 미안해요!" 한 여자 행인이 조심해서 걷다가 발꿈치로 토마토를 밟았다.

"아뇨, 괜찮습니다. *플로리다 토마토인걸요.* 더 나빠질 것도 없습니다." 농담이 아니었다.

맛대가리 없는 토마토의 원흉을 찾아라!

플로리다 토마토보다 더 악명이 높은 채소는 상상하기 힘들다. 반세기 넘게 조롱당하고 악마화되고 비방을 당했다. 그러나 비록 맛없고 영혼도 없는 공장식 식품의 화신이 되어오는 동안에도, 저널리스트 아서 앨런의 말처럼 "보편적인 불만족의 상징"인 플로리다 토마토는 미국인의 식습관을 변화시켰다. 한때는 생토마토를 맛보려면 일년 중 몇 달에 불과한 제철, 그리고 가능한 지역을 찾아야 했다. 농장에서 토마토 열매가 보이면 진정한 여름의 시작을 의미했다. 온실 재배 토마토를 사 먹을 여유가 있는 일부 부유층을 제외하고 2월의 토마토는 8월의 자몽(서인도제도 자메이카가 원산지인 자몽 시즌은 11월부터 시작되어 1~2월에 절정이다—옮긴이)처럼 낯설고 희귀했다.

그런데 플로리다가 모든 것을 바꿨다. 가을부터 이듬해 초여

름까지 저렴한 토마토를 상자째 슈퍼마켓에 공급하고, 모든 레스토랑 샐러드에 쐐기 모양으로 잘린 색색의 토마토가 들어가게 하고, 소위 패스트푸드 레스토랑의 경이로운 성장을 부추겼다. 하지만 그런 모든 성공과 별개로, 그 맛대가리 없는 것을 좋아한다고 솔직히 인정하는 사람을 찾을 수 있는지는 의문이다. 밍밍한 맛과 퍼석퍼석한 식감은 종종 마분지와 스티로폼에 비유된다. 미국인들은 식품에 대한 불만족도 조사에서 토마토를 변함없이 첫손에 꼽는다. 일년에 10억 톤이나 소비하면서 말이다.

우리는 어쩌다 가장 싫어하는 채소를 이렇게나 많이 먹는 아이러니에 처하게 됐을까? 그리고 그것은 어쩌다 이렇게 나빠졌고, 우리가 한때 먹었던 맛에서 왜 이렇게 멀어졌을까? 이 미스터리는 내가 처음 셀로판으로 포장된 단단한 토마토를 세 팩 먹은 후로 내내 나를 괴롭혔던 질문이다. 그래서 나는 누가 토마토를 죽였는지 밝혀내려고 플로리다로 날아갔다. 그 범죄를 해결하기 전까지는 이곳을 떠나지 않을 작정이었다.

드디어 유력한 용의자(적어도 그들의 대리인)들이 지금 플로리다 이모칼리에 위치한 미국 최대 토마토 재배 농가 리프먼 가의 농장 사무실에서 나와 얼굴을 마주보며 앉았다. 클루Clue(1949년 영국 파커 브라더스에서 개발된 보드게임—옮긴이)의 라이브 액션 게임처럼 느껴지지만 머스터드 대령과 피코크 부인 대신 우리의 용의자는 다음과 같다.

회사 대표: 켄트 슈메이커. 이 공장형 농장의 대표이다. 그 말은 농약 살포부터 수익까지 모든 것을 책임진다는 의미다. 그를 의심하는 중요한 이유는, 그가 나를 이 사무실로 초대한 당사자이기 때문이다.

농부: 토비 퍼스. 농장 수석 관리인으로, 토마토를 재배하고 가스를 주입하는 장본인이다. 퍼스pusre(영어로 돈지갑, 금전이라는 의미가 있다—옮긴이)라는 성을 쓰는 전직 수석 재정담당자? 의심스럽다.

육종가: 마크 바리노. 육종 겸 종자 생산 담당자이다. 토마토의 향을 되돌리고 싶다고 말한다. 양심의 가책을 느끼는 건가?

그다음으로 작가가 있다. '이스타브룩 효과'라고 부르는 것 덕분에 나 자신도 적잖이 의심받고 있다는 것을 잘 알았다. 2009년 식품과 와인 전문 월간지 〈구르메Gourmet〉에 전속 기자이자 편집자인 배리 이스타브룩의 폭로 기사가 실렸다. 우리 대부분이 한시도 생각해본 적 없는 어떤 것에 대한 대중적 관심을 널리 불러일으킨 기사였다. 토마토는 어떤 경로를 거쳐 우리가 먹는 버거에 들어가게 되는가(2년 후 그는 《토마토랜드》라는 책에서 더 상세히 다루었다). 그 내용은 결코 아름답지 않은 그림이었다. 플로리다 이모칼리 근방의 이민 노동자들이 겪는 비참한 생활환경과 저임금, 노골적인 임금 착취, 구타, 심지어 노예(쇠사슬도 포함됨)처럼 겪는 학대를 고발하는 내용이었다. 당시 그들은 5월부터 12월까지 미국에서 소비되는 토마토의 90퍼센트를 수확했다. 거기에는 미국 모든 패스트푸드점의 버거와 타코, 샐러드에 들어가는 토마토도 포함되었다.

갑자기 우리 모두 공범이 되고 말았다. 드라이브스루 창구 앞에 차를 세우고 햄버거를 주문하는 일은 21세기의 노예제를 옹호하는 것과 동일시되었다. 인권 옹호 단체인 이모칼리노동자연합 CIW은 1990년대 이후 농장주들에게 개선에 대한 압박을 넣었지만 성공을 거두지 못했다. 주주들은커녕 상호조차 없이 가족끼리 운영하는 농장주들은 언론의 비난과 피켓 시위에 점차 면역이 생겼다. 그러자 2001년 CIW는 다른 전술을 쓰기로 했다. 이모칼리 토마토의 최대 구매자들과 직접 싸우기 시작한 것이다. 그들은 이미지에 민감한 기업들 이를테면 타코벨, 버거킹, 맥도날드, 웬디스, 서브웨이에 토마토 1파운드당 1페니를 더 지불해 그 돈이 곧장 노동자들에게 보너스로 돌아가도록 조치할 것을 요구했다.

기업들이 토마토 1파운드당 1페니를 더 낼 경우, 노동자 임금은 주당 60~100달러까지 늘어나는 반면 버거 한 개의 원재료 가격 인상분은 0.1센트도 되지 않는다. 어마어마한 수익을 내는 기업으로서는 새 발의 피도 되지 않을 요구였지만 그들은 몇 년째 꿈쩍도 하지 않았다. "내부의 노동 분규"에 간섭하는 것은 자신들의 일이 아니라며 농장에서 일어나는 폭행과 범죄에 대해 손을 놓은 것이다. 그러나 대학 캠퍼스에서 타코벨을 보이콧하고 일반 시민들이 꾸준히 관련된 캠페인을 벌인 효과가 축적되어 조금씩 타격을 주고 있었다. 그러다 기업 스스로 치명적인 피해를 자초하는 일이 발생했다.

2007~2008년 사이 여러 소셜미디어 플랫폼에 'surfxaholic36'이라는 계정 이용자가 CIW에 반대하고 분노하는 주장을 자주 포스팅했다. 버몬트의 상원의원 버니 샌더스Bernie Sanders가 이모칼리를 방문한 기사를 게재한 〈네이플스 뉴스〉의 기사를 두고 surfxaholic36은 신문사 웹사이트에 이런 댓글을 달았다. "CIW는 막가파 조직으로 뒷돈을 받으면서 이모칼리의 비즈니스를 망하게 할 것이다. 그들은 맥도날드를 공격하면서 후원금을 챙긴다. 그리고 이제 버거킹에게도 자기들 조직에 돈을 내라고 강요한다. 최고의 악질 쓰레기다. (…)나는 최대한 많은 와퍼를 사서, 이 거머리 같은 놈들을 폭로한 버거킹이 잘 되게 할 것이다."

와퍼에 대한 기이한 열정을 이용한 독설 공격은 〈포트 메이어스 뉴스프레스Fort Myers News-Press〉의 기자 에이미 버닛 윌리엄스의 관심을 자극했다. 그녀는 surfxaholic36의 신상정보를 추적해서 전화번호를 알아냈다. 그런데 막상 전화를 받은 상대가 앳된 중학교 여학생이었을 때 윌리엄스가 얼마나 놀랐을지 상상이 간다. "제가 아니에요." 소녀는 CIW에 대해 아무것도 모른다고 주장했다. "그건 저희 아빠예요." 소녀는 아빠가 가끔 자신의 소셜미디어 계정을 이용한다고 털어놓았다. 소녀의 아버지는 버거킹에서 식품 안전과 품질 보장, 규제 업무를 맡고 있던 스티븐 F. 그로버 부사장인 것으로 밝혀졌다. 이 홍보활동의 참사를 겪은 후 버거킹을 비롯해 다른 레스토랑들과 주요한 슈퍼마켓 체인들은 굴복했다. 다만 웬디스는 제외되어 주목을 끌었는데, 대신 웬디스는 플로리다에서 완전 철수했다.

버거킹의 "아빠"는 다른 일자리를 알아보도록 권유받았다.

패스트푸드 기업과 슈퍼마켓들은 토마토 구매가를 소액 인상할 뿐만 아니라 CIW의 공정식품 프로그램에 서명한 농장의 토마토만 구매하라는 더 의미 있는 요구에 동의했다. 그 프로그램은 농장이 노동 조건을 준수하고 노동자들이 농장주로부터 정당한 대접을 받도록 개별적인 감시 시스템을 가동하는 프로그램이다.

〈구르메〉의 기사가 나온 후 일년이 지난 2010년 마침내 농장들과 (플로리다에서 생산되는 빨갛고 둥근 모든 것들을 통제하는) 플로리다 토마토 생산자 거래소Florida Tomato Growers Exchange는 항복했고, 합의서는 효력을 발휘하게 되었다. 변화는 대단히 극적이어서 이제 이모칼리는 공정한 이민노동자 관리의 모델로 손꼽히고 있다. 2018년 이스타브룩은 저서인 《토마토랜드: 현대의 농업회사는 우리의 매혹적인 과일을 어떻게 파괴했나Tomatoland: How Modern Industrial Agriculture Destroyed Our Most Alluring Fruit》에 긍정적인 새로운 부제 '치욕의 수확에서 희망의 수확으로From Harvest of Shame to Harvest of Hope'를 달아 업데이트한 개정판을 냈다.

8월의 할머니 텃밭 토마토를 고수할 것인가,
아니면 맛없는 2월의 토마토를 선택할 것인가?

해피엔딩이지만 그 기억은 남부에서 오래도록 유명했다. 따라서 토마토 재배 농부들에게는 자신의 산업과 관련된 책을 쓰려고 온 또 다른 북부 작가에 대한 경계심이 남아있었다. 켄트 슈메이커는 여러 번 퇴짜를 놓은 끝에 어렵사리 내 방문을 허락했다. 190센티미터가 훌쩍 넘는 키에 빳빳한 청바지와 버튼다운 셔츠 차림의 슈메이커는 26년간 거대 식자재 유통회사 시스코에서 근무한 뒤 2011년에 리프먼Lipman에 합류했다. 가족 소유의 이 기업에 영입된 최초의 '아웃사이더' CEO다. 그는 시운전 기간을 많이 누리지 못했다. 자신이 이 회사에 들어오자마자 《토마토랜드》가 출간되었다며 그는 얼굴을 찌푸렸다.

"나는 매 끼니 토마토를 먹습니다."라고 말하는 슈메이커는 나를 위해 이틀간의 인터뷰와 농장 시찰을 주선해주었다. 리프먼 농장의 토마토 재배, 수확, 포장, 육종시설을 자유롭게 돌아볼 수 있게 해주겠다고도 약속했다. 내가 범죄를 밝히는 데 필요하다며 여기저기 들쑤시다가 쫓겨나지만 않는다면 말이다. 그러나 이곳 사람들은 모두 인상이 좋고 넉넉해 보이며 악의 없이 농담을 주고받는 것처럼 보인다. 나는 곧 그 이유를 알게 될 터였다.

내심 나 자신을 보호하기 위해 직구(왜 당신네 토마토는 그렇게 맛이 형편없냐는 질문의 변형)를 던지기 전에 그들의 경계심을 풀 겸 듣기 좋은 질문으로 대화를 시작하려고 마음먹었다. 그런데 내가 입을 열기도 전에 슈메이커가 내 어젠다를 선취해버렸다.

"사람들에게 자주 듣는 말인데, 플로리다 토마토 같은 것을 주제로 할 때 아마도 당신은 이렇게 시작하고 싶겠죠? '왜 2월에 먹는 토마토에는 할머니의 텃밭에서 8월에 따 먹던 토마토의 맛이 나지 않는가?' 맞죠?"

천만에, 내가 시작하고 싶은 말은 분명 그게 아니었다. 그 말은 취재를 끝낼 때 던지고 싶던 질문이다. 하지만 인터뷰를 시작하고 10초쯤 지났을 때 나는 깨닫고 말았다. 수백만 달러 매출을 올리는 기업의 CEO에게 나는 감히 상대가 안 된다는 사실을. 나는 그저 입을 꾹 다물고 슈메이커 자신이 묻고 자신이 대답하는 내용을 끄적거리기 시작했다.

"우리는 2월에 플로리다 이모칼리에서 세인트루이스까지 토마토를 운송해야 합니다. 그런데 할머니 표 토마토는 그게 안 됩니다. 가지에서 완전히 빨갛게 익은 토마토는 이 과정을 견뎌내지 못하기 때문이죠. 그래서 우리는 수확하고, 포장하고, 전국으로 운송하고, 배달하고, 그러고도 여전히 소비할 수 있는 토마토에 리코펜 함량을," 리코펜은 토마토의 붉은색을 주는 카로티노이드 색소다. "높이는 방향으로 교배를 해왔습니다. 그건 언제나 도전이죠. 소비자는 선택해야 합니다."

"여전히 소비할 수 있는"이라는 말은 정확하게 그 식품을 열렬히 지지한다는 뜻은 아니다. 그러나 슈메이커는 내 방문의 주제를 정해놓았다. *도전과 선택*. 비록 도전 중 어떤 것은 1세기 전, 이 범죄의 씨앗이 뿌려졌을 때 선택한 것의 결과지만 말이다.

남북전쟁 이후 토마토는 플로리다에서 상업적으로 재배되기 시작했다. 초기에는 서리의 위험을 피해 동부와 서부 해안을 끼고 농장들이 들어섰다. 1870년대에는 사니벨 섬Sanibel Island(농장 부지에 콘도미니엄이 들어서기 전이다)에서 재배된 토마토가 키 웨스트로 운송되어 보스턴과 뉴욕으로 가는 배에 실렸다. 그 주에서 가장 많이 재배된 토마토 품종 다섯 가지는 애크미Acme, 스톤Stone, 페이버리트Favorite, 퍼펙션Perfection 그리고 뷰티Beauty였다. 모두 알렉산더 리빙스턴이 개발한 품종이다.

플로리다 토마토에 대한 불평은 플로리다 토마토의 역사만큼 오래되었다. 1920년 미국 농무부USDA 회보에는 "매년 수 천대의 차량으로 플로리다 토마토를 북쪽으로 실어 나름에도 불구하고 그 품질은 (…) 열악하다는 것을 인정한다"고 적혀 있다. 혹자는 무더운 철도 차량으로 오랜 시간 이동해야 하는 탓에 익기 전에 수확할 필요가 있어서 토마토가 "분홍색이고 맛이 없다"고 말했다. 얼마나 일찍 수확해야 하는가에 대해서는 1888년에도 이슈였다. 한 농부는 "토마토에 붉은색이 나오려는 기미를 보이되 아직 나오지 않았을 때" 수확할 것을 권했다.

2차 대전 후 연방 고속도로 시스템이 갖춰지면서 남부 플로리다에서 메인주에 이르는 그 유명한 I-95 덕택에 신선한 채소의 장거리 트럭 운반이 가능해졌다. 1960년대에는 모든 슈퍼마켓과 미국의 길모퉁이 식료품점마다 10월부터 이듬해 6월까지 완벽하게 균일하고 흠집 없고 (…) 맛없는 플로리다 토마토가 흔히 서너 개씩 셀로판으로 포장한 종이팩에 담겨 판매되었다.

그런데 토마토의 맛은 대체 어디로 간 것일까?

"재판장님, 이 토마토는 초록색입니다!"

켄트 슈메이커는 토마토를 전국으로 배송하는 애로를 털어놓으며 "소비자는 선택을 해야 한다"고 말했다. 그 선택의 필연적인 결과는, 플로리다 토마토를 규정하는 특징이자 업계에서 말하는 소위 '매츄어 그린mature green' 단계의 과실을 따서 가스로 익히는 것이다. 플로리다 토마토 업계에 몸담지 않은 사람들에게 매츄어 그린 토마토는 "웰던 스테이크 타르타르(저민 소고기를 소금과 후추로 간하여 날로 먹는 요리—옮긴이)"에 버금가는 모순어법처럼 들린다. 그러나 여기 '토마토랜드'에서 그것은 단지 재배 전략이 아니다. 신념 체계다.

'매츄어 그린'이 무슨 뜻일까? 리프먼의 네이플스 농장 매니저인 크리스 캠벨은 이튿날 나를 토마토밭으로 데리고 가서 직접 보여주었다. 큰 키에 호리호리하고 전원 친화적으로 생긴 캠벨은 어릴 때 보고 자란 텔레비전 프로그램 속의 1950년대 후반 농부를 생각나게 한다. 그 당시 플로리다의 토마토 농업은 막 본궤도에 오르는 중이었다. 만약 내 밭에 심은 토마토라면 2~3주 더 기다리면 기다렸지 초록색의 단단한 토마토를 딴다는 것은 생각도 못 할 일이다. 그러나 캠벨은 탐침하듯 칼끝으로 토마토의 로큘locules(성숙한 토마토에서 질퍽질퍽한 부분, 씨앗을 품고 있는 각각의 방. locule은 라틴어로 little place를 뜻함—옮긴이)를 찌르며 말했다. "이곳이 젤리처럼 되면서 씨앗이 점점 짙어지죠. 그러면 우리는 수확할 준비가 되었다고 말합니다."

아마 그 안은 지금 약간 젤리 상태일 것이다. 하지만 다른 부분은 모두 연초록색, 아일랜드 봄 색깔이거나 개구리 커밋 Kermit('세서미 스트리트'에 등장하는 개구리 캐릭터—옮긴이)의 초록색과 비슷하다. "만약 그게 익은 토마토라면, 익지 않은 토마토는 어떤 모습이죠?" 내가 물었다.

캠벨이 더 높은 곳에 달린 작은 토마토를 따서 칼로 잘라 나에게 보여주었다. 하지만 그것 역시 매츄어 그린이었다. 그가 다음 열매를 선택했다. 전문가에게도 매츄어 그린과 임매츄어immature 그린을 구별하는 방법은 토마토를 훼손하는 것뿐인 게 분명했다. 세 번째로 시도했지만 토마토의 로큘에는 여전히 단단하고 희끄무레한 씨앗이 박혀있었다.

그렇다면 수확하는 사람이 어떤 것을 따야 할지 어찌 알까? 어떤 농장에서는 토마토 나무들에 횡렬로 줄을 치고 그 줄 아래에 있는 토마토, 즉 먼저 열린 토마토부터 수확한다. 그러나 여기 일꾼들은 캠벨이 트럭에 소지하고 다니는 탬플릿을 기억했다가 크기로 판단한다. 테니스공보다 약간 큰, 구체적으로 직경이 2.7인치(6.8센티미터) 정도 되고 매츄어 그린 단계에 도달한 토마토의 비율이 충분하면 모두 딴다. *이론적으로.*

그리고 날씨가 허락되면.

날씨가 맑을 거라는 일기예보에도 불구하고 멕시코만에서 간헐적으로 불어오는 가랑비는 수확을 위협한다. 젖은 과실은 수확 후 병충해가 생기거나 포장 시 문제가 발생할 수 있다. 따라서 오늘 수확할 것인지 아닌지 결정하는 게 중요하다. 회사뿐만 아니라 그 날을 위해 이모칼리에서 한 시간 반 걸려 버스로 이동해오는 수백 명 인부들에게도.

캠벨이 나를 픽업트럭에 태워 5,000에이커에 이르는 토마토밭을 통과해 나올 때 그의 전화기는 밭에서 보내오는 보고로 벨 소리가 끊이지 않았다. 이렇게 넓은 밭에서는 한쪽에 비가 오지 않아도 다른 쪽에서는 비가 올 수 있다.

우리는 말 없이 내려가다 토마토를 수확하고 있는 한 무리의 일꾼들 근처에서 트럭을 세웠다. 나는 근처에 있는 인부에게 시선을 고정했다. 대다수 일꾼과 마찬가지로 그는 H-2A 임시 농업 노동자 비자를 발급받은 멕시코 이주민이었다. 토마토 나무 앞에 쪼그려 앉은 그는 허벅지 사이에 커다란 플라스틱 바구니를 끼운 채 줄기에서 초록색 과실을 훑듯이 땄다. 손놀림이 얼마나 빠른지 팔이 여섯 개인 힌두의 신 같아 보였다. 몇 초 사이에 너무 작거나 너무 익은 토마토 몇 개만 빼고 완전히 훑어버리고는 신속하게 60센티미터쯤 떨어진 다음 나무로 가서 바구니가 가득 찰 때까지 토마토를 땄다.

그는 가득 찬 바구니를 어깨에 짊어진 채 빠르게 트럭으로 걸어가서 32파운드의 짐을 들어 적재함에 부렸다. 1,000파운드가 들어가는 통에 토마토를 쏟은 뒤에는 60센트로 환산되는 인수 토큰과 함께 바구니를 들고 밭으로 돌아왔다. 토큰을 주머니에 넣은 그가 재빨리 자기가 속한 줄의 다음 나무로 향했다. 토마토를 따서 트럭에 부려놓고 제자리로 돌아와 다시 따는 사이클을 반복하는 데 1분 30초밖에 걸리지 않았다.

따고 부리고, 돌아와 다시 따고 부리고…. 스무 명의 인간 일벌들이 트럭에서 흩어졌다가 잠시 후 먹이를 가지고 벌통으로 돌아와 저장하고, 다시 먹이를 가지러 황급히 흩어지는 동작을 몇 시간 보고 있자니 넋이 빠지는 듯한 느낌이었다. 남자들은 대체로 키가 작고 토마토 나무는 키가 커서 내 눈에는 육체와 분리된 머리와 초록색 토마토가 담긴 바구니만 이랑 사이로 동동 떠다니는 것처럼 보였다. 아버지 브뤼헐Pieter Brueghel de Oude(1527~1569, 네덜란드 르네상스 시대의 화가, 농촌과 농민들을 즐겨 그림. 농부 브뤼헐이라는 별명으로 불림—옮긴이)의 작품 못지않은 전원 풍경이었다.

그 풍경이 불러일으킨 묘한 감정은 캠벨이 나에게 바구니와 니트릴 장갑을 건네자마자 사라졌다. 나는 토마토 나무 앞에 쪼그리고 앉자마자 실수를 저지르고 말았다. "줄기를 제거해야 합니다." 그가 지적했다. 줄기가 붙어있는 토마토는 승객이 만원인 배에서 술 취한 선원이 단도를 휘두르는 것과 같다. 잘못 제거한 줄기가 수많은 과실에 치명적인 상처를 입힐 수 있기 때문이다. 캘리포니아의 가공용 토마토밭에는 꼭지 없는 토마토가 대부분인 것과 달리 이곳의 토마토들은 소화경의 약한 부위에서 분리한다. 내가 작은 꽃자루를 비틀어 따는 데 2~3초가 걸렸다. 예상과 달리 제법 질겼다(명심하라, 이건 초록색 토마토다). 그러나 경험 많은 일꾼들은 마술사처럼 손이 보이지도 않을 만큼 빠른 속도로 토마토들을 쓱 훑어내 바구니로 옮기고 있었다. 그들이 비숙련 노동자라고? 천만에.

나는 토마토를 따기 전에 적당한 크기인지 신중하게 살폈다. 부분적으로는 경험 부족 때문이었다. 하지만 바구니당 임금을 받는 인부들은 훨씬 덜 깐깐하게, 내가 토마토를 살펴보는 사이 나무 하나를 훑어버렸다. 애초 내 목표는 바구니 하나를 채우는 것이었다. 하지만 3분의 1도 채우지 못했을 때 내 엉덩이는 그만 마무리하라는 신호를 보내고, 허리 역시 같은 의견을 전해왔다. 이

매츄어 그린 토마토를 트럭에 기득 실은 플로리다의 토마토 수확 일꾼들. (잔 핼러스카Jan Halaska 사진 / Alamy Stock Photo.)

일은 젊은이들의 영역이다. 고된 일이다. 다만 육체적 부담을 감당할 수 있는 사람들에게는 괜찮은 돈벌이다. 1차, 2차 수확을 하는 동안 따야 할 토마토가 많고 바구니가 빠르게 채워지면 인부는 시간당 평균 30~33개의 바구니를 수확한다. 이는 1파운드당 1페니의 보너스를 받기 전이면 시간당 18~20달러를 벌 수 있다는 계산이 나온다. 이 액수는 그들이 멕시코에서 온종일 토마토를 수확해서 버는 액수와 비슷하다. 1994년 NAFTA 협정 통과 후 멕시코는 꾸준하게 플로리다 토마토 산업을 잠식해왔다(미국은 현재 플로리다에서 생산되는 토마토보다 두 배 많은 멕시코산 토마토를 수입하고 있다).

그렇다고 해서 이 젊은이들이 편한 일자리를 찾아 여기에 왔다는 것은 결코 아니다. 그리고 오늘처럼, 인부들이 플로리다 최저농업임금인 시간당 11.29달러 정도밖에 벌지 못하는 날도 있다. 다시 보슬비가 내리기 시작했기 때문이다.

"돌아가도 되겠습니까?"

캠벨이 3분마다 울리는 전화를 받으며 물었다. 물론이다. 나는 이렇게 바쁜 시기에 방문한 것에 대해 사과했다.

"하하." 그는 사람 좋은 웃음으로 응답했다. "지극히 일상적인 겁니다." 우리는 다른 섹터의 상황을 점검하러 가기 위해 차를 몰았다. 토마토의 빽빽한 잎사귀 아래 열매들은 아직 젖지 않았다. 비가 멈추면 계속해서 수확하겠지만 날씨가 미친 듯이 변덕스러웠다. 캠벨은 30분 정도 작업을 중단하기로 결정한 반면, 날씨는 자기가 하고 싶은 대로 하기로 작정한 듯했다.

캠벨이 원하는 건 이 토마토들을 줄기에서 따는 것이었다. 지난 이틀 동안 비 때문에 수확을 못 했고 어떤 토마토는 익어가기 시작했다. *기억하라, 플로리다 토마토의 세상에서 그건 좋은 일이 아니다.*

더욱 시급한 점은 멕시코의 나쁜 날씨와 병충해 때문에 플로리다 토마토 가격이 올라서(25파운드짜리 한 상자에 25달러) 이모칼리가 다시 환호할 가능성이 커졌다는 점이다. 토마토 가격은 그날 그날 변동 폭이 큰 편이다. 최근 몇 년 동안은 한 상자에 5달러까지 떨어졌다. 토마토를 수확하고 운송하는 비용이 더 들어서 작물을 갈아엎어야 할 정도였다. 따라서 모두 지금 이 가격으로 토마토를 시장에 보내기 원했다. 설령 그것이 '매츄어 그린'의 범위를 좀 더 넓히는 쪽이라고 해도.

"지금 값이 좋아요." 캠벨이 계속했다. "그러니 이 정도만 되면 따도 돼요. 앞으로 빨갛게 익어갈 거예요, 가스실에서." 몇 시간 안에 이 토마토들은 이모칼리에 도착해 있을 것이다.

첫째도 돈, 둘째도 돈!

12년 전 리프먼 가족 농장에 합류한 토비 퍼스는 CFO(수석 재정 담당 임원)를 역임했으며, 지금은 농장 최고경영자로 전방위적인 역할을 맡고 있다. "그래서 새 명함을 만들 필요가 없었죠."라고 그는 농담했다. 책상을 벗어나서 매일 운영 상황을 체크해야 하는 역할이다. 퍼스는 나를 리프먼의 사무실과 인접한 포장 설비 시설로 데려갔다. 덕분에 내가 딴 토마토가 시장으로 나가기 위해 어떤 단계를 밟는지 추적할 수 있었다. 만약 또 다른 보드게임을 인용해도 괜찮다면 이곳은 실물 크기의 슈트와 래더chutes & ladders(사다리와 미끄럼틀이 그려진 판 위에서 하는 보드게임의 일종— 옮긴이) 게임과 놀랍도록 비슷해 보였다. 트럭에서 내려진 토마토는 첫 활송 장치를 통해 한 번에 수천 파운드씩 설비시설로 이동된다.

혹여 당신은 트럭에서 1,000파운드의 토마토가 한꺼번에 부려지면 특히 바닥에 깔리는 불쌍한 영혼들이 상처를 입지 않을까 걱정할지도 모른다. 천만에. 이 광경이 만들어지는 곳에서는 트럭에서 쏟아져 살균을 위해 염소처리 풀로 미끄러져 들어가는 동안 어느 열매도 상처를 입지 않는다. 사다리를 타고 한 바퀴 돌아 다른 한쪽 끝으로 나온 토마토는 컨베이어 벨트로 떨어진다. 이리저리 구르며 벨트를 지나는 동안 토마토는 건조되고, 실수로 붙어있던 줄기도 제거된다. 이후에는 고성능 고속 광학 선별기 아래를 지나가면서 너무 크거나 너무 작은, 너무 빨갛거나 흠집이 있는 열매는 활송 장치로 보내진다.

선별을 '통과한' 토마토들은 계속해서 머리그물을 쓴 여성들이 줄지어 서 있는 다른 벨트로 이동한다. 그녀들은 선별기가 놓친 불완전한 토마토들을 골라낸다. 그 업무에는 집중력과 기민함이 요구된다. 기준에 부합하는 과실(줄기에서 수확한 토마토의 약 75퍼센트)은 분류되어 25파운드짜리 상자에 담긴다.

나는 스테로이드를 맞은 축구 골키퍼처럼, 날아오는 토마토를 차버리는 선별기에 완전히 넋을 빼앗겼다. 1930년대 대두 산업을 위해 미시간에서 처음 개발된 광학 선별기optical sorter는 오늘날 카메라와 레이저, 소프트웨어 알고리즘과 결합해 커피콩 검사부터 재활용품 분류에 이르기까지 광범위하게 적용되고 있다.

슈메이커는 할머니의 텃밭에서 익은 토마토는 결코 세인트루이스에 도착하지 못할 거라고 말했다. 사실 바구니에서 쏟아져 나오고, 트럭에서 부려지고, 롤러에서 이리저리 구르고, 상자에 던져지면 이모칼리도 벗어나지 못할 것이다. 이 토마토들이 어떻게 다루어지는지 보면서 나는 업계에서 토마토가 초록색일 때 따고 싶어 한다는 말이 잘못 전해진 것임을 깨달았다. 그들은 단단한 토마토를 따고 싶은 것이다. 플로리다 토마토의 판매 비즈니스 모델 전체가 회사 피크닉에서 소프트볼을 하듯 토마토를 던질 수 있느냐에 달려있기 때문이다. 소비자에게는 안타깝게도 초록색 토마토는 단단하다.

왜 토마토를 그처럼 거칠게 다뤄야 할까? 해답은 내 눈앞에 있다. 대량 생산이기 때문이다. 플로리다에 있는 리프먼의 여러 농장 중 하나인 네이플스 농장만 해도 하루에 200만 파운드의 토마토(50트럭 분량)를 출하한다. 이 규모에서 토마토 하나하나를 내 밭의 토마토를 다룰 때 쓰는 신경의 절반만 써서 다루려 해도 이모칼리 전체 주민이 필요할 것이다.

플로리다 토마토의 4분의 3은 푸드 서비스 산업으로 간다. 패스트푸드 체인점, 시스코 같은 과일 도매업자, 크고 작은 레스토랑. 그렇게 어마어마한 분량을, 게다가 저렴하게 판매하려면 장갑 낀 손이 아니라 대형 삽이 달린 트랙터로 옮길 수 있어야 한다. 곧 알게 되겠지만 저렴하게 판매하는 것은 무엇보다 중요하다.

퍼스는 나를 포장 설비의 마지막 단계인 대기실로 안내했다. 그곳에는 선적 준비가 된 토마토 상자들이 팰럿pallet(창고 등의 지게차용 화물의 깔판─옮긴이)에 쌓여있었다. 그 순간 나는 뭔가 못 본 게 있음을 깨달았다. 그들은 이 과정에서 가장 논란이 많은 부분을 말하지 않고 있었다.

"가스는 언제 주입하죠?" 내가 물었다.

"지금 되고 있습니다."

내가 지금 에틸렌을 마시고 있는 건가요?!

내 눈에서 혹은 내 목소리에서 경계심을 눈치챈 게 분명하다. 퍼스가 웃으며 말했다. "아주 안전합니다. 우리는 겨우 100~150ppm의 농도로 사용하거든요."

플라스틱(폴리에틸렌) 제조에 주로 사용되는 탄화수소인 에틸렌과 스티로폼은 농도가 높아지면 안전성이 떨어진다. 실제로 1950년대 벽에 난 구멍으로 호스를 넣어 순수한 에틸렌 가스를 토마토에 살포했을 때 숙성 창고에 그을음이 앉고 초록색 토마토가 타버리는 일이 드물지 않았다.

에틸렌 사용은 19세기 농부들이 숙성 과정을 가속화하기 위해 창고에 등유를 키워놓으면서 우연히 시작되었다. 그러다 1924년 미네소타대학교의 과학자 R. J. 하비R. J. Harvey가 열이 토마토를 숙성시키는 게 아니라 연소의 부산물인 에틸렌이 숙성시킨다는 것을 발견했다. 이후 현대의 플로리다 토마토 산업이 탄생했다.

업계는 이 과정에 부자연스러운 점은 없다고 주장한다. 에틸렌은 숙성뿐만 아니라 꽃이 피고 이파리가 떨어지는 것을 조절하는 중요한 호르몬으로 식물 자체에서 합성되는 자연 발생 화합물이다. 그들의 주장은 많은 부분 사실이다. 비록 이들 토마토는 유전자의 숙성 스위치가 아직 켜지지 않은 이른 시기에 따서 스스로 숙성에 필요한 에틸렌을 충분히 만들어내지 못할 테고, 숙성실에서 그만큼을 보충하는 것이지만.

"여기에서 얼마나 있죠?"

"하루에서 9일 정도요."

왜 그렇게 차이가 날까? 부분적으로 구매자의 선호도와 배송 기간이 얼마나 되는가에 달려있다. 하지만 또다시 시장의 규칙이 작동한다. 토마토 가격이 낮으면 퍼스는 온도를 낮추고 가격이 오르기를 기대하며 이곳에 둘 것이다. 그런데 오늘은 아니다.

"현재 토마토 값이 25달러라는 말을 캠벨에게 들었을 겁니다. 우리는 당장 토마토를 출하하고 싶죠." 그가 설명했다.

구매자들, 즉 요식업계와 슈퍼마켓 관계자들은 그 차이를 모르고 신경조차 쓰지 않을 것이다. 토마토 색깔이 빨갛기만 하면, 소비자만 빼고 모두가 만족하니까. 하지만 나는 이 방에서 실제로 무슨 일이 일어나고 있는지 궁금해졌다. 이 토마토들은 실제로 익어가고 있는 것인가, 아니면 그저 색깔만 바뀌는 것일까?

나는 '토마토 살해 사건'과 관련한 전문가 증인을 만나 이 질문을 했다. 탬파에 있는 플로리다대학교 걸프만 연구교육센터의 토마토 육종 프로그램 팀장이자 부교수 샘 허튼이다.

수염을 멋지게 기른 젊은 농학박사인 허튼은 토마토를 실제로 매츄어 그린 단계에서 수확하기만 한다면 에틸렌 자체에 대해서는 문제 삼을 필요가 없다고 말했다. 그가 보기에 진짜 문제는 이론이 아닌 현실에 있었다. 많은 토마토가 너무 익지 않은 상태로 수확되는 것 말이다. 수확하는 사람이 매츄어 그린과 임매츄어 그린을 구분하기 어려울 뿐만 아니라 만약 60초 이내에 32파운드짜리 바구니를 채우는 게 목표라면, 인부에게는 토마토 상태에 관심을 가질 시간적 여유가 없을 것이다. 당장 그에게 중요한 건당신이 1월에 먹는 BLT(빵에 베이컨, 양상추, 토마토가 들어가는 샌드위치의 일종─옮긴이) 샌드위치의 품질이 아니라 자기 가족을 배불리 먹이는 일이다.

문제를 악화시키는 요인에는 내가 네이플스와 이모칼리의 일터에서 목격한 시장의 변수들도 있지 않느냐고 허튼에게 물었다. "물론이죠. 가격이 좋을 때 비 소식이 전해지면, 그들은 '임매츄어'라고 해도 기꺼이 상자에 넣을 겁니다." 그는 이렇게 말하면서 강의실 뒤편 자신의 연구실 농장에서 수확한 어린 초록 토마토를 칼로 잘랐다. "이런 상태에서 수확하는 거죠. 가스를 쐰 후에 맛이 어떻게 되든, 그건 그들에게 중요하지 않습니다. 다만 이런 토마토는 절대로 맛이 좋을 수 없겠죠." 그리고 이 점은 플로리다 토마토 산업을 둘러싼 가장 이상한 모순 중 하나다.

"소비자로서 나는 25달러짜리 토마토가 6달러짜리보다 훨씬 품질이 좋으리라고 생각할 겁니다." 허튼이 말했다. 스테이크라면 틀림없이 그게 사실이다. 하지만 토마토의 경우 "정반대죠." 가격이 높으면 일찍 따서 가스를 쐰 후 값이 내려가기 전에 서둘러 시장에 나왔을 가능성이 크다. 다시 말해 상점에서 토마토가 비쌀수록 맛이 더 없을 가능성이 있다. 다음에 토마토를 구매할 때는 이 점을 명심하라.

'임매츄어 그린' 토마토의 확산은 슈퍼마켓에서 파는 플로리다 토마토 맛이 예측 불허인 이유를 부분적으로 설명한다. 슈퍼마켓에는 단지 맛이 없는 것부터 식용으로 적합하지 않은 것까지 온갖 토마토가 진열된다. 조사에 따르면 플로리다 토마토의 3분의 1은 절망스럽게도 임매츄어한 상태로 수확되며, (여섯 개 중 한 개가 안 되는) 고작 15퍼센트만 이상적인 단계에서 수확된다.

하지만 토마토가 진정한 매츄어 그린 단계에서 수확될 때 최상의 시나리오를 살펴보자. 허튼은 토마토 나무에서 토마토 한 개를 따서 잘랐다. "이게 매츄어 그린입니다." 그가 계속했다. "보다시피 안에 살짝 핑크빛이 돌죠. 이 토마토는 식물로부터 얻을 수 있는 거의 다 얻었습니다. 이런 토마토는 가스를 쐬면 빠르게 붉어질 겁니다. 이건 익은 토마토라고 볼 수 있습니다."

정말일까? 숙성실을 떠난 토마토는, 식사 때 먹으려고 방금 줄기에서 따낸 심홍색 토마토의 맛을 갖고 있을까? 그의 대답은 나를 놀라게 했다. "당신이 그 차이를 구분할 수 있을지 모르겠군요." 그러고 나서 그가 눈썹을 찌푸렸다. 잠깐 뜸인 들이던 그가 쐐기를 박듯 말했다. "이렇게 말할 수 있을 것 같습니다. 그동안 몇 건의 연구가 있었죠. 하지만 우리에게 어떤 영향도 주지 못했습니다." 우리란 플로리다 토마토의 농장주들을 의미한다. 그들에게 영향을 줄 수 없는 이유는 명백하다. 농장주들은 완전히 익은 토마토를 수확해서 25파운드짜리 상자에 담아 전국으로 보낼 수 없기 때문이다. 그들은 1888년에도 그러지 못했고, 오늘날에도 마찬가지다.

허튼이 언급한 연구 중 하나는 게인스빌의 플로리다대학교에서 수행되었다. 연구자들은 맛에 영향을 주는 모든 화합물의 화학적 분석을 이용해 맛을 측정함으로써 (붉게 변하는 데 필요한 가스를 며칠 주입하는가로 결정되는) 토마토가 덜 익을수록 향미화합물이 적게 존재한다는 사실을 밝혀냈다. 주관적인 맛 평가에서 시식단은 줄기에서 익은 토마토와 비교했을 때 매츄어 그린 토마토는 "향과 고유의 맛, 단맛이 더 적고 신맛과 풋내나 풀 맛이 더 난다"고 평가했다.

안타깝게도 그들은 임매츄어 그린 토마토는 분석 대상에 포함하지 않았다.

음, 됐다. 더 이상 볼 것도 없다. 호텔로 돌아온 나는 이번 취재에서 알게 된 것을 정리해보았다. 오이보다 더 푸른색인 채로 수확되어 야구공처럼 던져지고 시장으로 출하되는 토마토를 보면서 나는 '토마토 살해 사건'에 대한 평결을 내릴 준비가 되어있었다. 놀랍지 않게도 그것은 지금까지 누구나 해왔던 말이다. 플로리다 토마토는 익지 않은 상태로 수확해서 가스로 색깔을 내기 때문에 맛이 없고 퍼석퍼석하다. 축하한다, 셜록!

나는 신발을 벗어 던지고 미니바에서 와인을 꺼내 최상으로 익었을 때 딴 자연스러운 빨간색 토마토를 한 입 베어 물었다. 네이플스 농장에서 가지에 남아있던 잘 익은 토마토를 발견해 가져온 것이다. 〈매드*Mad*〉(1952년부터 EC코믹스가 발행하고 있는 미국의 풍자 잡지—옮긴이)에 자주 나오는 퓍!이다. 솔직히 나는 훨씬 나을 거라고 기대했다.

이로써 이야기를 들을 때는 받아들이기 힘들었던, 가스로 익힌 매츄어 그린 토마토나 줄기에서 익은 토마토나 그 맛이 그 맛이라는 샘 허튼의 의견을 납득할 수 있었다. 플로리다에서는 그 말이 사실인 듯했다. 이 전형적인 플로리다 겨울 토마토 맛은 매츄어 그린 토마토보다 아주 조금 더 나을지 모르지만, 많이 낫지는 않다. 아니 어쩌면 전혀 낫지 않을 것이다.

나는 토마토를 한쪽으로 치우고 와인을 잔에 따라 벌컥벌컥 마셨다. 식욕이 사라져버렸다. 나는 사건을 종결할 준비가 되었다. 그런데 줄기에서 익은 과실이 이렇게 비참하다면 매츄어 그 린 토마토는 괜한 죄인 취급을 받는 셈이다. 그렇다면 이제 한 가 지 문제만 남는다.

살인자는 여전히 거기 어딘가에 있다.

"맛있는 토마토를 시장에 내놓는 게 정말 그렇게 어려운 일입니까?"

켄트 슈메이커가 "우리는 수확하고 포장하고 전국 방방곡곡으로 보내는 데 끄떡없는 토마토를 (…) 만들어냈다"고 말했을 때 나는 그가 무심코 범인을 지목한 게 아닐까 싶어 의아했다. 이제 두 번 째 용의자를 만나봐야 할 차례였다. 나는 리프먼 농장의 수석 육 종가인 마크 바리노Mark Barineau에게 물어보려고 토비 퍼스와 함 께 에스테로에 위치한 리프먼 농장 연구소 실험실을 찾았다.

버피 사의 사이먼 크로포드가 대표적인 영국인 '토마토' 육종 가라면 바리노는 그의 미국인 맞수다. 오래된 버번처럼 부드러운 루이지애나 억양으로 말하는 콧수염의 사나이. 육종가로서 바리 노의 길은 일찌감치 시작되었다. "난 루이지애나의 농사꾼 집안 에서 태어났어요. 옆집에 전문 원예가 겸 육종가가 살았죠. 여덟 살 때부터 그에게서 원예농업의 모든 것을 배웠습니다." 그 무렵 바리노는 첫 텃밭을 갖게 되었고, 토마토 세 그루를 심었다.

"그 후 루이지애나대학교에서 의학사 및 석사 과정을 밟으면서 토마토 육종가로 일했죠." 원예학 박사학위를 취득한 그는 이후 대형 상업용 종자 개발회사인 세미니스Seminis와 종자, 농약, 살충제 등을 판매하는 농업 전문기업 신젠타Syngenta에서 기술을 연마했다. 그리고 2001년 리프먼 가족의 농장에 입사했다. 그는 경력을 쌓는 동안 75종의 상업적인 잡종을 개발했다. 슈메이커나 리프먼에 입사하기 전 4대 회계법인에서 근무한 퍼스처럼 다국적 기업 대신 가족경영 회사에서 일하는 것이 그의 차분한 성격에 맞아 보였다. 자기소개가 끝나자마자 그가 예의 할머니 얘기를 꺼냈다. "할머니의 브랜디와인 맛이 예전의 브랜디와인 맛이 나지 않는다? 그것은 선입견이고 고정관념입니다."

맞는 말일지 모른다. "하지만 플로리다 겨울 토마토가 할머니 시절의 토마토와 비슷한 맛일 거라고 기대하는 사람은 없을걸요." 나는 그의 말에 반박했다. "그보다는 흔히 스티로폼에 비교되죠. 하다못해 어떤 맛이라도 나는 토마토를 만들 수는 없는 건가요?"

누군가 내 토마토를 스티로폼에 비유했다면 나는 펄쩍 뛰며 상대의 멱살을 잡았을지 모른다. 그러나 바리노는 화를 내는 기미도 없이 대답했다. "그냥 성격입니다. 당신이 스티로폼이라고 부르는 이 토마토는, 형태가 잘 유지되도록 좀 더 단단히 만드는 게 목표였습니다. 밭에서 터지는 일이 없게."

혹은 밭이 아닌 곳에서도. 사실, 지난 세기에 상업적 토마토 개발에 참여했던 여러 대학 실험실에서는 토마토를 말 그대로 발사체로 여기도록 교육받았다. 1977년 〈뉴요커〉의 기고가 토머스 화이트사이드는 플로리다 토마토를 식품이 아닌 자동차의 연방 안전 기준에 따라 평가했고, 토마토가 자동차 범퍼의 최소 충격요건을 2.5배 초과한다는 사실을 밝혀냈다.

흠, 내구성이 중요하다는 점은 나도 인정한다. 나는 바리노와 퍼스에게 다른 중요한 요소는 무엇인지 물었다. "가격이죠." 퍼스는 가격이 구매자의 최우선 고려 사항이라고 말했다. "가격입니다. 둘째도 가격이고, 그다음으로는 색깔과 크기, 과육의 상태와 색, 슬라이스 형태, 그리고 슈링크죠." '슈링키지shrinkage'를 뜻하는 게 아니다. 쪼그라들거나 훼손되어 품질저하로 판매할 수 없는 물건이 아니라 상품에 관련된 업계 용어다. "소매상은 슈링크shrink(원가 부담을 줄이기 위해 가격은 그대로 두고 제품 크기나 수량을 줄이는 것, 패키지 다운사이징—옮긴이)를 싫어하죠."

가장 저렴한 공급처로부터 연속 구매하는 대량 구매자는 물론이고 퍼스 같은 사람도 좌절하게 할 정도로 가격은 플로리다 토마토 시장에서 막강한 지배력을 갖고 있다. 가격이 휘두르는 압박은 무차별적인 수확(가장 적정한 단계의 토마토를 신중하게 수확하려면 지금보다 4~5배나 많은 인부가 필요하지만 그만한 여유가 없다)부터 육종에 이르기까지 도처에서 느껴진다. 토마토는 내구력뿐만 아니라 다수확을 목표로 육종이 진행된다. 낮은 비용으로 높은 수익을 내는 가장 좋은 방법은 그루당 더 많은 토마토를 생산하는 것이기 때문이다. 농사에 들어가는 주된 비용(토지, 비료, 물, 농약, 노동력)은 한 그루당 토마토 10파운드를 생산하든 20파운드를 생산하든 기본적으로 같다. 그러니 교배를 통해 한 그루당 20파운드의 토마토를 수확하면 농부의 순수입은 두 배로 증가한다. 고수익이라는, 언뜻 보면 합리적인 목표가 토마토에게 왜 그토록 손해가 되어왔는지를 나는 나중에 깨달았다.

나는 토마토의 맛이 퍼스의 구매자 요구사항 목록에 들어있지 않다는 사실을 뒤늦게 깨달았다. 당연히 지적하지 않을 수 없었다. "플로리다 토마토의 근본적인 문제는 귀사의 대량 구매자들(패스트푸드 레스토랑)이 토마토의 맛을 상관하지 않는다는 사실이 아닌가요? 아무도 토마토 맛 때문에 버거킹에 갈지 웬디스에 갈지 결정하지 않으니까요."

바리노와 퍼스는 토마토의 맛이 패스트푸드 산업과 관련이 없다는 사실에 동의하지 않았다. 다만 리스트 상위에 있지 않다는 점은 인정했다. 바리노는 패스트푸드 소비자들에게 토마토는 "하나의 재료죠. 많은 재료 중 그저 하나일 뿐"이라고 말했다. 기계의 부품 중 하나. 그러나 나는 다시 물었다. *이 부품이 조금이라도 맛이 있을 수는 없을까?*

"누구도 '맛이 없어도 된다'고 말하지는 않을 겁니다." 바리노가 대답했다. "육종가로서, 난 이 게임을 32년이나 해왔습니다. 나는 온종일 맛을 생각합니다. 아침에 먹는 시리얼이나 요구르트, 아이스크림에 넣어 먹어도 이상하지 않을 그런 맛있는 토마토를 만들고 싶습니다. 하지만 이런 맛좋은 성분들이 축적되는 것을 막는 물리적·화학적 법칙이 존재합니다. 다시 말해 당분을 증가시키면 과실의 크기는 작아지고 수확도 줄어듭니다. 영리적인 면에서 볼 때, 하나를 얻으면 다른 하나는 포기해야 하죠. 고당분과 특히 라이코펜(진한 빨강)은 유전적으로 부정적인 부담을 주죠. 그러면 결국 고장으로 이어지게 되고요."

무슨 말일까? 당분과 라이코펜은 우리뿐만 아니라 세균과 곰팡이에게도 매력적이기 때문이다. 더욱이 높은 당분 함량은 소위 삼투압 잠재력osmotic potential을 높여 수분을 빨아들이고 과실을 팽창시켜 결국 줄기에서 떨어지고 터지거나 갈라지게 만든다.

완전히 포기한 건 아니었다,
맛있는 토마토를…,

바리노의 주장을 요약하면, 좋은 맛은 본질적으로 상업적인 토마토에 요구되는 다른 특징들과 생물학적으로 양립할 수 없다는 의미다. 하지만 그 말은 지나치게 편의적인 기업의 변명이다. 따라서 나는 두 번째 의견을 듣기 위해 다시 학계, 플로리다대학교의 샘 허튼을 찾았다. 어쨌든 그곳은 허튼의 전임자이자 연구센터의 멘토인 해리 클리Harry Klee가 있던 곳이다. 그는 잠깐 유명세를 탔던 '테이스티-리Tasti-Lee'를 개발한 주인공이다. 토마토 안과 밖이 놀랄 정도로 빨갛고 플로리다에서 재배되는 어떤 품종보다 맛이 좋은 변종이었다. 미국인들이 토마토를 구매하는 방식에 변화를 몰고 올 거라 기대됐던 그 품종은, 허튼의 말에 의하면 마케팅과 라이센싱의 복합적인 실책과 너무 작은 사이즈, 초록색일 때 수확하면 맛이 그저 그렇다는 평가로 인해 침몰했다.

나는 허튼에게 맛 좋은 에어룸heirloom 토마토와 병충해에 강하고 다수확인 품종을 교배시킬 수는 없는지 물었다. "맛과 관련된 많은 요소가 당신들이 좋아하는 다른 특성들과 충돌하는 관계에 있기 때문입니다." 그는 바리노가 들려준 말을 재확인시키며 설명을 이어갔다. "예를 들어 수확량을 봅시다. 수확량은 당분과 음의 상관관계에 있습니다."

무엇보다 당분이 높으면 맛있는 토마토가 된다. 그러나 당분은 광합성의 부산물이며, 두루두루 나눠 갖기에는 충분하지 않다. 토마토 나무에 과실이 많이 달리면 즉, 수확량이 많을수록 각각의 토마토가 이용할 수 있는 당분은 줄어든다. "그게 바로 식물의 생태입니다." 허튼이 설명했다.

그렇다면, 수확량이 적으면 더 맛있는 토마토가 달리지 않겠느냐고 나는 다시 물었다. 허튼은 동의했다. "하지만 그 토마토가 더 높은 가격에 팔릴까요?" 대답이 뻔한 질문을 그가 나에게 던졌다. 토비가 말했듯이 미국의 토마토 시장은 가격 중심이어서 과거에도 테이스티−리를 포함해 프리미엄 토마토를 판매하려던 시도가 철저하게 좌절당했다.

퍼스가 앞서 구매자가 원하는 조건을 일일이 열거했지만, 그것은 이야기의 절반에 불과했다. 허튼은 플로리다 재배자들이 요구하는 특성들을 하나하나 열거했다. 과실의 크기, 모양, 식물이 자라는 습성, 매끈한 표면, 병충해와 균열, 그리고 과실의 배꼽 상처에 대한 저항력. 마지막으로 그것들 못지않게 중요한, 초록색일 때 수확해서 적절히 "가스를 쐬어야 한다"는 점이었다.

"그런 특성에 영향을 주는 유전자는 수십 개가 되죠." 육종가가 재배자들의 요구에 맞춰 교배를 할수록 "에어룸 타입에서 점점 멀어지는 유전자들을 가진 작물로 가게 마련이죠."

그가 말하는 "에어룸 타입" 토마토는 줄기에 지주대를 세워줘야 하는 키 큰 산 마르자노처럼 대체로 무한성장형 품종이다. 가공용 토마토를 재배하는 이탈리아와 캘리포니아의 농부들이 그랬듯 플로리다의 농부들도 1950년대에 무한정 성장하는 품종 사용을 중단했다. 허튼은 그 이유를 이렇게 설명했다. "지주대가 높아질수록 수고가 더 많아지죠. 계속해서 자라는 줄기를 지주대에 묶어줘야 하니까요. 식물이 커질수록 가지가 밑으로 처지거나 바람에 날리거나 하는 불상사를 막기 위해 꼭대기를 전지가위로 잘라줘야 하고. 아주 골칫거리죠." 현 상황에서 제한성장형 토마토 가지를 묶는 데 리프먼의 네이플스 농장에서만 3만 1,000마일의 끈(지구를 한 바퀴 돌고 대서양을 가로질러 리본 모양으로 묶어도 될 정도)을 사용한다.

게다가 제한성장형 품종은 단 몇 주일 만에 열매가 달린다고 허튼은 덧붙였다. 반면 여러 달에 걸쳐 성장하고 수확하는 무한성장형 토마토는, 열매를 모두 딸 때까지 물을 주고 스프레이를 뿌려주는 등 몇 달을 더 수고해야 한다.

"이해가 갑니다." 내가 대꾸했다. "그럼 어느 쪽으로도 좋은 토마토를 얻을 수 없는 건가요?"

"할 수는 있죠. 제가 뭘 좀 보여드리죠." 허튼이 자신의 제한성장형 토마토 줄기에서 가지를 하나 자르며 말을 이었다. "여기 잎이 있습니다. 그다음 여기도 잎이 있고, 그다음에는 꽃 무더기가 있고." 그는 가지를 따라 내려갔다. "다시 잎, 잎, 꽃. 언제나 잎이 두 장 있고 그다음 꽃이 다발로 피어있죠."

우리는 이랑을 따라 걸어갔다. "이건 무한정 자라는 토마토입니다." 그가 세기 시작했다. "잎, 잎, 잎, 그다음 꽃 무더기." 각각의 꽃 무더기마다 잎이 세 개씩 달려있었다. 즉, 상업적 재배자에게 비실용적인 무한성장형 토마토는 제한형 토마토보다 잎이 50퍼센트나 더 많이 달린다. 이는 광합성이 50퍼센트나 더 활발하며, 향이 더 강하다는 의미다. 반면 제한형 토마토는 잎이 적을 뿐만 아니라 다수확을 위한 상업용 품종으로 교배되어 가동 중인 광합성 공장을 더욱 전속력으로 돌려야 한다.

21세기 토마토 육종가들은 크고 잘 물러지지 않으며 열매가 많이 달리고 병충해에 강한 제한성장형 토마토를 개발해야 한다는 족쇄를 찬 채 달려왔다. 그런 그들에게 맛을 되돌려달라는 주문은 당혹스러울 것이다. 그러나 허튼이나 바리노나 토비 퍼스가 성배라고 부르는 것 즉, 조기 수확이 가능한 맛 있는 토마토를 포기한 것은 아니다. 나는 허튼의 시험용 밭에서 지금까지 먹어본 것 중 가장 맛있는 플럼 토마토를 먹었다. 비록 상업적인 재배자들의 관심을 끌기에는 너무 작은 가지에서 딴 것이지만.

바리노는 일년에 10만 그루의 토마토를 관찰한다. 그 역시 다른 육종가와 마찬가지로 찰리 릭의 신봉자들이 여전히 발견하고 있는 옛 토마토 조상들의 유전자에서 성배를 발견할 단서를 찾고 싶어한다. 찰리 릭의 신봉자들은 지금도 계속해서 신선한 유전자원遺傳資源을 찾아 페루의 산을 샅샅이 뒤지고 있다. 바리노는 낙관주의자다. "내가 토마토에 맛을 되돌려주는 주인공이 될 겁니다." 그가 말했다. 물론 이 표현은 누군가 이전에 토마토의 맛을 없앴다는 사실에 대한 명백한 인정이다.

수익성을 좋게 하되 맛없는 토마토를 만든 현대의 육종가들은 분명 유죄다. 그러나 나는 섣부르게 어떤 결론을 내리지 않으려고 한다. 나에게는 만나볼 용의자가 한 명 더 있었다.

플로리다 토마토를 죽인 건, 플로리다 그 자체다

지금 같은 세기말적 풍경에서는 '매드맥스'가 요란하게 지나가고 악마 같은 추격자가 바짝 추격해 와도 나는 별로 놀라지 않을 것 같다. 천천히 한 바퀴 돌아보니 황량하고 칙칙한 잿빛 모래 외에 아무것도 보이지 않는다. *하얗게 피어오르는 연기만 있으면 완벽한 디스토피아 영화 세트장이군*, 나도 모르게 그런 생각을 했다. 한데 어느 순간 '큐' 신호에 (맹세코, 정말이다) 소용돌이치며 올라가는 사악한 검은 연기가 보였다. 사방에 지난 수확기에 사용했던 부러진 토마토 지주대 잔해가 널브러져 있고, 버려진 끈이 뱀처럼 나선형으로 하늘을 향해 올라가고 있었다.

샘 허튼은 식재 준비를 하는 토마토밭으로 나를 데리고 갔다. 그가 나를 위해 먼저 준비시켰을 수도 있다. 내 고향 허드슨 밸리에서는 새로 갈아놓은 밭, 갓 만들어진 이랑, 기대와 생명이 충만한 비옥한 갈색에 달콤한 냄새가 나는 땅만큼 아름다운 것도 없었다. 그러나 지난 시즌에 수확을 끝내고 시들어 죽은 식물들, 썩어가는 토마토가 땅에 들러붙은 광활하고 거대한 모래 참호에서는 내일 아침 1차 세계대전이라도 벌일 듯한 분위기가 풍겼다.

이 땅은 지금 죽었다. 훈증 소독기가 우리를 향해 다가올수록 조금씩 더 죽어갈 것이다. 한때 이곳에선 생명이 자랐다. 그리고 다시 생명이 자랄 것이다. 3개월만 지나면 내가 어제 방문한, 네

황량하고 칙칙한 모래밭. 경작기와 훈증 소독기가 한바탕 훑고 지나가면 이 기괴한 풍경은 푸릇푸릇한 토마토밭으로 변신할 것이다. (저자 사진)

이플스 근처 농장과 별반 다르지 않은 푸릇푸릇한 토마토밭이 될 것이다. 킬링필드가 파라다이스로 바뀔 것이다

　내가 이곳에서 알아본 것 한 가지는 모래였다. 비록 이렇게 불모지일 때 봐서 더욱 충격적이지만. 플로리다 토마토밭을 상상할 때 가장 먼저 해야 할 일은, 머릿속에서 밭이라는 단어가 불러일으키는 이미지를 깨끗이 지우는 것이다. 이곳은 '꿈의 밭'이 아니다. 바다를 꿈꾸는 모래밭이다. 발밑 모래에서 줍는 원형 그대로의 조개껍질은 멕시코 만에서 25마일 떨어진 플로리다 듀엣Duette

에 위치한 이 토마토 농장이 지질학적으로 얼마 전까지만 해도 바닷속이었음을 증명한다. 기후변화로 인해 지구가 뜨거워지는 상황으로 미루어 다시 그렇게 될 운명인지도 모른다.

이곳의 모래는 근처 모래톱에서 발견되는 것과 성질이 같다. 모래성을 쌓기에 이상적인 축축하고 고운 모래. 그 점은 지금 여기에서, 아찔한 속도로 일어나고 있는 일을 설명하는 데 적당하다. 실제로 나의 '매드맥스' 비유는 전동화 기계들이 윙 소리를 내며 땅을 고르고 갈아엎고, 비료를 주고 훈증소독을 하고, 고랑을 팔 때 현실감을 얻는다. 그리고 무엇보다 제대로 미친 장치는 실제 모래성을 쌓는 기계다. 이 트랙터는 젖은 모래를 모아 다지고 훈증하고 매만져서 너비 2피트(60.96센티미터), 높이 1피트(30.48센티미터), 길이 수백 피트에 이르는, 위보다 아래가 조금 더 넓은 사다리꼴 모판을 5피트(1.524미터) 간격으로 나란히 만든다. 이어서 각각의 모판을 폴리에틸렌(그렇다, 그 에틸렌이다) 수축포장 필름으로 말 그대로 단단히 감싸준다.

이 덮개는 잡초가 자라는 것을 막아주고 훈증제와 거름을 가두어둔다. 플로리다 경작지의 40퍼센트가 이 일회용품으로 뒤덮여 있다. 폴리에틸렌은 매년 2,500만 파운드의 폐기물로 남는다. 내가 비닐을 갓 씌운 모판 한 곳을 자세히 관찰하려고 기웃거리자 한 직원이 경고했다. "앉지 말아요." 밭을 엉망으로 만들까 봐 걱정한다고 생각한 나는 그를 안심시키려 뒤로 물러났다.

토마토를 식재하기 위해 모래밭을 갈고 비닐을 씌운 플로리다의 토마토밭. (저자 사진)

"휴우!" 그가 한숨을 쉬었다.

휴우?

"이제 물집이 생길 거예요."

비닐을 통해? 설마 연기 때문에! 나는 뒤로 열 걸음쯤 물러났다. 그제야 일꾼 대부분 얼굴에 대형 손수건을 덮고 있는 모습이 눈에 들어왔다. 게다가 몇 피트 떨어진 곳에서 한 여인이 해골과 엇갈린 뼈가 그려진(농담 아니다. 정말이다!) 표지판을 박고 있었다. 오늘 우리가 떠나면 14일 동안 이곳은 누구에게도 출입이 허용되지 않을 것이다.

훈증제는 다양하지만 이곳에서는 Pic-Clor60choloropicrin pre-mixed with 1.3 dicholoropropene을 사용한다. 1.3 디클로로프로펜과 미리 혼합한 클로로피크린이다. 압력을 가해 주입하면 액체가 모래 속에서 가스로 기화되어 모판에 스며든 후 토양 속 병충해나 잡초 따위를 죽인다. 훈증제 살포는 플로리다의 대규모 농업에서 거의 필수적이다. 이곳의 토양은 선충류를 비롯한 땅속 해충이 죽을 만큼 충분히 얼지 않기 때문이다. 따라서 모든 작물 재배는 적이든 우군이든 상관없이 모래 속에 살아있는 모든 생명을 말살해서 멸균 상태로 만드는 것부터 시작된다.

이것은 전투의 끝이 아니라 첫 공격일 뿐이다. 추가로 지상과 대기에서 식물에 농약과 살균제를 살포한다. 플로리다에서 가장 수익성 좋은 작물을 공격하는 것으로 알려진 29개의 질병과 27종의 곤충을 물리치기 위해서다. 대규모 해충 통제에는 대형 농약회사의 농약이 사용되지만, 플로리다보다 더한 곳은 없다. 플로리다의 토마토밭은 같은 넓이의 캘리포니아 토마토밭에 비해 1에이커 당 살균제와 농약을 대여섯 배 넘게 많이 사용한다.

또 이곳 토양은 서부 해안보다 비료도 더 많이 필요하다. 해변의 모래에는 영양분이 전혀 없다. 훈증제가 죽음의 주문을 건 후 남은 것은 본질적으로 무균의 배양기다. 질소, 인, 칼륨, 그 외 식물 생존에 필요한 영양분이 반드시 공급되어야 한다. 모판에 과립형 비료가 들어가지만 정작 중요한 공급원은 각 모판 가장

자리 부근에서 쌍둥이 호스로 주입되는 강력한 혼합물이다. 어린 모종의 뿌리에 닿으면 치명적인 화상을 입을 정도다. 하지만 다가오는 몇 달 동안 서서히 모래에 주입된 이 영양분을 성장기를 지난 식물들이 빨아들일 것이다.

또 다른 난관은 물이다. 모판 사이로 새롭게 판 V자 형태의 도랑뿐만 아니라 밭을 십자형으로 가로지르는 수로의 네트워크가 이를 말해준다. 플로리다는 물이 너무 많거나 너무 적다. 게다가 여기에 비가 내리면 빠져나갈 곳이 없다. 모래밭 아래 1.2피트 되는 곳은 물이 스며들지 않는 '경질지층', 거의 욕조처럼 물을 가두는 석회암과 진흙층이다. 따라서 모든 농가가 비가 많이 온 후 고여 있는 물을 배수로로 퍼내기 위해 펌프를 설치한다.

그러나 이 경질지층이 유리하게 이용될 수도 있다. 리프먼의 농장을 포함해서 플로리다의 농가 중 절반은 점적관개(토마토 나무 줄 사이로 구멍이 난 관을 설치해 물이 방울방울 배출되도록 한 것으로 70퍼센트까지 물의 소비를 제한할 수 있다)로 바꾸고 있다. 그리고 나머지 절반은 토마토에 물을 주기 위해 도랑 가득 물을 채우는 원래의 시스템을 여전히 이용한다. 경질지층이 아니었다면 바닷가 백사장처럼 물이 모래 사이로 스며들었을 것이다.

이것이 플로리다 토마토 농장이다. 최상의 품종을 심고 과실이 조금 더 익게 둔다고 해도 이런 환경에서 더 맛있는 토마토를 재배할 수 있을지 나는 의문이다. 게다가 겨울 몇 개월간은 햇빛도 부족하다. 그 주의 별명이 된 유명한 햇빛도 과대평가된 것 같다. 나는 매일 아침 칠흑 같은 어둠 속에서 침대를 나오며 7시가 넘었는데도 해가 아직 뜨지 않은 것을 알고 내심 놀랐다. 12월이면 토마토들은 기껏해야 10~12시간만 해를 본다. 반면 뉴저지의 토마토는 7월이면 광합성에 필요한 햇빛을 거의 15시간 쪼인다. 30퍼센트 넘는 차이가 난다.

캄파니아에서 나는 화산재가 풍부한 토양과 순수한 물 그리고 온난한 해풍(테루아르)이 산 마르자노를 독특하게 만들어준다는 말을 수없이 들었다. 테루아르는커녕 테러가 떠오르는 이 살풍경에 그 단어를 쓰자니 오싹해졌다. 식품이 그 테루아르를 반영한다면 산 마르자노가 그 환경의 산물이듯 플로리다 토마토 역시 그럴 것이다. 그렇다면 플로리다 토마토를 죽인 것은 어쩌면 테루아르일지도 모른다. 다시 말해 플로리다 그 자체다.

"문제는 시장이야, 이 바보야!"

공항 바닥을 통통 튀며 굴러가는 토마토들은 범죄를 제대로 해결하지도 못한 채 플로리다를 떠나는 나를 마지막까지 모욕하며 조롱하고 있었다. *하하, 난 너보다 튼튼해!* 심지어 링컨 암살 사건보다 더 많은 공모자들로 인해, 나는 그 어떤 유력한 단서나 결정적인 한 방을 찾아내지 못했다.

하지만 단서는 이미 내 손에 있을지도 모른다. 무릎 꿇고 흩어진 토마토들을 주워 모으다가 바디 스캐너에 비친 나를 보았다. 스크린에 방금 통과한 꼬챙이처럼 생긴 사람의 이미지가 떠 있었다. 나는 그 상태로 딱 멈춰 서있었다.

두 팔을 머리 위로 쳐든 범인의 일반적인 포즈. 항복하라! 악당은 겨우 몇 피트 떨어진 곳에 있다. 그리고 1,000마일 떨어진 곳에도 있다. *누가 토마토를 죽였을까? 우리 소비자다.* 맛이 있든 없든 쇼핑 카트에 담고, 일년 열두 달 토마토를 찾으며, 팽창 일로에 있는 패스트푸드를 즐겨 먹고, 평범함을 받아들인 우리가 이런 상황을 조장했다.

플로리다의 토마토 기업들은 세상을 구하거나 토마토 미식가의 혀끝을 만족시키려고 여기에 있는 게 아니다. 그들은 수익이 나는 비즈니스를 위해 여기에 있다. 만약 그들이 독으로 범벅이 된 모래밭에서 초록색 토마토를 수확해 가스를 주입함으로써 최고의 수익을 낼 수 있다면 그들은 그렇게 할 것이다. 만약 시장이 가지에 달린 채 익은 맛있는 토마토를 충전재로 감싸 다음 날 비행기로 운송되는 토마토를 요구한다면 그들은 그렇게 할 것이다. 하지만 첫째, 둘째, 셋째도 가격이 고려 사항이 되는 한, 플로리다 토마토가 조금이라도 바뀌길 기대하지 말라.

비행기에 탑승하려는데 플로리다 하늘에 몰려있는 검은 구름 사이로 은빛 햇살이 드러났다. 코르테스 이후 최악으로 불릴 가능성이 있는 토마토를 생산하려고 경질지층의 바닥을 긁어낸 플로리다의 토마토 산업은 21세기의 토마토 풍경화를 얼마나 황량하게 만들었는지….

플로리다는 아마 토마토를 죽였을 것이다. 그러나 '선입견과 고정관념'이라고 간단히 치부할 수 없는 할머니의 텃밭 토마토 맛을 잊지 않는 사람들, 모래 무덤에서 할머니의 토마토를 부활시키고자 마음먹은 몇몇 고집 센 영혼들의 기억까지 파괴하지는 못했다.

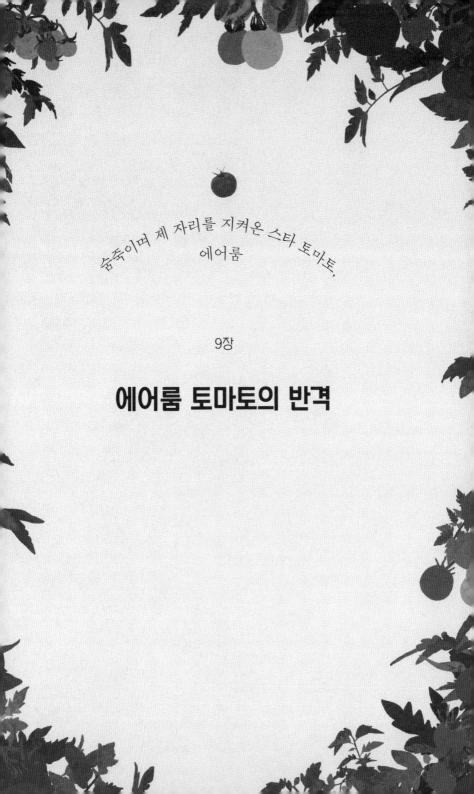

숨죽이며 제 자리를 지켜온 스타 토마토,
에어룸

9장

에어룸 토마토의 반격

인지하지 못하는 사이에 잡종화되고 가스로 숙성시키고 상품이 되어버린 토마토에 대한 반란이 일어나는 것은 불가피한 수순이 었다. 그러나 채소 자신이 반란을 주도하게 되리라고 누군들 낌새라도 챘을까? 1978년, 바로 이런 일이 일어났다. 분노한 토마토가 복수심에 차서 우리를 덮쳤다.

그렇다, 극장 영화 스크린에서.

홍보담당자가 "공동체를 위협하는 잡종 토마토에 관한 으스스한 뮤지컬 코미디 영화"라고 설명한 초저예산(9만 달러) 영화 〈킬러 토마토의 습격Attack of the Killer tomatoes〉(1978년부터 1991년까지 4편으로 제작된 존 드 벨로 감독의 희대의 컬트영화. 한국에서는 〈토마토 공격대〉라는 제목으로 소개됐다―옮긴이)이다. 미국의 대중예술에서 토마토의 위치를 굳건히 하고 세 편의 연작(젊은 조지 클루니가 나오는 한 편을 포함해서)과 카툰 시리즈로도 제작되면서 컬트 영화의 고전이 된 작품. 그러나 출연 배우 누구도 그 영화로 제대로 된 경력을 쌓지는 못했다. 솔직히 배우들은 살아서 그 제작 현장을 벗어난 것만으로도 다행으로 여겼다. 영화는 단 하루 만에 촬영이 끝났다. 스펙터클했던 헬리콥터 추락으로 하마터면 출연자들 절반의 목이 달아날 뻔했다.

각본상 헬리콥터는 토마토가 몰게 되어 있었다. 차라리 그랬으면 좋았을 뻔했다. 왜냐하면 인간 조종사가 형사 역할을 하는 두 명의 배우 근처 밭에 착륙을 시도하다 꼬리의 회전날개가 땅에 처박히고, 몸체는 회전하는 단두대처럼 제멋대로 돌다 끝내 튕겨 나가 화염에 휩싸여 사라졌기 때문이다. 대규모 제작비가 들어간 실베스터 스탤론의 액션 무비만큼 스펙터클한 장면이었다. 카메라는 계속 돌아가고 원숙한 프로페셔널 배우들은 6만 달러짜리 임대 헬리콥터의 숨 막히는 잔해에서 빠져나오며 즉흥 연기를 펼쳤다. 그들의 재치 있는 대화를 들어보자.

형사1: 조종사가 아직 저 안에 있어!

형사2: 조종사는 잊어.

사실 조종사는 감독이 서둘러 끄집어냈고, 가벼운 부상만 당했을 뿐 무사했다. 만약 당신이 그 영화를 보았다면 기억에 남을 만한 명장면이다. 이 희대의 명장면을 아직 못 보았다면, 걱정 마시라. 약간의 돈만 지불하면 OTT 서비스 채널 등을 통해 언제든 당신도 볼 수 있다. 영화가 시작되고 5분쯤 지나서 나온다. 다만 영화를 본 다음 돌아오겠다고 약속해 달라.

잡종화의 불행한 대가

〈킬러 토마토의 습격〉은 1977년에 촬영되었다. 같은 해 〈뉴요커〉지는 많은 미국인이 언제부터인가 의심해온 사실을 확인시켜주는 토머스 화이트사이드의 장황한 기사를 실었다. 토마토는 과거의 모습이 아니었다. 토마토에 무슨 일이 일어났다는 사실은 영화의 세트장에서도 명백하게 드러났다. 소품 담당자는 토마토를 던졌을 때 튀어 오르지 않고 철퍼덕 퍼지게 하려고 뜨거운 물에 삶아야 했다.

화이트사이드만이 아니었다. 그보다 몇 년 전에 〈뉴욕타임스〉의 음식 평론가 크레이그 클레이본은 식품점에서 파는 토마토에 "지독히 맛없고 구역질 난다"는 딱지를 붙였다. 미국 요리업계의 최고참자 제임스 비어드James Beard(1903~1985. 미국 요리사이자 요리책 저자. 텔레비전 요리 쇼를 개척하고 뉴욕시와 오리건주 해변에 있는 제임스 비어드 요리 학교에서 요리를 가르침—옮긴이)는 고전이 된 1974년 저서 《비어드의 음식 평론Beard on Food》에서 '토마토의 타락과 추락'이라는 장 전체를 할애해서 토마토가 "완전히 미식을 상실했다"고 단언했다. 슈퍼마켓 토마토가 날로 거세지는 불평불만의 공격을 정면으로 당한 경향이 있지만 평생 토마토를 먹어온 사람이라면 누구라도 토마토가 예전만큼 맛있지 않다는 사실을 알았다. 플로리다 토마토든 지역 농부가 판매하는 토마토든 심지

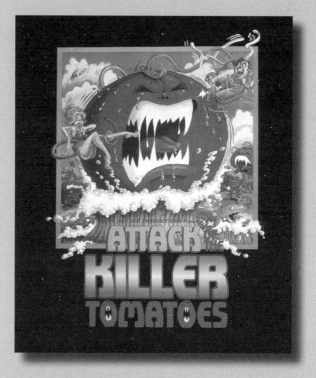

1978년에 개봉된 〈킬러 토마토의 습격〉 영화 포스터, 개봉된 후 거의 반세기 동안 인기 있는 컬트영화로 자리 잡았다. (1977년, KTE Inc.copyright)

어 자기 집 텃밭에 심은 토마토든 마찬가지였다. 왜 그런 일이 일어났을까? 여기서 다시 〈킬러 토마토의 습격〉이 단서를 제공한다. 영화에서 정부 측 과학자는 빙충맞게 "우리는 오직 더 튼튼하고 더 큰 토마토를 원했다"고 시인한다. 불행하게도 현실의 과학자들은 그것을 성공시켰다.

당신이 이 책을 한두 장 건너뛰지 않았다면 그런 이들의 이름이 익숙할 것이다. 1800년대 말의 알렉산더 리빙스턴을 필두로 버피 사의 오베드 쉬프리스와 UC 데이비스의 찰리 릭 같은 유전학자 겸 육종가들. 공학적으로 극도의 수작을 부린 플로리다 토마토는 말할 것도 없다. 그들은 더 빨갛고, 더 둥글고, 더 단단하고, 병충해에 강하고…. 한결같이 다수확에다 기르기 쉬운 토마토를 개발해왔다. 생산자의 요구에만 충실했던 개선은 맛과 다양성 실종이라는 막대한 희생을 치렀다.

그러나 미국의 모든 잡종 토마토에 몰래 숨어들어온, 언뜻 무고해 보이는 이런 특성들은 사실 무엇보다 가장 음험했다. 미묘하지만 해로운 그 효과를 우리는 최근까지도 인식하지 못했기 때문이다.

혹시 슈퍼마켓에 진열된 토마토가 왜 거의 모두 균일하게 빨간색이고 심지어 위에서 아래까지 진홍색인지 의아했던 적이 있는가? 그건 모든 토마토가 거의 1세기 전에 발견된 돌연변이를 갖고 있기 때문이다. 이 돌연변이 유전자 덕에 줄기 근처에 초록이

나 흰색의 띠가 남지 않고 배꼽(아래쪽)부터 위로 전체가 한 번에 익는다. 1950년대의 육종가들은 이 우연한 돌연변이를 포착해서, 시장에서 판매되는 모든 하이브리드 토마토에 교배했다. *왜 하지 않겠는가?*

"왜 하지 않겠는가?"는 2012년까지는 눈에 잘 띄지 않았다. 그런데 2012년 US 데이비스 캠퍼스의 식물 과학자 앤 파월이 이끄는 연구팀은 고르게 숙성시키는 돌연변이의 안타까운 부작용을 발견했다. 과실 스스로 당분과 맛 성분을 합성하는 것을 막는다는 점이었다. 과실의 중요한 맛 성분은 대개 식물의 잎에 있는 광합성 공장에서 생성되지만 20퍼센트가량은 토미토 자체에서 만들어진다. 고르게 숙성시키는 이 유전자를 지니지 않은 한 그렇다는 말이다. 그런데 이 유전자를 갖고 있으면, 병충해에 대한 저항력이나 다른 어떤 목적으로 교배를 하기 전에 이미 맛의 5분의 1을 잃어버린 상태다.

따라서 우리는 유전자를 의식할 수밖에 없다.

잡종화는 본질적으로 개별 집단의 유전자 풀을 결합해 각각의 형질을 가진 새로운 유기체를 만들어내는 행위다. 그런데 우리가 봐왔듯이 거기에는 엄청난 불확실성이 따른다. 원하는 결과를 얻는 데 수년 혹은 수십 년이 걸리거나 아예 얻지 못할 수도 있다. 두 가지 토마토 품종의 유전자 풀을 결합할 때 더욱 표적화된 방법을 쓰지 않은 한 그렇다는 것이다. 현대의 발전된 기술 덕분에 우리가 원하는 특정 형질과 관련된 유전자를 표적 토마토에 간단히 접합시키면 되는 이때 왜 그레고어 멘델이 하듯 (벽에다 썩은 토마토를 던져 모나리자와 닮은 흔적을 얻는 것과 같은 성공 비율을 바라며) 수천 개의 이 식물과 수천 개의 저 식물을 교배하며 그 세월을 보낼까? 지금은 사라진 특정 생명공학 회사에 물어보라.

그러고 보니 우리 이야기에도 킬러 토마토가 있다. "칼젠Calgene Inc.을 잡아먹은 토마토"다.

풍선처럼 부풀어 올랐다가
거품처럼 사라진 꿈

1980년대는 유전공학에서 역사적인 진전이 이루어진 시기다. 여전히 비용이 많이 드는 실험 단계였지만 농업에서는 그 잠재적인 용도가 무궁무진해 보였다. 가뭄에 강하지만 수확량은 떨어지는 품종의 밀에서 유전자를 채취해 다수확 품종 밀에 주입하면 세계적인 식량난이 정복될 터였다. 비타민이 결핍된 가난한 사람들이 거주하는 지역에서 재배하는 쌀에 비타민 A를 합성하는 유전자를 집어넣으면 영양실조를 해결할 터였다.

유전자는 DNA로 이루어져 있고, DNA는 단지 네 가지 화학물질의 서열(고등학생 때도 절대로 이해 못 했겠지만 지금도 걱정할 필요는 없다)이기 때문에 분자단계에서 소의 유전자와 쌀의 유전자는 다르지 않다. 따라서 밀이나 쌀에 집어넣는 유전자가 같은 식물의 다른 품종의 것이어야 할 이유는 없다. 무엇이든 가능하다. 세균이든, 당근이든, 심지어 넙치의 유전자도. 곧 알게 되겠지만 그 말은 가설에 그치지 않았다.

심지어 당신이 농업에 관해 아무것도 모른다고 해도 인류에 도움이 되는 식물들을 유전적으로 결합할 몇 가지 흥미로운 아이디어는 생각해볼 수 있다. 이제 정치, 과학 혹은 유전자 변형 식품의 안전성에 대한 견해는 잠시 제쳐두고 유전자 변형 식품으로 어떻게 세상을 더 낫고 친절한 곳으로 만들 수 있는지 살펴보자.

장담하건대, 당신은 더 천천히 물러지는 토마토를 떠올리지는 않았을 것이다. 그러나 그것은 세계 최초 유전자 변형 식품이었다. 이런 일이 일어난 이유와 방식은 토마토의 역사상 가장 이상한 내용을 담고 있다.

슈퍼마켓 토마토에 유감을 표한 클레이본과 비어드에 공감하는 사람들 중 UC 데이비스 캠퍼스 동문들이 1980년대에 창업한 생명과학 스타트업 '칼젠'의 과학자들도 포함되어 있었다. 그들은 유전자 가위로 여기저기 잘라내어 몸에 좋은 카놀라유라든지 데님 색깔 코튼(염색이 필요 없다!)을 개발할 수 있다고 믿는 굉장한 아이디어의 소유자들이었다. 공교롭게도 토마토가 익으면 물러지고 쪼글쪼글해지는 현상과 관련 있는 유전자가 때마침 발견되었고, 그들의 상상력은 그만 거기에 사로잡혀버렸다.

이렇게 물러지는 현상은 토마토를 주방에 2~3일 이상 둬본 사람들에게는 익숙하다. 폴리갈락투로네이스polygalacturonase 또는 줄여서 (하느님 감사합니다!) PG라고 부르는 단백질이 토마토의 펙틴을 분해하기 때문이다. (기억나는가, 과숙 토마토에 펙틴이 부족하기 때문에 하인즈는 자신의 케첩에 신선한 토마토만 고집했다. 펙틴에 방부제 성분이 있기 때문이었다). 칼젠의 연구자들은 만약 PG 생성과 관련 있는 유전자를 복제해서 거울상을 만든 다음 다시 토마토에 집어넣으면 이 안티센스 유전자antisense gene(원하지 않는 유전자의 작용을 억제하는 유전자—옮긴이)가 PG 유전자의 기능을 무력화해 수확한 토마토가 물러지는 것을 일주일 정도 늦출 수 있음을 알아냈다.

소비자들에게는 확실히 이득이었지만 칼젠의 이사진이 열광했던 것은 유통기한만이 아니었다. 만약 PG 유전자를 안티센스 기술로 무력화함으로써 수확한 토마토의 물러짐을 늦출 수 있다면, 가지에 달린 토마토의 무름도 늦출 수 있어서 며칠 더 가지에 매달린 채 익도록 내버려 둘 수 있었다. 따라서 토마토에 매우 좋지 않은 냉장을 하지 않아도 산업용 토마토가 겪어야 하는 거친 처리 과정을 견뎌낼 수 있을 거라고 그들은 생각했다.

그렇게 가지에서 시간을 더 보낼 수 있으면 칼젠의 토마토는 플로리다의 매츄어 그린 토마토보다 더 맛이 좋을 게 뻔했다. 솔직히 달성하기에 너무 높은 목표도 아니었다. 그들은 그 토마토에 '플레이버 세이버Flavr Savr'라는 이름을 붙였다. 더불어 모음은 빠졌지만 맛과 유통기한은 향상된 자신들의 프리미엄 브랜드 토마토가 4,000만 달러의 생토마토 시장에서 틈새시장을 확보하고, 일반적인 슈퍼마켓 품종보다 두세 배 더 비싼 값에 팔릴 수 있을 거라고 예측했다.

자, 당신은 일이 어떻게 돌아갔을 거라고 짐작하는가? 이제 막 뜬 유전자공학 연구소가 신기술을 이용해 기존의 토마토 농가에 라이선스를 제공하고, 향후 20~30년간 로열티를 받아서 승승장구했을 거라 짐작하는가. 그러나 그들은 스스로 낸 언론 보도자료에 너무 일찍 도취되고 말았다. "모두 부자가 될 겁니다." 토마토가 공개되기 6개월 전 칼젠의 CEO 로저 샐퀴스트는 이렇게 예측했다. 이 생명과학 스타트업은 '칼젠 프레시Calgene Fresh'라는 이름으로 농장−판매점 간 독점 계약, 재배, 유통, 판매를 담당하는 회사를 따로 만들었다. 연구원들 스스로 시인했듯 그들이 "토마토 농사꾼이 아니라 단지 유전자 기수들"이었다는 점, 나아가 그들의 비즈니스 모델에 결정적인 이론(PG 유전자를 억제해 가지에서 익은 토마토를 덜 익은 토마토처럼 취급할 수 있게 한다)이 아직 현장에서 검증받지 못했다는 사실은 중요하지 않았다.

그런 것은 사소했다. 핵심은 시간이었다. 그들은 PG 유전자 통제를 주시하는 사람이 자기들만은 아니라는 사실을 알고 있었다. 그래서 하루빨리 시장으로 가기 위해 현금을 몽땅 쏟아부어

R&D 채비를 갖추고, 토마토 자동 선별기기와 포장 설비를 들여놓으며 모든 것을 걸었다.

한편으로 식품의약국에 조언을 구했다. 1980년대 FDA는 아직 유전자 변형 식품에 대한 규제 기준이 없었다. 이 문제를 다룰 일이 없었기 때문이다. 칼젠은 법적인 문제만큼이나 홍보를 위해서라도 세계 최초의 GMO 식품으로 FDA의 승인을 받는 것이 사실상 필수라고 생각했다. 그러나 규제 절차를 마련하는 일은 과학보다 복잡했다.

사실 유전자 접합gene-splicing(또는 DNA 재조합) 기술은 과학적으로 상당한 수준으로 정립되어 있었다. 칼젠의 과학자들은 토마토 식물에 안티센스 유전자를 집어넣기 위해 뿌리혹병균Agrobacterium tumefaciens을 이용했다. 나무껍질에 단단한 목질의 혹이 생기는 근두암종양crown gall tumors을 유발하는 흔한 토양 박테리아다. 이 박테리아는 숙주에 자신의 DNA 조각을 삽입함으로써 유기체를 공격한다. 과학자들은 이 유전자의 이동 능력을 이용했다. 혹을 생기게 하는 박테리아 유전자를 자신들이 넣고 싶은 유전자(이 경우에는 안티센스 PG 유전자)로 교체한 다음, 변형된 박테리아가 든 용액에 토마토 조직을 담갔다.

하지만 토마토 조직은 사람이 원하는 대로 유전자 수프를 마시지 않는다. 따라서 수개월을 투자해 기르기 전에 수백 개의 토마토 절편 중 어느 것이 안티센스 유전자와 성공적으로 결합했는지 확인할 필요가 있었다. 칼젠은 PG 유전자와 함께 조수석에 태울 다른 유전자를 추가했다. 플레이버 세이버가 항생물질인 카나마이신kanamycin에 내성을 갖게 만드는 선택표지 유전자selectable marker gene였다. 이 유전자를 같이 태움으로써 과학자들은 간단히 이 독성의 항생제가 들어있는 배지로서의 토마토, 안티센스 유전자와 항생제 유전자가 함께 살아남았을 토마토 절편만 편리하게 재배할 수 있었다.

잠깐만! 지금 항생제 내성이라고 말했던가? 당신은 이게 어떻게 흘러가고 있는지 눈치챘을 것이다. 뿌리혹병균A. tumefaciens에 내성이 있는 카나마이신을 이용하는 이 기술은 실험실에서는 흔했지만 당연히 식품에 대해서는 아직 사용한 적이 없었다. 포드pod과에 속하는 완두콩처럼 후보자들이 줄을 서기는 했다. 칼젠은 PG-억제 토마토를 허가받기 전에 먼저 항생제 DNA의 조각을 삽입한 토마토가 장차 사람들이 항생제 치료를 받을 때 그 효과를 떨어뜨리지 않을 거라는 점을 FDA에게 납득시켜야 한다고 생각했다. 칼젠은 FDA에 제출서를 낼 때 그런 위험을 가볍게 다루려고 했지만 FDA는 계속해서 안전성을 입증할 더 많은 정보와 실험 결과를 요구했다. 즉, 시간과 돈이 더 요구된다는 의미였다.

다른 한편으로 그들은 자신들의 플레이버 세이버 유전자를 집어넣기에 알맞은 토마토 품종을 찾기 위해 발 벗고 나섰다.

바로 그 지점에서 그들은, 잘못된 선택을 했다.

생뚱맞게 선택한 토마토는 별로 인기 없는 '퍼시픽'이라는 품종이었다. 유일한 장점이라면, 새로 개발할 품종에 수반되는 특허권이나 다른 지적 재산권이 없다는 점이었다. 그러나 멕시코에서 첫 선적한 플레이버 세이버 토마토가 트랙터 트레일러에 실린 채 밤새 달려 칼젠 프레시 본사에 도착해서야 그 토마토가 쉽게 멍이 들고 장거리 운송이 어렵다는 걸 깨달았다. 칼젠 프레시 본사에서는 한밤중의 데뷔를 축하하기 위해 브라스밴드까지 동원한 상태였다.

기대에 부푼 연구진이 트럭 문을 열었을 때 시야에 들어온 것은 터지고 뭉개져서 즙이 철철 흘러나오는 수천 톤의 토마토였다. 25파운드짜리 상자 속 토마토는 엉망진창으로 뭉개진 뒤였다. 총체적 난국이었다. 한 임원이 눈을 둥그렇게 뜨고 중얼거렸다. "끝났어. 다 끝났어." 그 사이 재무 담당 직원은 소매를 걷어붙이고 삽을 가져와 엉망이 된 토마토를 치우기 시작했다.

퍼시픽 품종이 유일한 문제는 아니었다. PG 유전자를 침묵시켜 가지에서 익힌 후 덜 익은 초록 토마토처럼 다룰 수 있다는, 현장에서 검증된 적이 없는 이 솔깃한 이론은 트럭 속 토마토만큼이나 취약했다. 이것은 칼젠이 구입한 지 얼마 안 되는 고가의 자동공정 장비를 포기하고 토마토를 조심스럽게 그리고 엄청난 인건비를 들여 손으로 분류하고 포장해야 한다는 의미였다.

플레이버 세이버는 매년 4,300만 달러의 적자를 내며 칼젠을 산 채로 집어삼켰다. 설상가상 FDA의 절차가 2년, 3년 지연되는 동안 GMO 식품에 관한 세상의 관심과 우려는 칼젠을 당황케 할 정도로 커져만 갔다. *더 맛있는 토마토에 반대하는 사람이 누구지?* 그들은 의아해했다. 하지만 그중 한 명인 제러미 리프킨 Jeremy Rifkin은 자신의 전모를 뚜렷하게 드러내며 목소리를 높였다.

경제학자 겸 사회운동가인 리프킨은 보스턴 차 사건 200주년 때 거대 정유사에 반대하기 위해 보스턴 항구에 빈 기름통을 던짐으로써(석유수출국기구 OPEC와 야합해 유가를 올리는 독점 석유기업에 항의하는 차원이었다—옮긴이) 색다른 물결을 일으킨 주인공이었다. 소송과 의회 청원, 텔레비전 출연, 강연과 저술을 이용해 영향력과 명성을 쌓은 그는 생명공학의 위험에 경종을 울려왔다. 일찍이 그는 1977년 저서 《누가 신의 역할을 대신하는가?*Who Should Play God?*》를 통해 실험실에서 유전자를 가지고 장난치는 세력이 있다며 종말론적인 목소리로 유전자 변형을 경고했다. 그 당시만 해도 그의 주장과 우려는 가설이었다. 그러나 실제 제품 출시가 임박해지자 리프킨은 순수식품 캠페인Pure Food Campaign(의도적으로 1800년대 말 순수식품 운동을 기억나게 하려는 이름이었다)을 벌이며 동원할 수 있는 모든 무기를 써서 플레이버 세이버와 전쟁을 선포했다.

1993년 리프킨은 순수식품 추종자들로 하여금 블록버스터 영화 〈쥐라기 공원〉이 상영되는 미국 100개 도시 극장 앞에서 공룡으로 분장하고 "바이오테크 프랑켄푸드"라는 딱지가 붙은 채소 카트를 밀며 전단지를 배포하게 했다. 6개월 후 리프킨은 캠벨 수프 컴퍼니로 화살을 돌렸다. 그 회사는 매년 칼젠의 연구소에 100만 달러의 연구비를 지원해오고 있었다. 자사의 가공식품에 그 기술을 이용하면 수백만 달러의 잠재적인 이득이 생길 거라고 계산했기 때문이다. 캠벨 사는 칼젠의 유전자 기술로 자사 소스와 수프에 들어가는 토마토의 펙틴 분해를 조절하고 싶어했다. 그러나 리프킨이 캠벨 사에 대한 불매운동을 벌이겠다고 선포한 후 상황은 180도로 달라졌다. 청정 식품이라는 이미지로 100년의 명성을 쌓아온 캠벨이 이 전쟁에서 어느 편에 설 것인지 결정하는 건 전혀 어렵지 않았다. 그들은 칼젠과 계약을 해지했을 뿐 아니라 자사의 대표 제품에 절대로 GMO 식품을 사용하지 않겠다고 공개적으로 맹세했다. 미국 기업 중 최초의 사례였다.

이 갈등은 시작일 뿐이었다. GMO 반대 논조를 표방하던 〈뉴욕타임스〉가 "토마토가 당신의 건강을 위협할 수 있다"는 경고성 타이틀 아래 기명 논평을 실은 것은 칼젠에게 가해진 정밀 폭격이나 다름없었다. 일주일 후 '프랑켄푸드'라는 용어를 만들어낸 에디터에게 쏟아진 응원 편지는 칼젠에게 더욱 지속적인 폭탄 투하가 이어질 것임을 예고하는 시그널이었다. 언어전문가 윌리엄 새파이어William Safire는 그 용어를 두고 "과학에 대한 포퓰리즘적 의혹이 낳은 가장 핫한 조어"라고 감탄했다. 폭탄 얘기가 나온 김에 하는 말인데 우나바머Unabomber(본명 테드 카진스키Ted Kaczynski, 기술을 진보시켰다고 믿는 사람들에게 직접 폭탄 테러를 일으켜 3명을 죽이고 23명에게 부상을 입힌 테러리스트–옮긴이)조차 이 전쟁에 참전했다. 그는 현대 산업사회와 기술 문명을 비판하는 성명서를 '산업사회와 미래Industrial Society and Its Future'라는 제목으로 〈타임스〉에 우편으로 보내면서 반송인 이름에 칼젠의 주소를 넣었다.

믿을 수 없게도 더 나쁜 뉴스가 이어졌다. 경쟁자인 DNA플랜트 테크놀로지DNA Plant Technology는 북극해 가자미에서 얻은 '안티프리즈antifreeze' 유전자를 집어넣어 서리에 강한 토마토를 개발하는 실험을 하고 있다고 발표했다. 바다에서 수확한 토마토라? 뭔가 훨씬 더 불길하게 들리는 이 "피시 토마토fish tomato"는 칼젠의 부담을 덜어주기는커녕 플레이버 세이버와 합쳐져 GMO 토마토에 대한 입맛을 완전히 잡치게 했다.

자진해서 요청한 규제 프로세스가 시작된 후 현금은 바닥나고 토마토는 밭에서 썩어가던 때, 세계 최초 유전자 변형 식품에 대한 FDA의 승인이라는 구세주가 도착했다. 승인 요청 5년만인 1994년 5월 18일의 일이었다. 사흘 후 첫 출시된 제품은 시장에 타격을 주었다. 하지만 너무 미약했고 너무 늦었다. 2억 달러를 들여 키워온 플레이버 세이버는 3년 안에 흔적도 없이 사라졌다. 더불어 칼젠도 사라졌다.

칼젠과 달리, 오늘날 모든 유전자 변형 식품은
생산자의 이익을 위해 태어난 것들이다

그 무렵 세상에서 일어난 일들은 당신이 생각하는 것과 많이 다를 수 있다. 리프킨 같은 열성분자가 있었지만, 유전자 변형 토마토 반대가 일반적인 의견은 아니었다. 사실 GMO 반대 운동은 그 후 몇 년 동안 탄력을 받지 못했다. 언론이 혹평만 했던 것도 아니다. 톰 브로카우Tom Brokaw(미국의 텔레비전 저널리스트 겸 유명 앵커—옮긴이)와 코니 정Connie Chung(미국 CBS 간판 앵커—옮긴이)을 비롯해 수많은 뉴스 캐스터들이 이 유전자 변형 토마토에 마음을 빼앗겼다. 맛도 좋았다. 특별하다고 치켜세울 정도는 아니었지만, 경쟁자보다는 훨씬 나았다. 그 덕에 플레이버 세이버는 열광하는 사람들에서 더 나은 슈퍼마켓 토마토로 제법 팔렸다.

그렇다면 무엇이 플레이버 세이버를 몰락시켰을까? 무엇보다 1파운드당 2달러에 팔리는 토마토를 생산하기 위해 칼젠이 10파운드를 썼다는 사실 자체가 지속가능한 비즈니스 모델이 아니었음을 의미한다. 허리케인으로 플로리다의 토마토밭이 대서양으로 떠내려간 것조차 도움이 되지 않았다. 칼젠이 토마토 농업과 유통업 경험이 없다는 점도, 멕시코의 농부들이 개선된 유통기한에 가지에서 숙성시키는 비 GMO 신품종을 출시하기 시작한 것도 칼젠의 몰락에 한몫했다. 그리고 플레이버 세이버를 죽인 진짜 범인이 있다. 간단히 말해 이 회사의 자금이 바닥나고 파산했으며, 최고급 토마토를 팔아서는 결코 빚을 갚을 수 없을 거라는 시장의 예측 말이다.

칼젠의 주가는 주당 25달러에서 4달러까지 곤두박질쳤다. 칼젠은 1996년 거대 농약 회사 몬산토Monsanto에게 헐값에 팔렸다. 자물쇠와 재고, 특허권마저 그들에게 넘기고 토마토 사업은 영원히 문을 닫았다. 지금은 전 CEO가 된 로저 샐퀴스트가 말했듯이 킬러 토마토의 습격에서 바로 빠져나오면서 "너무 거창하게, 너무 빨리 달리려고 했던 것이 가장 큰 실수였다."

25년이 지난 현재 시장에는 GMO 토마토가 하나도 존재하지 않는다. 흔한 슈퍼마켓 토마토에 'Non-GMO' 스티커를 붙이는 것도 막지 않는다. 그동안 자료를 조사하며 만난 농부와 판매자, 육종가들은 내가 유도하지도 않았는데 하나같이 유전자 변형 토마토는 개발하지도, 재배하지도, 판매하지도 않는다고 강조했다. 아이러니하게도 플레이버 세이버는 이후 쏟아져 나온 GMO 식품들에 대한 규제에 불을 붙였다.

오늘날의 현실은 어떤가. 우리가 찬장을 열 때마다 눈에 띄는 카놀라유나 시리얼, 오트밀, 두유, 이유식, 소다, 스낵, 쿠키, 옥수수 시럽, 사탕무로 단맛을 낸 모든 것에는 유전자 변형 재료가 들어있다. 그러나 수많은 기업들은 '더 맛있는 토마토'라든지 '건강에 좋은 오일'처럼 칼젠의 연구자들을 사로잡았던 이상적 이유로 유전자 변형 식품을 개발하지 않는다. 플레이버 세이버가 주저앉은 후 GMO는 전혀 다른 방향으로 개발이 진행되었다. 칼젠의 작물은 소비자의 이익을 위해 개발되었던 반면 오늘날 거의 모든 GMO 식품들은 생산자의 이익을 위해 개발되고 판매된다.

지금까지 가장 성공적인 GMO 식물은 '라운드업 레디Roundup Ready'라는 브랜드의 작물로, 미국에서 재배되는 대두의 95퍼센트, 옥수수와 면화의 70퍼센트를 차지한다. 1996년에 처음 소개된 이 작물들은 널리 사용되는 제초제에 대한 면역성이 있는 특허 유전자를 갖고 있어서 라운드업Roundup(1974년 몬산토에서 처음 출시, 미국에서 널리 이용되는 제초제—옮긴이) 제초제를 자유롭게 사용할 수 있게 해주고 농부들이 손이나 기계로 잡초를 뽑는 수고를 덜어준다.

하지만 최근 몇 년 사이 라운드업에 내성을 가진 '슈퍼잡초'가 등장하고, 제초제에 오랫동안 노출된 농장 노동자들 사이에서 비호지킨스 림프종non-Hodgkin's lymphoma 발병 사실이 보고되면서 논란이 되고 있다. 그렇다고 요정을 구슬러 다시 호리병에 들어가게 하기는 어려울 것으로 보인다.

그리고 놀랍게도 이런 유전자 변형 종자의 생산자는 라운드업 제초제 생산자와 동일인물이다.

바로 몬산토다.

교양과 신분, 부와 미각의 지표
'에어룸 토마토'

잡종화, 상품화, 프랑켄슈타인화. 20세기의 마지막 10년은 특히 토마토에게 가혹했다. 그러나 슈퍼마켓의 통로와 생명공학 실험실에서 멀리 떨어진 곳에서는 현재의 처참한 상태를 받아들이기 거부하는 텃밭 농부들 사이에서 느슨하되 조직적인 지하 운동이 일어나고 있었다. 그들은 조용히 사연을 나누며 맛을 평가하고, 무엇보다 중요하게 씨앗을 교환했다. 혁명이 싹 트고 있었다.

에이룸 토마토 운동이 언제 시작되었는지 정확히 말하기는 어렵다. '에어룸 토마토'에 관한 신문기사 기록을 찾아보니 1990년대 초반에 간혹 언급됐고, 1997년 들어 자주 등장했으며, 이 세기 들어 처음 10년간 꾸준히 많아졌다. 텃밭 농부들은 1970년대부터 '씨앗보호자거래소Seed Savers Exchange, SSE' 같은 조직을 만들어 레이더망에 잡히지 않고 잊힌 토마토들을 기르기 시작했다.

SSE는 1975년, 미주리의 20대 자영농 다이앤 오트 웨일리Diane Ott Whealy와 켄트 웨일리Kent Whealy 부부가 설립했다. 다이앤은 바이에른 출신인 조부모가 1884년 미국에 이민 올 때 가지고 온 토마토와 모닝글로리 씨앗을 자신들만 소유하고 있음을 알게 되었다. 조부모가 세상을 떠나며 유산처럼 물려준 씨앗을 골동품 은제 식기나 도자기 못지않은 가보라고 여긴 다이앤은 이 씨앗을 제대로 길러 보급하지 못하면 영원히 멸종할 거라고 여겼다.

다이앤은 회고록 《게더링Gathering》에서, 그 일을 통해 사라지는 품종이라는 더 큰 문제에 대해 생각하게 됐다고 적었다.

가족이 이민 올 때 고향에서 가져온 씨앗을 계속 보존하고 있는 다른 농부들을 떠올리기 시작했다. 고향에서 좋아했고 고향을 기억나게 하는 음식에 쓰이는 작물 씨앗들을 앞치마 주머니 같은 개인 소지품에 숨겨 바다를 건넌 사람들, (…) 세대에서 세대를 통해 전해 내려온 그런 씨앗이 있다는 것을 우리는 알고 있었다.

웨일리 부부는 자신들처럼 '에어룸heirloom'(영어로 '가보'라는 뜻—옮긴이) 품종을 보존하는 데 관심 가진 사람들이 더 있을 거라고 짐작했다. 애초 '에어룸'은 잡종 교배의 시대 즉, 1950년 이전에 전에 존재했던 품종을 가리키는 용어로, 최소 50년의 역사를 지니며 자연수분(곤충, 새, 바람, 인간 또는 여러 자연적인 방법을 통해 수분—옮긴이)을 한 것으로 느슨하게 규정했다. 그런 사람들을 찾기 위해 요즘 같으면 인터넷 사이트에 게시물을 올리거나 페이스북 그룹을 검색했을 것이다. 그러나 1975년에 웨일리 부부는 〈마더어스뉴스Mother Earth News〉 같은 몇몇 전국적 원예 잡지에 편지를 보내 생각이 비슷한 개인들을 찾았다. 여러 명의 독자가 자신이 가진 에어룸 종자를 교환하겠다고 답장을 보내왔다. 소문은 점점 퍼져나가고, 더 많은 기부 씨앗이 우편으로 도착했다. 오래 걸리지 않아 씨앗을 기부하거나 구하기 원하는 씨앗 교환자들의 이름과 주소가 적힌 리스트가 6장으로 불어났다(자신의 주소를 적은 봉투와 25센트를 동봉하면 누구나 그 리스트를 구할 수 있었다).

웨일리 부부가 비용을 충당하기 위해 요구한 25센트는 흥미로운 사실을 알려주었다. 젊은 커플은 근근이 살아가고 있었다. 저널리즘 학위를 가진 켄트는 임시직을 전전했고(그나마 저널리즘에 가장 가까운 인쇄소에서 일했다. 그리고 이 경험은 훗날 쓸모가 있었다), 다이앤은 신혼의 생계를 책임지고 있었다. 미주리주 프린스턴 근처에 있던 그들의 신혼집은 멀리 떨어진 농장에 버려진 전신주와 땅에서 골라낸 돌을 이용해 2년에 걸쳐 지어졌다. 은행은 무직자 저널리스트와 자칭 "채식주의자이고 히피에 요가 수련을 하는 농부"에게 대출을 해주지 않았다. 집짓기는 전적으로 가족과 친구들의 도움 덕에 완성되었다. 다이앤은 가족의 먹거리를 위해 커다란 과수원과 밭을 일구었다.

1981년 웨일리 부부는 미처 완성하지 못한 집 창문에 유리 대신 비닐을 치고 첫 번째 연례행사인 '주말 캠핑'을 열었다. 서로 편지로만 알고 지낸 여러 지역의 씨앗 교환자들이 모였다. 첫해에는 열 명 남짓 모여 텐트를 치거나 웨일리 농장의 농막에서 지냈다. 3년째 되는 해에는 모임 인원이 50명까지 느는 바람에 물탱크가 바닥나서 참가자들이 30달러씩 갹출해 물을 사와야 했다.

종자 교환 회원 수는 점점 늘어났고, 우편함은 온타리오에 사는 91세 에드워드 로우덴 같은 사람이 보낸 편지들로 채워졌다.

서리에 강한 유전자를 가진 (…) 아주 희귀한 토마토인 미스터 토프Mr. Topp는 1917~1921년경에 멸종됐습니다. (…) 그 토마토는 내가 다른 토마토에서는 본 적이 없는 대단한 특징을 갖고 있었죠. 그중에서도 특히 대단한 점은 가을 서리에도 끄떡없다는 점입니다. 다른 토마토 같으면 어림도 없죠. (…) 그 토마토만 구할 수 있다면 무엇이라도 하겠습니다. (…) 아마 어딘가에 사는 누군가는 그 토마토를 알고 있겠죠.

넙치류의 유전자 없이도 서리에 강한 이 굉장한 토마토를 찾았는지에 대한 정보는 없다. 그런데 종자를 구하는 모두와 자신이 가진 것을 공유하고 싶어한 가드너가 있었다. SSE의 원년 멤버 6명 중 하나인 리나 시스코는 편지와 함께 미주리주 위노나에서 콩 종자를 보냈다.

나는 애초 내가 예상했던 것보다 더 오랜 세월 농사를 지어왔고 온갖 식물을 기르는 것을 좋아합니다. (…) 편지에 동봉하는 버드 에그 빈은 우리 할머니가 미주리에 갖고 오셨을 때부터 지금까지 오랜 세월 우리 집안에서 길러오고 있습니다. 이 씨앗을 원하는 모든 분께 무상으로 드리고 싶군요. 행운이 있기를.

시스코는 이듬해 봄에 세상을 떠났지만 웨일리 부부와 다른 두 명의 회원은 시스코의 버드 에그 빈을 기르기 시작했고, 그 아름다운 얼룩무늬 콩을 멸종의 위기에서 구했다.

켄트와 다이앤은 적지 않은 편지들이 비슷한 걱정을 담고 있다는 사실을 알게 되었다. "내 종자 카탈로그에는 더 이상 이 품종이 나와 있지 않아요. 누구 이런 씨앗 가진 사람 없나요?" 1970~1980년대 종자업계는 급속한 흡수 합병을 겪었다. 일례로 1970년부터 1987년 사이에 버피 사의 소유권은 버피 가문에서 제너럴 푸드로 넘어갔다. 그 뒤로 투자회사 맥킨지를 거쳐 1991년에는 종자상인 조지 볼에게 인수되었다. 새로운 회사들은 품질이 어떻든 잘 팔리지 않는 종자는 취급하지 않으려고 했다. 1981년 켄트는 "오늘날 낙오된 품종들은 시대에 뒤떨어지거나 열등한 게 아니다. 그야말로 우리 채소 작물의 정수다. (…) 그럼에도 멸종되는 것을 방치하고 있다"고 경고했다.

농부와 농업 과학자들을 향해 급격히 사라지는 생명의 다양성을 경고한 켄트의 목소리는 전 세계에 흩어져 있는 종자 수호자들을 각성케 했다. 그들은 스스로 지구의 수위, 이른바 '씨앗의 구원자'임을 자처했다. 이 과정에서 그들은 종자 업계에서 일어나고 있는 우려스럽고 사악하기까지 한 어떤 상황을 목격했다. 자연수분 품종들이 교잡종들로 교체되고 있었다. 켄트는 1981년 〈마더어스뉴스〉와 인터뷰에서 이렇게 말했다. "만약 내가 일반적인 토마토 종자를 구입하면 수확기에 그로부터 종자를 얻을 것입니다. (…) 그러면 다시는 종자 판매상에게 그 채소 씨앗을 주문할 필요가 없겠죠. 그러나 하이브리드 채소를 계속 심고 싶으면 매년 봄 종자를 사야만 합니다. 그런 식으로 하이브리드는 점점 더 일반 품종을 밀어내고, 내 선택은 점점 더 줄어들죠. (…) 이렇게 나는 점점 더 종자 회사에 의존하게 되는 거죠."

버피 같은 종자 회사가 그렇다. 씨앗 수호자이며 자칭 '토마토 마니아'인 크레이그 르훌리에Craig LeHoullier(에어룸 토마토 전문가, Seed Saver Exchange에서 활동하며 《Epic Tomatoes》의 저자이다—옮긴이)가 말하기를, "토마토 개발의 패러다임을 다시 만든" 빅보이라는 잡종 토마토의 엄청난 성공은 다른 주요 육종 회사들로 하여금 저마다 자신들만의 잡종을 개발하고 판매하도록 자극했다.

좋든 싫든 농업 관련 산업은 종자를 이용해 농부들을 손아귀에 넣었다. 종자 수호자들은 반격을 가할 준비를 했다. 크고 작은 종자 교환이 전국적으로 일어나기 시작했고, 원예 잡지들은 편지와 종자 교환 칼럼을 활발하게 소개했다.

이런 운동을 통해 그때까지 고령의 아마추어들만 기르던 수백 종의 토마토 품종이 소개되었다. 과실의 색깔만큼 이름과 유래도 다채로웠다. 그린 제브라, 크림 소시지(이름만큼 모양은 별로 매력적이지 않은 흰색의 길쭉한 토마토), 포도만한 크기의 품종으로 1930년대에 워낙 인기가 좋아서 라디에이터 정비공 찰리(본

명은 찰리가 아니라 마샬 클레티스 바일스Marshall Cletis Byles였다)가 그 종자를 팔아 대출금을 갚았다는 사연으로 이름 붙여진 라디에이터 찰리의 모기지 리프터Radiator Charlie's Mortgage Lifter 품종…. 그런데 재발견된 비슷비슷한 품종들 중 단연 돋보이는 토마토가 있었다. 많은 이들에게 '에어룸 토마토'라는 용어는 에어룸 토마토 운동의 포스터 모델인 이 품종과 동일시되었다. *바로 '브랜디와인 Brandywine'이다.*

포스터 모델치고 생긴 것은 볼품이 없었다. 1파운드쯤 되는 크기에 균열도 있고 줄기 근처가 가죽처럼 변하며 병에 걸린 듯 창백한 껍질로 가지에 어색하게 매달려있다. 과육 깊숙한 곳까지 심이 박혀있어서 토마토를 옆으로 자르면 몇 개의 슬라이스에 어쩔 수 없이 고리 모양이 생겼다. 게다가 잘 시들고 마름병에도 약하며 쉽게 부패했다. 그래도 개화가 늦는(90~100일 걸려야 첫 수확을 한다) 이 품종을 길러야 할 한 가지, 단 한 가지 이유가 있었다. *정말로 맛있었다.*

알려진 사실처럼 꿀맛이다. 입으로 베어 물면 턱밑으로 즙이 뚝뚝 떨어지는 이 토마토가 바로 당신이 한때 먹었던 그 토마토 맛이다. 설령 예전의 토마토를 맛본 적이 없어도, 입안에서 터지는 그 맛이 우리의 유전자에 새겨진 기억을 자극한다. 《서사시 토마토*Epic Tomatoes*》에서 르홀리에는 이렇게 썼다. "몇 년 동안 1,000여 종의 토마토를 기르고 맛본 내가 언제 가장 완벽한 토마토를 먹었는지 떠올려보면 역시 브랜디와인을 먹었을 때다. (…) 입안에서 녹는 과즙 많은 식감은 무엇에도 비할 수 없다. 새콤, 달콤, 깊은 맛, 복잡미묘한 맛이 완벽히 균형 잡힌, 토마토의 좋은 성분은 모두 갖춘 맛은 우리의 미각세포를 일깨운다."

많은 사람이 르홀리에의 말에 동의한다. 〈뉴욕타임스〉의 원예 칼럼니스트 앤 레이버는 1995년에 브랜디와인을 독자들에게 소개했다. 마사 스튜어트는 그 맛을 "여름의 정수"라고 단언했다.

브랜디와인의 유래는 정확하지 않다. 이름으로 미루어 남부 펜실베이니아의 브랜디와인 계곡이 아닐까 추측하기도 한다. 종자 카탈로그에는 종종 아미시의 품종으로 설명된다. 그러나 유래는 언제나 그렇듯 분명치 않다. 내가 이런 종류에 관해 가장 신뢰할 만한 출처라고 생각하는 씨앗보호자거래소에 따르면 오하이오의 전설적인 종묘상 벤 퀸즈베리Ben Quisenberry가 90대였을 때 소개했다고 한다. 그는 씨앗을 도리스 서더스 힐Dorris Sudduth Hill에게 얻었으며, 그녀는 테네시의 자기 집안에서 100년 동안 길러왔다고 말했다. 그래서 브랜디와인은 서더스 품종으로도 불린다.

돌연변이나 타가수분에 의해 약간 달라진 것을 의미하는 변종(혹은 변이체)을 에어룸의 부계父系라고 못 박으면, 상황이 난감해진다. 브랜디와인도 예외가 아니다. 당신의 브랜디와인은 내 브랜디와인과 다른 품종일 수 있기 때문이다. 한 손 가득한 특허권을 쥐고 엄격하게 통제하고 판매하는 하이브리드와 달리 브랜디와인은 많은 종자 보호자들(최근에는 종자상들)에 의해 보존되고, 분배되고, 재분배되어 왔다. 따라서 서로 다른 품종이 다양하게 있다. 게다가 고집스러운 벌에 의해 타가수분이 이루어져 재배자가 모르는 사이에 유전자 구성이 달라질 수도 있다. 설상가상 여러 다른 토마토들이 브랜디와인이라는 이름을 쓰면서 더욱 모호해진 경향이 있다. 레드 브랜디와인이나 옐로 브랜디와인은 그 자체로 좋은 토마토이지만 서더스의 변종은 아니다.

브랜디와인은 드물게도 '감자 잎'처럼 생긴 이파리로 쉽게 구분이 된다. 토마토는 작고 깔쭉깔쭉한 잎으로, 아마 채소 중에서도 가장 구분하기 쉬운 형태를 가졌을 것이다. 그러나 브랜디와인의 잎은 맨 아래쪽에 양쪽으로 각각 하나의 홈만 있고 크고 둥글어서 감자의 잎과 매우 비슷하다. 그래서 우리 집 텃밭에서 감자를 길렀을 때 나는 처음 나온 감자 잎을 보고 혹시 지난해 심은 브랜디와인이 다시 싹튼 게 아닐까, 잠깐 의심했다. 하긴 감자와 토마토는 사촌 간이고, 같은 가짓과의 유전자Solanus를 가졌기 때문에 많이 혼란스러워할 필요는 없었다.

그런 관련성이 초래하는 결과는 2009년 여름이 되면 명확해질 터였다. 그러나 온갖 크기와 모양, 색깔의 에어룸 토마토로 넘쳐나던 1990년 말은 미국에서 진정한 토마토의 르네상스였다. 1830년대의 완벽한 재현이었다. 미국 동부해안 스타일의 여왕 마사 스튜어트는 자신의 토마토밭을 에어룸 토마토로 전부 바꿨다

존슨 앤 스토크Johnson and Stokes 종묘상의 1980년 종자 카탈로그에
처음 등장한 브랜디와인 토마토. (CC BY-SA 3.0.)

고 선언했다. 그런가 하면 서부 해안 지역에서 팜투테이블farm to table(레스토랑이 지역 농장과 직접 연계해 재료를 조달하는 것―옮긴이) 유행을 선도한 앨리스 워터스Alice Waters(1944~. 미국의 셰프이자 레스토랑 경영자. 캘리포니아 요리를 개척함―옮긴이)는 자신의 레스토랑 셰 파니즈Chez Panisse의 메뉴에 에어룸 토마토를 등장시켰다. 로스앤젤레스에서 이스트 햄프턴까지 모든 유명 레스토랑이 다채로운 색깔의 에어룸 토마토를 메뉴에 포함하지 않으면 명성이 주는 혜택을 누릴 수 없었다. 에어룸 토마토를 재배하는 농부들은 수요를 맞추기에도 벅찰 지경이 되었다.

불과 몇 년 전까지만 해도 씨앗을 교환하는 괴짜 원예가들의 배타적인 영역에 머물러있던 에어룸 토마토가 어떻게 그토록 빨리 주류가 되었을까? 그리고 왜 하필 20세기 마지막 10년간 그런 일이 일어났을까? 이는 위스콘신대학교의 제니퍼 A. 조던 교수를 비롯해 사회과학자들의 호기심을 자극하는 질문이었다. 그녀는 2007년 학술지에 어떤 이유로 소비자들이 갑자기 "맛이 있을지 아닐지 확신할 수도 없는, 벌레 먹고 얼룩덜룩하고 울퉁불퉁하고 딱딱한 토마토를 파운드당 7달러"에 사 먹기 시작했는지 조사한 내용을 발표했다.

조던은 그 토마토가 단순한 식품이 아니라 소비자에 대해 무언가를 말해주는 문화적인 대상으로서 특정한 지위를 얻게 된 데답이 있다고 결론 내렸다. 사람들은 오래됨(물려받은 유산)과 새로움(주름진 토마토!)이라는 두 가지 요소를 모두 가진 에어룸 토마토를 먹음으로써 스스로 고상하다고 느꼈다. 나아가 생물의 다양성과 농업 관련 산업을 둘러싼 사회적 이슈에 관심을 보이는 스스로에 대해 뿌듯함까지 느꼈다.

말 그대로 에어룸 토마토는 신분과 교양의 상징, 부와 맛의 지표가 되었다. 에어룸 토마토를 내놓는 최고급 레스토랑, 저렴한 토마토와 높은 가격표가 붙은 에어룸을 별도의 진열대에 놓고 파는 파머스 마켓. 이들 모두는 에어룸을 소비하는 사람들의 우월의식을 교묘하게 이용하고 있었다.

실제로 정확히 같은 시기에 기하급수적으로 증가한 파머스 마켓(1970년에 뉴욕주 전체에 6개였던 파머스 마켓은 2009년 400개 이상으로 늘었다)은 에어룸 토마토의 대중화에 중요한 역할을 했다. 1990년대에 탄력을 받은 슬로푸드와 유기농 운동 또한 에어룸 토마토의 부상과 맞물려 가지에서 숙성시키는 유기농 에어룸 토마토를 베이비부머들의 3대 관심사로 만들었다.

1997년 〈뉴욕타임스〉 기사는 에어룸 토마토 열풍이 풍부한 시간과 소득, 그리고 베이비부머라고 불리는, 증가하는 연령층의 의식에 의해 불이 붙었다고 분석했다. 그러면서 한 종묘상의 말을 인용했다. "그들은 여가시간이 많아요. 게다가 한층 고급스러운 미각을 가졌죠. (…) 또한 자신이 지구상에 존재하는 이유를 말해주는, 뭔가 실제적인 것을 찾고 있다고 생각합니다."

거기에는 에어룸 토마토 외에도 오래 묵힌 수입산 식초라든지 장인이 만든 치즈, 나파밸리 와인, 코카인보다 더 비싼 말린 샤프란 등도 포함되었다. 다만 1990년대 여피족들의 독특한 소비품 중 에어룸 토마토는 그것을 소유하기 위해 엘리트의 일원일 필요가 없다는 점이 가장 큰 장점이었다. 조그만 텃밭 아니 베란다만 있으면 그들 누구나 마사 스튜어트처럼 고급진 토마토 품종을 기를 수 있었다.

주류는 결코 못 되지만
오래도록 잊히지 않을…,

1997년 나에게는 여분의 땅이 생겼다. 우리는 3에이커 남짓의 경사진 언덕에 자리 잡은 100년쯤 된 황폐한 주택을 구입했고, 해가 잘 드는 경사지를 채소밭으로 바꾸었다. 2,000스퀘어피트(약 190제곱미터)가 넘는 땅에는 에어룸 토마토, 에어룸 딸기, 에어룸 감자, 에어룸 스쿼시, 에어룸 사과나무를 심었다. 잡종인 '보이 앤 걸'(Early Girls라든가 Better Boy, Big Boy 등의 잡종을 의미한다—옮긴이) 토마토는 고려한 적도 없었다. 대신 브랜디와인과 체로키 퍼플 씨앗을 4개의 형광등 불빛 아래에서 직접 파종해 모종을 길렀다.

제니퍼 조던의 말대로 이 오래된 과실과 채소가 나를 과거와 연결시켜 주는 것 같아 가슴이 벅찼다. 에소퍼스 스피첸버그 Esopus Spitzenburg 품종 사과는 소년 시절 나의 우상이던 토머스 제퍼슨이 기르고 좋아했던 품종이며, 뉴욕 에소퍼스 근처 내 고향인 허드슨 밸리에서 발견되었다는 사실을 알고 더욱 반가웠다.

나는 내 사과나무에 열매보다 더 많은 역사가 주렁주렁 달렸다는 사실은 편의상 무시해버렸다. 스피첸버그 품종은 껍질이 거칠고 두꺼워서 무엇보다 내 소화기에 적잖은 도전이었으므로 다른 것들은 쉽게 넘겨버렸다. 또 내 브랜디와인은 맛있는 것이 사실이지만 사막에서 금붕어를 기르기보다 어렵다는 불편한 진실을 애써 무시했다. 결국 버티실리움 시들음병verticillium wilt에 이어 겹무늬병early blight이 발생하고, 탄저병마저 용인함으로써 과실은 대부분 썩고 더러 남은 것들마저 잎마름역병에 굴복하고 말았다.

한 가지, 계속해서 무시할 수 없는 건 내 지갑이었다. 정말이지 에어룸 종자들을 재배하면서 재산을 탕진하는 기분이었다. 이러다 텃밭에 투자한 것보다 적게 수확하는 건 아닐까 하는 의구심 속에서 어느 늦여름 저녁 영수증을 챙겨 책상에 앉았다. 그동안 브랜디와인 18그루를 기르면서 사슴과 마멋, 그리고 병충해로부터 그들을 구하기 위해 내가 얼마를 썼는지 계산기를 두드려보았다.

그 액수는 내 첫 책의 제목 《64달러짜리 토마토The $64 Tomato》로 대신한다. 금전적인 비용은 자신들의 토마토밭을 수익성 좋은 에어룸 품종으로 바꾼 북동부의 일반 농부들보다 훨씬 많이 들었다. 2009년 유행한 잎마름역병late blight(1845~1849년 아일랜드 감자 대기근의 원인이 되었던 것과 같은 병충해다)은 에어룸 작물의 75퍼센트 (내 경우 100퍼센트)를 초토화시켰다. 서늘하고 습도 높은 여름 날씨, 그리고 남부에서 파종해서 홈데포나 로오웨, 월마트 같은 할인점의 원예 코너에서 판매한 값싼 모종 때문일 가능성이 높다. 곰팡이는 삽시간에 퍼져나가 심지어 내성이 있는 토마토조차 감염시켰다.

"나는 입마름역병이 그렇게 무서운 속도로 단일한 저항성 유전자를 굴복시킬 수 있다는 사실에 충격을 먹었죠." 버피 사의 육종가 사이먼 크로포드는 그 일이 자신의 오랜 육종가 경력에서 가장 당혹스러웠던 순간이라고 회고했다.

토마토가 감염되는 많은 질병에 효과적으로 대처할 수 있는 화학 치료법은 별로 없다. 나처럼 유기농을 하는 경우에는 더욱 그렇다. 토양에서 수년간 서식하는 박테리아와 곰팡이들은 한번 침범하면 좀처럼 근절하기 어렵다. 이런 병충해와 싸우는 최선의 방법은 토마토 자체에 저항성을 심어주는 것이다. 다시 말해 교잡종을 만드는 것이다.

그렇다, 내가 그렇게 말했다. 너무 놀라지는 마시라. 자고로 모든 혁명에는 반혁명이 따르는 법. 에어룸 토마토의 부상도 예외가 아니었다. 놀라웠던 점은 세상이 떠들썩하도록 첫 반격을 가한 사람이 과거에는 그토록 혁명적이었던 뉴욕의 저명한 오뜨 반야드haute-barnyard(농가의 안뜰 같은 전원풍 레스토랑에서 그 지역의 제철 식재료로 음식을 만드는 레스토랑을 일컫는다—옮긴이) 셰프 겸 레스토랑 경영자 댄 바버Dan Barber였다는 사실이다. 스톤반즈에 위치한 그의 '블루 힐Blue Hill 레스토랑'에서 제공하는 250달러짜리 메뉴에는 레스토랑 옆 텃밭에서 기른 체리 토마토를 미니어처 시렁에 넝쿨째 매단 요리가 포함되어 있었다. 바버는 팜투테이블farm-to-table과 에어룸 트렌드 모두에서 초창기 옹호자였다. 그러나 2009년 8월, 스톤반즈의 토마토들이 모두 잎마름병으로 시들어버리자 그는 〈뉴욕타임스〉에 농부들과 다른 셰프들이 깊이 공감할 만한 글을 기고했다.

지속가능성을 옹호하는 사람들에게 과학은 (…) 슬로푸드의 미학을 침해하는 용의자 취급을 받는다. 그것은 향수다. 나는 셰프로서 메뉴를 구성하면서 무분별하게 에어룸 토마토를 찬양하는 풍조를 조장하는 것 같아서 솔직히 죄책감이 든다. 이들 토마토 품종은 병충해에 취약하지만 보존해야 할 참으로 귀중한 것이며, 일반적인 품종에 비해 훨씬 맛있다. 그러나 옛것을 좇는 열풍 속에 우리는 자칫 새로운 것의 발전을 과소평가하기 쉽다.

"옛것을 좇는 열풍". 이 표현은 폭넓은 반향을 일으켰다. 〈사이언티픽 아메리칸Scientific American〉은 "에어룸 토마토에 대한 반론"이라는 기사에서 그 토마토들을 채소 계의 "퍼그(숨을 쉬려고 할 때마다 그르렁거리고 켁켁거리는, 주름이 자글자글한 코를 가진 '순종견'의 하나)에 비유했다. 바버의 글을 기점으로 에어룸 토마토에 관한 이야기는 점점 줄어들고, 과학적인 방법으로 토마토에게 맛을 되돌려주려는 신세대 육종가들의 목소리가 늘기 시작했다. 그들은 토마토의 게놈 지도를 완성하고, 오베드 쉬프리스가 감히 엄두조차 내지 못한 기술들을 이용했다.

이런 흐름에는 에어룸 뉴스에 대한 피로가 크게 작용했다. 그러나 진기한 에어룸 열풍이 지나간 후 농부들이 발견한 리스크도 적지 않은 영향을 주었다. 2개월의 수확기 동안 단 한 개의 과실도 못 건진 나를 포함해서 평균 18개의 토마토만 수확한 농부들이 쓰디쓴 좌절과 실망감을 느끼는 건 너무도 당연했다. 리프먼 농장의 육종가 마크 바리노의 말마따나 "없는 토마토를 어떻게 맛볼 수 있겠는가!"

에어룸 토마토는 상업용 토마토 시장을 휩쓴 적이 결코 없었다. 그저 틈새시장에 머물며 전국에서 소비되는 토마토의 작은 부분을 차지할 뿐이다. 병충해에 취약해서만은 아니다. 엄밀히 말해서 에어룸이기 때문이다. 즉 발사체처럼 길러진 게 아니라서 멀리 이동할 수도 없고, 제대로 보관하기도 어렵다. 만약 상처 하나 없이 텃밭에서 식탁으로 올라온 브랜디와인을 만나면 당신은 억세게 운이 좋은 것이다.

그럼에도 에어룸 토마토는 사라지지 않았다. 지난 20년간 꾸준히 상품화되었고, 요즘은 주류의 종자 카탈로그를 통해서도 구할 수 있으며, 화원이나 농원에서 모종을 살 수 있다. 우리 지역의 채소가게에는 언제나 멕시코의 온실에서 기른 익명의 (그리고 끔찍한) 에어룸 토마토가 진열돼 있다. 에어룸은 여전히 여름 파머스 마켓에서 중요한 상품이다. 요즘 들어 특정 품종에 대한 강조는 줄어들었다. '에어룸'이라는 꼬리표만으로도 돈 많은 구매자의 눈길을 끌기에 충분하다. 당연히 어떤 것은 좋지만 많은 것들이 그렇지 못하다.

텃밭 농부들이 텃밭에서 재발견한 에어룸 토마토는 결코 대규모로 생산될 운명이 아니었다. 그리고 지금도 에어룸은 상업적인 영향력을 뛰어넘어 문화적으로 요리에 영향을 끼치고 있다. 에어룸 혁명은 아마도 이 세기에 들이 토마토에 일어난 가장 흥미로운 사건일 것이다. 전문기술도 없는 한 줌의 텃밭 열성분자들이 산업계를 흔든 증거다.

더욱 중요한 사실이 있다. 그들 종자 보호자들의 집념과 결단 덕분에 수많은 이들이, 균일하게 숙성시키는 유전자도 없고 장거리 운송을 위해 인공적으로 교배하지도 않은, 오로지 맛을 위해 자연 선택된 진정한 토마토를 오랜만에 맛보았다는 점이다.

사람들은 그 맛을 잊지 않을 것이다. 그리하여 누군가는 다시 파머스 마켓을 방문할 것이다. 또 누군가는 단지 갓 수확한 브랜디와인을 맛보는 즐거움을 위해 자신만의 텃밭을 가꾸거나 가지려 노력할 것이다.

전 세계 많은 지역은 9월 말이 되면 토마토가 더 익기에는 태양 빛이 너무 약하다. 무한생육 품종도 점점 기력이 쇠해진다. 낮이 짧아지고 밤이 서늘해지면서 생기를 잃어간다. 그러다 첫서리가 내리면 과실은 추워서 덜덜 떨고 줄기는 시든다.

자, 어서 마지막 남은 토마토를 창가로 가져와 조금 더 숙성시킨 다음 여름의 막바지 맛을 즐겨라. 겨울이 오고 있다.

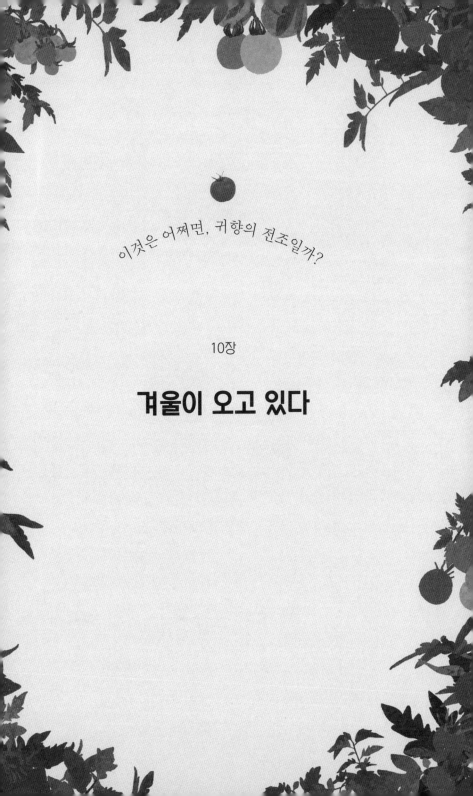

이것은 어쩌면, 귀향의 전조일까?

10장

겨울이 오고 있다

벌이 윙윙거려서 밖에 눈이 내리고 있다는 사실마저 잠시 잊었다. 편안히 허리를 펴고 선 인부들이 잘 익은 토마토를 차분히 가위로 잘라 야트막한 상자에 한 줄로 담았다. 정말로 토마토를 다루는 것처럼 보인다. 내 엄지만한 굵기의 넝쿨이 포도나무처럼 20, 30, 40피트의 철사 지주대를 따라 수평으로 뻗어 나가다 위로 방향을 틀어 유리 천장까지 이어지고 있었다. 밖은 춥지만, 이곳은 22℃에 건조해서 토마토를 따기에 완벽한 날이다. 내일도 그럴 것이다. 그리고 다음 날도.

캐나다의 겨울 하면 생각나는 것들이 있다. 하키, 스케이팅, 컬링, 얼음 벽돌로 만든 호텔. 그리고 토마토.

토마토? 왜 우리 동네 슈퍼마켓은 1월이면 캐나다산 토마토를 팔까? 나는 몇 년 전에 처음 발견했지만, 우리의 북쪽 이웃이 재배하는 이 토마토들은 지난 10년 사이에 조용히 우리 곁으로 다가와 1,000만 달러 실내 채소 산업의 일부가 되었다. 몇 년 전만

해도 거의 보이지 않았는데 지금은 캐나다산 계란, 감자, 듀럼밀, 밀가루 제품보다도 많이 들어와 있다. 매일 200대의 트럭이 토마토를 싣고 온타리오주 국경을 넘어 남쪽의 미시간으로 이동한다. 그들은 분명 플로리다산 토마토를 싣고 북쪽으로 오는 트럭들과 마주칠 것이다.

플로리다 토마토에 대해 당신은 할 말이 있을 것이다. 적어도 겨울에 토마토를 재배하는 논리는 이해할 수 있다. 햇살 좋은 하늘 아래 온난한 기후를 연장하는 일종의 패시브 온실(난방이 필요 없는 일반적인 비닐하우스. 낮 동안의 열기를 기온이 내려가는 밤에도 유지하는 것이 관건이다──옮긴이)과 같은 원리로 이해하면 된다. 하지만 캐나다라면? 캐나다에서 겨울에 온실을 만드는 것은 멕시코에 이글루를 세우는 것과 같지 않을까.

여기, 온실 농업의 선구자들

디트로이트를 출발한 나는 해질 무렵 초자연적인 복숭앗빛으로 하늘을 물들인 수백만 와트의 온실을 따라 불빛에 끌리는 나방처럼 온타리오의 레밍턴으로 달려갔다. 한겨울이다. 그러나 누구도 주목하거나 관심을 두지 않는 국경의 남쪽에 와있다. 이리호수의 북쪽 호반을 따라 이어진 이곳은 북미 최대의 온실 농업 본거지가 되었다. 이미 4,800에이커의 땅이 유리로 뒤덮인 온실이 되었고, 그 면적은 날로 증가하고 있다.

눈길 닿는 곳마다 새로운 농지용으로 땅이 정리되고 다져지고 있었다. 시설농업protected agriculture(유리 온실이나 비닐하우스 등의 시설을 이용해 농산물을 생산하는 농업 형태—옮긴이), 정밀농업precision agriculture(비료와 농약 사용량을 줄여 환경을 보호하면서도 농작업의 효율을 향상시킴으로써 수지를 최적화하려는 농업, 스마트팜—옮긴이) 또는 환경제어식controlled environment 농업 등 다양한 용어들은 변덕스러운 기후나 자연의 영향을 받지 않는, 최대 100에이커에 이르는 투명하고 거대한 온실 구조물에서 일어나는 행위들을 점증적으로 반영한다.

여기서 재배되는 작물들은 대부분 미국인의 식탁에 오른다. 따라서 온실 주인들은 미국인이 즐겨 먹는 후추, 오이, 최근에는 베리 류까지 지속적으로 공급을 늘리고 있다. 그러나 대규모 온실 농장들의 조용한 침범은 애초에 더 맛있는 토마토를 얻으려는 탐색으로 시작되었다.

레밍턴에서 4대째 농사를 짓고 있는 폴 마스트로나르디는 자신의 집안이 캐나다에서 현대식 온실 농업의 토대를 닦았다고 주장한다. 그들의 이야기는 많은 부분에서 전형적인 이민자의 성공 스토리와 닮았다. 젊고 가난한 농부였던 폴의 증조부 아르만도는 일곱 명의 친구들과 함께 1923년 빌라 카날레의 이탈리아 농촌을 떠나왔다. 미국 동부뿐만 아니라 몬트리올과 토론토의 인구 팽창을 초래했던 이탈리아 이민자 물결 속 한 방물의 물이었다.

여덟 명의 이탈리아인은 캐나다 남단의 레밍턴에 도착했다. 그들은 이 지역이 지구상에서 11번째로 큰 담수인 이리호 덕분에 비옥한 토양과 온난한 겨울 날씨의 축복을 받아 농사를 짓기에 제격이라는 사실을 곧장 간파했다. 더구나 인근 하인즈 케첩과 피클 공장은 농부들에게 믿을만한 시장이었고, 노동자들에게는 안정된 일자리를 제공했다. 그들의 성공에 관한 과장된 소문은 빌라 카날레에 남아있던 가족과 친구들에게까지 퍼져서, 오래된 그 농촌 마을 인구의 3분의 1이 여덟 명 개척자들을 뒤따라 온타리오 남동부에 정착했다.

아르만도는 토마토 재배로 성공을 거두었고, 그의 아들 움베르토도 그랬다. 움베르토는 1940년대 초 네덜란드 여행 중 온타리오 농장과 달리 복잡한 온실에서 거의 일년 내내 토마토 농사를 짓는 것을 목격했다. 그때부터 네덜란드와 밀접한 관계를 맺기 시작한 움베르토는 온실 농사 기술을 온타리오에 도입했고, 이웃들도 곧 따라 했다. 그렇게 해서 도무지 어울려 보이지 않는 이탈리아인과 메노파Menno(16세기 종교개혁의 급진적 개혁운동인 재세례파에서 발생한 프로테스탄트 교회. 그들 역시 비슷한 시기에 러시아에서 이주해 왔다—옮긴이) 주민들이 결합한 이 마을은 세계적으로 막강한 온실 농업의 슈퍼파워가 되어갔다.

금보다 비싼 종자

"난 정말이지 가업을 이어받고 싶지 않았어요." 움베르토의 손자인 46세의 폴은 처음에는 토마토에 전혀 관심이 없었다. 그러나 대학에서 수학과 물리학을 전공한 후 할아버지 움베르토로부터 물려받아 농장을 운영하고 있던 아버지에게 한 가지 조건을 걸며 고향으로 돌아오겠다고 말했다. *크게 생각하자, 원대하게.* 더 많은 온실을 짓는 게 아니라 더 큰 온실을 짓자고 그는 제안했다. 수익성의 열쇠는 규모라고 판단해서였다. 그래서 전형적인 온실 규모가 5에이커이던 시기에 폴은 네덜란드의 기술과 인력을 이용해 북아메리카에 50에이커짜리 초대형 온실을 지었다.

폴은 그곳을 토마토로 채웠지만, 결과는 엇갈렸다. 고객들을 방문할 때마다 마스트로나르디는 플로리다 농부들도 지겹도록 듣는 불평을 들었다. 토마토가 맛이 없어졌다는 말이었다. 그는 더 나은 토마토를 찾아 네덜란드로 날아갔다. 그리고 네덜란드의 거대 종묘회사 엔자 자덴Enza Zaden에서 어떤 품종을 발견했다. "골프공만한 크기의 별난 토마토였어요. 맛은 좋았지만 그곳 외에 다른 시장에는 맞지 않아 보였죠. 그냥 기묘했어요. 하지만 맛이 워낙 뛰어났기 때문에 우리는 '이게 바로 사람들이 찾는 겁니다. 예전 토마토의 맛과 향이 나요.'라고 말했죠. 알다시피 시설농업의 장점은, 재배가 까다롭거나 과육이 단단하지 않은 품종도 가능하다는 점이죠. 기후에 구애받을 필요가 없거든요. 그래서 우리는 1994년에 그 품종을 들여왔고 시험 재배를 했죠."

시험 작물은 성공적이었다. 하지만 마스트로나르디에게는 자신의 새로운 품종을 다른 토마토들과 차별화할 방법이 필요했다. 슈퍼마켓에서 파는 생토마토는 캔 토마토와 달리 익명인 경우가 많았다. 그는 브랜드의 필요성을 깨달았다. 그래서 자신의 골프 공만한 토마토에 우정이라는 의미의 이탈리아어처럼 들리면서 기억하기 쉬운 '캄파리Campari'라는 이름을 붙여주었다.

크기가 작고 값이 비싼 캄파리는 어느 주류 브랜드와 겹치는 이름 탓에 소비자보다 변호사들의 구미를 더 당기면서 몇 년간 고전을 면치 못했다(마스트로나르디는 저작권 소송을 성공적으로 막아냈다). 하지만 토마토 애호가들 사이에서 그 토마토는 언제나 화젯거리였다. 그리고 어떻게 된 일인지 HBO에서 방영되던 토니 소프라노(HBO의 드라마 시리즈 〈소프라노스The Sopranos〉의 등장인물—옮긴이)의 주방에 캄파리 토마토 꾸러미가 등장하기 시작했다. 드라마를 보며 그 누구보다 놀란 사람은 마스트로나르디 자신이었다. 캄파리의 돛에 미풍이 불어왔다. 언론들이 관심을 보이고 식도락가들이 그 토마토에 대해 떠들기 시작했다. 캄파리는 높은 가격에도 불구하고 성공 가도에 올라탔다.

"세상에서 가장 비싼 토마토 종자라고 들었어요." 내가 마스트로나르디에게 말했다.

"저 위에 있죠."

"종자 1파운드에 15만 달러쯤 됩니까?"

물론 그는 대답하지 않을 터였다. 다만 이렇게는 말했다. "글쎄요, 내가 들려줄 수 있는 대답은, 만약 당신이 캄파리 씨앗이 가득 든 서류가방을 들고 여기를 걸어나가면 그게 수십만 달러어치가 될 거라는 사실 정도죠." 즉, 캄파리 종자는 그만한 무게의 금보다 훨씬 비싸다.

온실 안에서 식물을 재배한다는 아이디어

잘 보호된 환경에서 식품을 재배한다는 아이디어는 새로운 게 아니다. 고대 로마인들은 일년 내내 오이를(지금도 인기 있는 시설작물이다) 먹고 싶어하는 티베리우스Tiberius Julius Caesar Augustus(BC 42~AD 37. 로마제국의 제2대 황제—옮긴이) 황제를 위해 반투명 석고로 담을 친 작은 온상처럼 생긴 틀에서 오이를 길렀다.

로마의 겨울은 춥다. 현대적 온실의 선구자들은 밤이면 석고 틀 아래 달린 바퀴를 굴려 작물을 실내로 옮겨야 했다. 당연히 규모에 제약이 따를 수밖에 없었다. 해법은 분명해 보인다. 우리가 온실 난방을 할 때 참고할 만한 최초의 문헌은 1450년경 대한민국의 것이다. '온돌'이라 불리는, 지금도 한국의 가정에서 볼 수 있는 난방 시스템이다. 모두 잠들고 불길이 꺼진 후에도 두툼한

돌바닥이 온기를 품고 있는 이 시스템은 매우 현대적으로 들린다. 건축가 프랭크 로이드 라이트Frank Lloyd Wright(1867~1959. 동서양 건축을 융합해 유럽의 카피에 불과하던 미국의 건축이 독자적인 양식을 갖추고 이후 현대건축으로 나아가는 길을 제시했다—옮긴이)는 1905년에 아시아 여행을 하면서 한국의 온돌 집에 머물렀다. 그후 바닥 밑에서 불을 때는 한국의 전통적인 방식을 응용해 코일을 깔아서 온수를 순환시키는 복사 바닥 난방을 고안했다.

초기 온실의 크기는 제한적이었다. 르네상스 시대가 되어서야 크고 단단한 창문용 유리판을 제작할 수 있을 정도로 유리산업이 발전했다. 베르사유에 있는 150미터가 넘는 길이의 오랑제리에는 매우 많은 유리가 들어갔다. 샤또château('성'이라는 의미 프랑스어—옮긴이)의 공식 정원을 에워싸고 있는 귤나무 1,000그루의 월동을 위해 1684년에 건축되었다. 매년 가을이면 루이 14세의 정원사들은 묵직한 오크와 주철로 만든 화분(왕이 되고 싶은 사람이라면 베르사유의 기프트 숍에서 복제품을 구입할 수 있다)에 심긴 귤나무들을 모두 오랑제리로 옮겼고, 이듬해 봄에는 그 과정을 거꾸로 했다.

정원사들은 안타깝게 생각했을 것이다. "음, 이 우스꽝스러운 귤나무 집착도 왕께 함께 사라지겠지. 그때가 되면 이 녀석들도 수명을 다하겠지." 정말 안타깝게도 태양왕은 72년 하고 110일을 재위했고, 그 기록은 아직도 깨지지 않고 있다(엘리자베스 여왕,

당신을 지켜봤어요! 70년을 재위하고 떠난 여왕의 명복을 빌어요).

전제 군주를 몰아내고 아주 잠깐 자유의 공기를 음미하던 프랑스인들은 유명한 나폴레옹 보나파르트로 대표되는 전제적인 황제들을 맞았다. 그 나폴레옹의 조카인 샤를 루시앙 보나파르트 Charles Lucien Bonaparte(1803~1857)는 현대의 온실을 고안한 것으로 알려져 있다.

샤를은 저명한 자연주의자에 조류학자, 동물학자이면서 (삼촌으로서는 다루기 힘든) 열렬한 공화주의자였다. 미국에서 여러 해 조류를 연구하며 200종 넘는 새들을 발견하고 분류했으며 불과 스물두 살의 나이로 당대 가장 칭송받는 조류학자가 되었다. 미 서부 해안에서 흔히 보는, 검은 머리가 독특한 보나파르트 갈매기는 사람들의 짐작과 달리 저 유명한 삼촌이 아니라 샤를 루시앙의 이름을 딴 것이다.

샤를은 미국을 떠나 로마에 정착한 후 이탈리아의 동물들에 관한 책을 출판했다. '보나파르트'라는 성을 쓰는 이 프랑스인은 로마 민회에 선출되어 1849년 로마공화국Roman Republic(제2 로마공화국이라고도 부름. 주세페 마치니가 초대 총리를 맡았다―옮긴이)을 수립하는 데 참여했다. 그러나 가족이 프랑스로 돌아가는 바람에 민주주의에 대한 열정을 제대로 펼치지도 못했다. 당시 프랑스에서는 사촌인 루이(나폴레옹 3세가 된 샤를 루이 나폴레옹 보나파르트를 일컫는다)가 황제라는 칭호를 쓰는 두 번째 나폴레옹이 되었다. 친애하는 사촌이 4만 명의 프랑스 군대를 파견했을 때 샤를은 이탈리아 편에 서서 대항했지만 성공적으로 방어하지는 못했다. 그는 결국 이탈리아를 떠나 네덜란드 남부 라이덴으로 갔다. 폭넓은 취미를 가진 샤를은 관심사를 새에서 식물로 옮겼고, 라이덴에 세계 최초 현대식 온실로 간주되는 건축물을 만들었다. 약용 식물을 일년 내내 재배하고 연구하기 위해서였다.

평탄한 땅에 기후가 온난한 네덜란드 남부는 지금도 그렇지만 과거에도 온실에 이상적인 지역이었다. 그러나 네덜란드에 온실이 본격화된 것은 1세기 후 등장한 악명 높은 독재자와 관련이 있다. 1944~1945년의 대기근인 홍거윈터Hongerwinter 때 2만 명이 굶어 죽었던 네덜란드는 나치 점령기의 마지막 며칠 동안 일부 국민이 튤립 구근으로 연명할 정도로 비참한 시기를 겪었다. 전쟁이 끝난 후 네덜란드는 다시는 기근이 자신들의 영토를 휩쓸지 못하도록 하겠다고 맹세하며 '진심'으로 온실을 짓기 시작했다.

핵심은 '진심'에 있다. 오늘날 네덜란드 농업의 80퍼센트는 유리 안에서 이루어진다. 총면적 415만 4,000헥타아르에 불과한 작은 국가(웨스트 버지니아의 3분의 2밖에 되지 않는다)는 세계 2위의 농식품 수출국이다. 네덜란드보다 많은 농식품을 수출하는 나라는 오직 미국뿐이다. 그들은 온실 원예산업으로만 매년 1,000억 달러를 벌어들인다. 이런 괄목할만한 성과는 대규모의 환경 제어를 통해 대기와 뿌리의 온도, 빛, 물과 영양을 최적화하는, 세계 최고의 선진화된 농업 기술 덕분이다. 게다가 작은 땅덩어리의 25퍼센트를 온실 농업이 차지함으로써 가능했다. 25퍼센트라면 얼핏 대단하지 않게 들릴 수도 있다. 이해하기 쉽게 미국에 적용해 보면 코네티컷과 델라웨어, 로드 아일랜드 주가 모두 유리로 뒤덮이는 셈이다.

> "테루아르요? 우리는 온실에서
> 이미 그걸 구현하고 있습니다."

온타리오주 레밍턴의 온실은 네덜란드의 전문가와 설비, 소프트웨어, 종자, 인력을 이용해서 네덜란드 모델로 지어졌다. 얼른 그 안으로 들어가 보고 싶었다. 그러나 폴 마스트로나르디는 내게 두 가지 질문을 먼저 했다. "최근에 토마토밭에 간 적이 있습니까?" 여기저기 토마토밭을 누비고 다닌 나는 바짝 긴장했다. "혹시 그 밭에서 착용했던 신발과 바지를 그대로 착용하고 계신가요?" 나는 직전에 다녀온 이모칼리에서 내가 무엇을 신고 입었는지 기억하려 애썼다. 거절당하기 위해 100마일을 온 게 아니므로 더욱 긴장할 수밖에 없었다.

온실 관리자들은 늘 병충해를 걱정하지만 이번 겨울에는 경계가 더욱 삼엄했다. 토마토 브라운 루고스 프루트 바이러스tomato brown rugose fruit virus, ToBRFV에 대한 두려움 때문이다. 플로리다에서도 루고스에 관해 들었다. 루고스가 멕시코의 토마토 온실을 초 토화해서 플로리다 생산자들에게 이익이라는 내용이었다.

확실히 질병은 온실 농업에 내재한 주요 위험 중 하나다. 실내 재배는 페스트와 병원균을 막는 데 효과적이지만 만에 하나 뚫리면 속수무책으로 당할 수밖에 없다. 미 농무부USDA는 루고스의 미국 유입을 막기 위해 최근 캐나다에서 수입되는 채소를 비롯해 모든 수입 채소에 대한 검역을 강화한다고 발표했다. 이에 대응해 온타리오의 온실들도 전염의 위험 때문에 방문자의 접근을 보류했다(그리고 나서 몇 주일 후 훨씬 더 위험한 인간 바이러스, 코비드-19의 '선염' 공포로 일넌 반 동안 캐나다 국경이 폐쇄되었다).

다행히 마스트로나르디의 쇼케이스 온실(회사가 예비 고객과 언론사를 데리고 가는 곳이다)은 온타리오가 아닌 미시간주 콜드워터 국경 지역에 있다. 마스트로나르디가 나에게 얇은 흰색 점프 수트와 신발, 장갑, 그리고 모자를 건네주었다. 두 개의 펄럭이는 귀만 있으면 거대한 흰 토끼처럼 보일 터였다. 이윽고 나는 그의 발자국을 따라 살균제 웅덩이를 지나고 벽에 걸린 디스펜서에서 나오는 소독제로 장갑 낀 손을 비빈 다음 북미 최대의 가장 복잡한 온실로 들어갈 채비를 마쳤다.

온실의 크기는 헤아리기 어려울 정도다. 축구장만한 크기의 온실을 상상해보라. 매우 거대하다. 자, 이제 이런 축구장이 75개가 더 있다고 치면, 내가 들어와 있는 이곳에 대한 감이 올 것이다.

100에이커의 땅을 뒤덮은 유리와 철골 구조물. 몰 오브 아메리카Mall of America(미국 미네소타주 블루밍턴에 있는 쇼핑센터. 1992년 메트로폴리탄 스타디움의 부지에 세워졌다—옮긴이)보다 커서 길이가 1마일이나 된다. 고층빌딩을 옆으로 뉘어놓은 것과 같다. 만약 똑바로 세워놓으면 킹콩이 서 있을 공간을 포함해서 엠파이어 스테이트 빌딩 세 채를 쌓아놓은 것보다 높을 것이다. 이곳을 돌아보는 가장 좋은 방법은 자전거를 타는 것이다.

온실은 별개의 재배실로 나뉘어 있다. 내가 있는 곳은 1월의 늦은 오후에 너무 덥지도 너무 습하지도 않은, 쾌적한 아열대기후 같은 느낌이다. 머리 위쪽 키 큰 덩굴은, 이 온실에 오직 토마토Solanum lycopersicum만 있는 게 아니었다면 식물원을 연상케 한다. 수천 그루 토마토는 각각 전형적인 밭 토마토의 어깨높이까지 자란 후 두꺼운 넝쿨이 전기 케이블처럼 깔끔하게 모아지고 철사에 묶여 수평으로 뻗어 나가다 하늘을 향해 구부러지며 75피트(22미터)까지 자란다. 토마토가 덩굴 식물이라는 사실을 새삼 확인한다. 타잔이 그녀를 타러 오지 않을까 기대가 될 정도다.

천연가스 난방은 토마토 아래쪽에 줄줄이 늘어선 쌍둥이 온수 파이프로 이루어진다. 겨울에는 토마토의 맹렬한 요구(식물의 광합성에는 인간의 시력에 필요한 빛보다 50배 많은 빛이 필요하다)를 충족시켜줄 햇빛이 충분하지 않다. 따라서 디젤 발전기로 구동되는 고압 나트륨 전구와 LED 전구로 빛을 보충해준다. 이곳의 대기

농업의 미래를 보여줄 수도 있는 미시간주 콜드워터의 온실. 불이 환하고 훈훈한 이 온실은 길이가 1마일이 넘는다. (Mastronard Produce Limited 제공)

역시 다소 인위적이다. 밀폐된 공간이라 식물들은 가용할 이산화탄소를 빨리 소진하기 때문에 (광합성을 촉진하기 위한 여분을 더해) 그 부족분을 보충할 이산화탄소를 발전기의 배기가스에서 포집해 펌프로 넣어준다.

관리자들이 "농장"이라고 부르는 이 온실은 플로리다 토마토밭과 같은 게 하나 있다. 흙이 한 줌도 보이지 않는다.

이곳은 수경재배 농장이다. 식물들은 비활성의 락울ROCKWOOL 주머니에서 재배된다. 마르스토나르디의 설명에 따르면 "팝콘처럼 터져 섬유 유리처럼 보이는 물질이 될 때까지 가열한 현무암"이라고 한다. 그 사이로 영양분을 함유한 배양액이 흐른다. 액체는 여과되고 재활용되기 때문에 부산물이 땅으로 흘러드는 경우는 많지 않지 않다. 그때 어디에선가 숨어든 벌들을 봤다고 생각했는데 약 2.5미터 높이 있는, 마분지로 된 벌집이 보였다. 마스트로나르디가 그 벌집의 역할을 설명했다. "이곳은 바람이 불지 않아요. 그래서 어렸을 때 학교에서 돌아오면 토마토밭에서 토마토 가지를 흔드는 게 내 역할이었죠." 꽃가루를 암술머리에 묻히기 위해서였다. 그가 "절대로 가업을 물려받지 않겠다"고 한 것도 무리가 아니다.

말벌과 무당벌레도 동원된다. 녀석들은 우리가 먹을 수 있는 모든 것을 마음껏 섭취하는 대가로 이 농장에서 자신들의 임무를 수행한다. 현대의 온실들은 해충을 통제하는 종합적 병충해 관리 integrated pest management, IPM를 한다. 밭 토마토에 쓰는 일반적인 살충제 살포 대신 온실 속 농부들은 해충과 천적 관계인 곤충들을 이용한다. 토마토 잎에 붙어있는 무당벌레를 보며 마스트로나르디가 말했다. "무당벌레가 귀엽고 순하다는 말은 잊어요. 녀석들은 사악한 약탈자들이에요."

이 시스템은 매우 효과적이어서 통제 불가능한 상황이 일어나지 않는 이상 농약을 적게, 또는 전혀 사용하지 않는다. 그러나 자연을 상대로 하는 모든 일이 그렇듯 그것은 복잡한 작업이며 미묘한 균형이 요구된다. 마스트로나르디가 모든 전구를 저 전력 LED 전구로 교체했을 때 벌들이 궤도를 벗어나기 시작했다. IPM과 관련해서 마스트로나르디는 이렇게 회상한다. "말벌들이 얼마

미시간의 콜드워터에 있는 마스트로나르디의 온실 안, 내 눈으로 볼 수 있는 한계 너머까지 토마토가 늘어서 있다. (Matronardi Produce 제공))

나 유능하게 가루이를 박멸하는지, 굶어 죽는 말벌들이 계속 생겼죠. 그래서 교체해야 했죠.” 해법은 말벌의 개체수를 줄이고, 가루이는 좀 더 늘려서 말벌의 먹이가 될 만큼 유지하되 작물에 심각한 해를 끼치지 않을 정도로 미묘한 균형을 맞추는 일이다.

뒝벌, 무당벌레, 행복한 장수말벌과 익어가는 토마토…. 상상만 해도 행복한 그림이다. 밖에는 계속 눈이 내리고 나는 나른한 상상에 빠졌다. 나에게 (병에 든) 캄파리(달콤쌉쌀한 맛이 나는 이탈리아산 빨간색 주류, 식전주로 즐긴다―옮긴이)와 간이 의자만 하나 주면 여기에서 겨울 휴가를 보낼 수도 있겠군. 비록 상상 속의 낙원이 한순간 폼페이가 될 수도 있지만…. 2013년, 메인주 매디슨의 백야드 팜 온실에서 그런 일이 일어났다. 농부들은 균형이 깨져버린 온실을 구하기 위해 토마토 마을을 파괴해야 했다. 무시무시한 가루이 해충을 말벌로는 도저히 통제할 수 없게 되자 농민들이 온실 전체를 살균하기 전 50만 그루에 이르는 토마토 나무를 통째로 뽑아버린 것이다.

내 눈에는 근사하게 잘 익은 열매들에 달라붙은 그 무엇도 보이지 않았다. 얼마 안 되는 인부들이 수확하는 모습뿐. 공장형 농장이라기보다 공장의 작업 현장을 연상시키는 이 풍경 속에서 일꾼들은 항공기에 밀키트를 싣는 장치와 비슷해 보이는 유압 승강기에 앞에 서 있었다. 쪼그려 앉거나 손을 길게 뻗지 않아도 바로 위에 있는 토마토에 손이 닿았다. 그들이 파이프 트롤리라고 부르는 것이 난방을 제공하는 레일 위로 토마토 줄을 따라 조용히 이동하고 있었다. 일꾼들은 일정한 속도로 토마토를 땄다. 내가 이모칼리에서 목격했던 것처럼 몰아치듯 정신없이 따지 않았다.

대부분 라틴계 이민자인 일꾼들은 시간당 15달러의 임금을 받는다. 이에 더해 이모칼리의 일꾼들처럼 무료 숙식이 제공되고 생산성에 따른 보너스를 받는다. 다만 플로리다 노동자들이 토큰을 받아 주머니에 챙겨 넣는 것과 달리 이곳은 모든 게 RFIDRadio-Frequency Identification(주파수를 이용해 ID를 식별하는 방식으로 일명 전자태그로 불린다. 전파를 이용해 먼 거리에서 정보를 인식하는 기술—옮긴이) 트래킹 태그로 자동 기록된다.

향후 18개월간의 주문량 예측부터 환기, 물, 비료의 미세 조정까지 모든 관리는 컴퓨터로 제어된다. 마스트로나르디는 10년 내로봇이 알맞게 익은 과실을 인식하고 훼손 없이 조심스럽게 따는 등 수확도 하게 될 거라고 말했다.

대단히 인상적이고 청정하며 미래적이었지만 이런 식의 농사가 밭 토마토와 비용 면에서 경쟁이 될지 의문이 들었다. 온타리오에서는 1에이커의 땅을 단돈 500달러에 임대할 수 있다. 하지만 이런 스케일로 시설농업에 진입하려면 자그마치 1억 달러의 비용이 든다. 온실을 짓는 데만 들어가는 비용이다. 일단 생산에 들어가면 난방, 인공 광원, 수경재배 시스템 유지, 매년 성장 배지 교체 비용, 인건비(매년 모종을 일일이 손으로 뿌리줄기에 이식한다), 온실 유지 보수, 그리고 일반적인 농장 일꾼이 버는 것보다 높은 임금 등 비용이 추가된다. 나는 마스트로나르디 씨에 물었다. "혹시 내가 모르는 게 있나요?"

수확량이었다. 이산화탄소가 풍부하게 조절되는 환경에서는 품종에 따라 75피트(23m)까지 자라고, 밭에서 자라는 토마토보다 10~20배까지 많이 수확한다고 했다. 육종가들이 밭 토마토의 수확량을 늘릴수록 맛은 희생되었다는 점을 명심하라. 플로리다 대학교의 샘 허튼이 지적했듯 한정된 잎이 더 많은 개수의 과실을 위해 당분을 광합성하기 때문이다. 그러나 키가 떡갈나무만큼 자라고 꽃에 비해 잎의 비율이 높은 무한생장 품종을 키우는 이 온실에서는, 광합성의 양이 많아진다.

전형적인 밭 토마토는 6~8주 동안 열매가 달리는 반면 온실 토마토는 40주 동안 계속해서 과실을 수확할 수 있다. 100에이커짜리 이 온실이 플로리다 농장에 비하면 시시해 보일 수 있지만, 생산량은 플로리다의 수천 에이커짜리 대규모 농장 여러 개와 맞먹는다. 게다가 마스트로나르디는 자신의 온실이 가뭄이나 홍수, 우박 또는 상류에 위치한 돼지 농장으로부터 대장균이 감염돼 작물을 잃을 염려가 없다고 자신했다. 그리고 대량 구매자가 중시하는 게 한 가지가 있다면 공급망으로서의 신뢰다.

마스트로나르디는 말했다. "70년 전 제 증조부와 조부가 처음 온실 토마토를 판매하기 시작했을 때 소매상들은 '누가 밭 토마토보다 두 배나 비싼 온실 토마토를 돈 주고 사먹겠냐?'고 그랬답니다. 실제로 그때는 그랬죠. 요즘은 밭 토마토 재배 비용보다 15퍼센트 더 들어가는 정도입니다. 북미 어디에서 재배하느냐에 따라 밭 토마토 작물보다 싸게 먹힐 수도 수 있고요."

웬디스가 현재 모든 토마토를 온실 토마토로 충당하고 있다는 사실보다 더 확실한 가격 지표는 없을 것이다. 웬디스는 소비자들에게 토마토의 질을 위해서라고 그럴듯하게 설명했지만 이모칼리노동자연합의 공정식품 프로그램에 서명하는 것을 거절해서 사실상 플로리다 출입을 차단당했기 때문이다.

설령 토마토가 조금 더 비싸더라도 소비자들은 기꺼이 지갑을 연다고 마스트로나르디는 말했다. 온실 토마토는 프리미엄 제품으로 보이기 때문이다. 나는 어떻게 토양도 없이 인공적인 빛 아래서 자란 온실 토마토가 밭 토마토보다 우수할 수 있는지 물었다. "맛을 우선해서 품종을 기를 수 있거든요." 그가 설명했다. "우리는 유통의 편리성이나 과육의 단단함에 크게 신경 쓸 필요가 없습니다." 아무리 그래도 배양액에서 자라는 수경재배 토마토들이다. 어떻게 토양의 미량 원소에서 나오는, 말로 표현하기 힘든 테루아르를 얻을 수 있을까?

마스트로나르디는 테루아르의 중요성을 "터무니없는 것"이라고 간단히 치부했다. "토마토의 맛과 모양에 절대적인 영향을 주는 것은 유전자입니다. 우리는 작물에 필요한 영양소가 무엇인지 제대로 이해하고 그걸 보충해주는 거죠." 실제로 그의 목표는 테루아르를 제거하는 것이다. 그가 원하고 소비자가 기대하는 것은 브리티시 컬럼비아의 온실에서 기르는 캄파리 토마토든 미시간에서 기르는 캄파리 토마토든 똑같은 맛을 내는 것이기 때문이다. 그런 면에서 그의 접근법은 일부 생수 제조업자들의 논리와 별다르지 않다. 그들은 순수한 물H_2O의 기준치에 맞추기 위해 수돗물에서 모든 성분을 제거한 다음 특유의 맛을 내는 미량금속을 최종 제품에 주입한다. "그렇게 해서 매번 원하는 방식으로 맛을 내죠." 그가 말했다.

그러나 지금 우리는 물에 대해 말하는 게 아니다. 나는 와인에 관해 내가 아는 유일한 지식을 가지고 반박했다. 쇼비뇽 블랑sauvignon blanc과 상세르Sancerre 와인은 프랑스의 같은 지역, 같은 포도로 만들지만 루아르Loire 강을 끼고 서로 반대편인 토양은 매우 달라서 나처럼 12달러짜리 와인을 마시는 입맛도 그 차이를 알 수 있다고.

"그게 바로 토양에서 나오는 겁니다." 마스트로나르디가 대꾸했다. "우린 비료에 그런 미량금속을 넣습니다. 비밀 소스죠. 내게 맛좋은 밭 토마토 품종을 주면 온실에서 길러 더 맛 좋게 만들 수 있습니다."

그렇지 않아도 나는 온실을 돌아다니며 토마토를 시식해보았다. 내 여름 토마토밭을 포기할 생각은 없지만, 이것들도 나쁘지 않았다. 실제로 어떤 것은, 특히 포도와 캄파리의 중간쯤 되는 작은 품종은 꽤 맛있었다. 대량 판매 시장을 위해 재배되는 평균 크기의 토마토는 역시 겨울 토마토 맛이지만, 판단은 소비자에게 달렸다. 미국의 많은 지역에서는 온실 토마토를 멀리에서 찾을 필요가 없다. 캐나다 온실 농업은 단지 당신이 사는 지역의 농장이 휴지기일 때 그 공백을 메우거나 플로리다 토마토를 대체하는 비수기의 채소 공급자가 되기를 원치 않기 때문이다. 그들은 당신의 주요 채소 공급원이 되기를 원한다. 일년 열두 달. 게다가 이런 성장은 캐나다에 국한되지 않는다. 온실 채소 생산은 모든 대륙에서 따라잡기 힘들 정도로 급속히 증가하고 있다. 미국에만 현재 수경재배 농장이 2,300개나 있다.

날로 증가하는 숫자에는 도시와 도시 근교의 창고나 공장을 재활용해 여러 층으로 높이 쌓아올린 '수직농장vertical farms'도 포함된다. 이런 농장에서는 1에이커의 땅에서 400에이커의 전통적인 농장에서 재배하는 것만큼 많은 작물을 재배할 수 있다고 주장한다. 따라서 우리가 슈퍼마켓에서 사 먹는 상추나 고추, 오이, 토마토 등은 미국이나 캐나다, 멕시코 심지어 이스라엘의 온실에서 재배되었을 가능성이 점점 커지고 있다.

그리고 이제 그 항목에 베리 류까지 추가될 수 있다. 마스트로나르디는 콜드워터에 있는 2에이커의 온실에 신품종 딸기를 재배하기 위한 테스트 베드를 만들었다. 그중 어떤 것은 아주 맛있어서 집에서 기르는 딸기가 생각났다. 이 딸기들은 플로리다 토마토를 재배하는 밭과 똑같이 독성 있는 모래밭에서 재배되는 맛없는 플로리다 딸기를 대체할 수 있으며 또 그래야 한다.

신선함이 생명이거나 조심해서 다뤄야 할 필요가 없는 채소들조차 실내로 들어오고 있다. 네덜란드의 최대 수출 농산물 중 하나는 온실에서 재배한 양파다. *우리는 얼마나 이런 식으로 갈까, 아니 갈 수 있을까?*

지속 가능한 미래인가, 한물간 과거의 유물인가?

온실 재배는 유럽에서는 이미 흔한 것이 되었다. 네덜란드 토마토의 5퍼센트는 온실에서 재배되고, 이런 온실 중에는 마스트로나르디의 거대한 미시간 온실의 1.5배 규모가 되는 것도 있다. 그리고 이 경제모델이 점차 매력적으로 보이면서 다른 나라들도 열심히 따라가고 있다. 네덜란드의 기술만큼 인상적인 점은 유럽의 토마토 대부분이 이렇듯 영구적이고 고비용인 복잡한 구조물뿐만 아니라, 우리가 상상할 수 있는 저低 기술의 온실 밀집지에서도 생산된다는 사실이다. 스페인 남부 해안의 노두露頭(광맥, 암석이나 지층, 석탄층 따위가 지표에 드러난 부분—옮긴이)인 알메리아 Almería 근처에는 100스퀘어마일(약 250제곱킬로미터)의 바닥을 뒤덮은 비닐하우스가 밀집해있다. 우주에서 가장 눈에 잘 띄는 인공 구조물로도 유명한 곳이다.

이 지역은 온난하고 햇살 좋은 기후로 난방이나 빛을 보충할 필요가 없다. 대신 얼기설기 조립한 메탈 프레임과 목재로 만든 지지대에 값싸고 폐기하기 쉬운 폴리에틸렌(유럽에서는 폴리텐이라고 부른다) 시트를 덮어 겨울을 나는 동안 작물을 적당히 보호해준다. 거기에다 값싸고 해고가 쉬운 아프리카 노동력을 이용해 매년 350만 파운드의 토마토를 비롯한 채소들을 공급한다. 한마디로 유럽판 이모칼리다.

국제우주정거장에서 찍은 스페인 알메리아 지역의 비닐하우스, 폴리텐의 바다. (Courtesy NASA/JPL-Caltech.)

누군가 "폴리텐의 바다Costa del Polyhthen"라고 표현한 이 일회용 비닐 쓰레기는 환경의 재앙이다. 그러나 이 비닐 시트는 뜻밖의 방식으로 지구를 도와주고 있는 것 같다. '온실 효과'는 이 경우 다른 의미를 갖는다. 빙하 크기의 이 비닐 시트는 빛을 반사해 10년에 0.5℃씩 이 지역의 기온을 떨어뜨리는 반면 스페인의 나머지 지역과 전 세계는 나폴리 피자의 오븐처럼 데워준다.

스페인 남부와 같은 기후를 갖지 못한 지역들은 네덜란드와 캐나다의 실내 유리 온실 기술 쪽으로 꾸준히 이동하고 있다. 유리 온실 옹호자들은 실외 농업에 비해 유리한 점을 말하기 좋아한다. 이를테면 농약을 95퍼센트 줄이고, 물도 90퍼센트 절약하며,

환경에 끼치는 영향을 최소화하면서 더 안전한 식품을 생산하고, 홍수 서리 우박 고온의 영향을 차단하고, 주요한 인구 밀집지에 근접해 있어서 모두가 "지역 농산물을 먹을 수 있다."

그러니, 싫을 게 뭐 있겠는가?

그런데…, 나는, 그러니까 망가지는 게 싫다. 뉴잉글랜드의 마을 하나 크기인 22℃ 온실 안에서 토마토를 먹으며 나는 새삼 바깥은 꽁꽁 언 날씨라는 사실을 깨달았다. 그래서 묻지 않을 수 없다. 1월의 따뜻하고 환한 캐나다 온실에서 재배되는 토마토의 탄소 발자국은 얼마나 될까?

믿어 주시라. 나는 무조건 비판하는 사람은 아니다. 과학자와 소비자들은 소고기 생산과 함께 농업에서 배출되는 온실가스를 점점 더 주시하고 있다. 2019년 미국 민주당이 그린뉴딜Green New Deal(루즈벨트 대통령이 경제 대공황을 극복하기 위해 인프라 투자로 일자리를 늘리고 경제활동 환경을 개선한 것처럼 친환경적인 인프라에게 투자하여 사람과 환경을 다 같이 살리자고 방향을 제시한 정책이다—옮긴이) 정책에서 농업으로 인한 온실가스를 언급할 필요가 있다고 지적한 후 우리 입에서 햄버거를 빼앗으려 한다는 비난이 터져 나오며 논쟁이 불붙었다. 실제로 소나 소고기와 관련된 정책은 없었다. 초선의 여성 하원의원실에서 'FAQ' 자료집을 발간하고 후원자인 알렉산드리아 오카시오 코르테즈Alexandria Ocasio-Cortez 의원이 "방귀 뀌는 소가 내뿜는 메탄"을 넌지시 언급하자 갑론을 박이 벌어졌다.

과학적으로는 "트림하는 소"가 더 정확하다. 그러나 사실 농업에서 배출되는 탄소는 자동차나 버스, 열차, 항공기 모두에서 배출되는 탄소에 비해 전 세계 온실가스 배출량의 4분의 1도 되지 않는다.

설령 농업에서 배출되는 온실가스 대부분이 채소가 아니라 육류나 가금류, 유제품 생산에 의한 것이라는 사실을 인정한다 해도, 실내 농업으로의 이동을 통해 그 지분을 증가시킬 때는 아닌 것 같다. 그럼에도 이런 현상은 공론화나 정치적 논의 또는 관련 정책이 마련되지 않은 채 진 세계적으로 진행되고 있다.

이로 인한 영향을 측정하려면 산수가 필요하다. 즉, 이런 움직임을 선도하는 온실 재배 토마토의 탄소 발자국을 계산할 필요가 있다. 식품 1파운드당 배출되는 탄소의 양 혹은 그에 상응해 온실가스에 영향을 주는 다른 요소의 양으로 규정되는 이 숫자를 도출하는 일은 매우 복잡하고 수고스럽다. 토마토를 기를 때 배출되는 탄소만 계산하지 않기 때문이다. 전 과정 평가life cycle assessment(제품 시스템의 전 과정에 걸친 투입물과 산출물에 의해 발생할 수 있는 잠재적 환경 영향을 정성적·정량적으로 평가하는 기법—옮긴이)라고 해서, 온실을 짓는 것부터 그것을 운영하는 데 들어가는 연료, 거기서 발생하는 쓰레기 처리에 들어가는 연료에 이르기까지, 전체 과정에서 발생하는 온실가스를 계산에 넣어야 한다.

신뢰할 만한 숫자 도출을 어렵게 하는 요소는 당혹스러울 정도로 많다. 온실의 위도, 실외 온도, 연료 공급원, 일조시간 같은 중요 변수가 장소마다 달라지기 때문이다. 레밍턴 주변의 기후는 이리호 덕분에 비교적 온난하지만 레밍턴 북쪽 130마일에 걸쳐 있는 메인주 매디슨의 백야드 팜 온실은 겨울이 되면 해가 짧아져 1만 시간짜리 고압 나트륨램프를 사용한다. 미국의 평균 가정에서 일년 동안 사용하는 전력량을 32분 만에 소진하는 셈이다. 다행히 수력발전소에서 전기를 끌어오는 덕분에 광원의 탄소 발자국은 무시해도 될 정도다(비록 청정에너지를 사용하지만, 그렇지 않았으면 공공 전력망을 사용했을 것이다).

복잡함과 불확실성을 고려할 때 분석 방법에 따라 숫자가 달라지는 것은 놀랍지 않다. 일반적으로 북쪽의 온실에서 재배되는 토마토 1파운드는 3.0~3.5파운드의 탄소 발자국을 남기는데 (천연가스로) 온실을 데울 때 배출되는 양이 3분의 2를 차지한다. 나머지는 인공 광원과 설비, 폐기물, 포장, 그리고 미네랄 울 생육배지 생산에서 발생한다.

비교를 위해 사과 1파운드는 0.25~0.5파운드의 탄소발자국을 배출한다. 뿌리채소도 마찬가지다. 소고기의 온실가스 배출에 대한 불명예는 충분히 그럴만하다. 만약 소들을 국가로 치면 지구상에서 세 번째로 많은 온실가스 배출 국가가 될 것이다. 스테이크 1파운드의 탄소발자국은 약 26파운드다.

좋다, 그럼에도 우리는 먹어야 한다. 따라서 진정한 질문은 온실 토마토가 실외 토마토, 특히 중요한 경쟁 상대인 플로리다 토마토와 비교해 얼마나 많은 탄소를 배출하는가이다.

밭에서 기르는 토마토의 탄소 발자국은 0.25에 불과하다. 게다가 대부분은 비료와 훈증제가 아산화질소로 분해되는 과정에서 나온다. 아산화질소는 온실가스를 유발하는 힘이 이산화탄소보다 300배 강력하다. 0.25파운드 대 3파운드의 탄소 배출량. 누가 봐도 온실 재배가 지구 온난화에 관한 한 불리한 패처럼 보인다.

그러나 아직 끝나지 않았다. 운송을 고려할 필요가 있다. 인구 밀집지 근처에서 주로 재배하는 온실 작물들과 달리 남부 플로리다에서 재배하는 토마토는 냉장 트럭에 실려서 전국으로 이송된다. 따라서 이 주에서 저 주로 이동하면서 뿜어내는 탄소는 이 숫자를 더욱 높일 것이다.

하지만, 생각보다 많지는 않다. 특히 '푸드마일리지food miles'(지구 온난화에 미치는 영향을 포함하여, 식량의 환경 영향을 평가할 때 사용되는 하나의 요소, 1990년대 초 영국에서 시작된 평가 도구로, 농산물이 생산, 운송, 유통 단계를 거쳐 소비자의 식탁에 이르는 과정에서 소요된 거리를 말한다─옮긴이)를 생각해온 사람이라면 더욱 그렇게 느낄 것이다. 로커보어locavore(자신의 거주 지역에서 재배한 제철 음식을 그때그때 소비하는 트렌드나 사람을 가리키는 신조어─옮긴이)가

되는 이유는 여럿일 것이다. 다만 탄소발자국을 줄이기 위해 로커보어가 되기로 했다면 설득력을 얻기 힘들다. 중요한 것은 식품이 우리에게 도착하는데 걸리는 거리가 아니라 방법인 것으로 밝혀졌다. 육상과 해상으로 식품을 운송하는 것은 탄소발자국에 놀랄 만큼 미미한 영향을 끼친다(항공기는 완전히 다른 이야기다).

스페인 최남단의 알메리아에서 배로 운송되어 오스트리아 빈에 도착한 토마토는 빈의 첨단 온실에서 키운 토마토에 비해 탄소발자국 크기가 절반밖에 되지 않는다. 친절한 지역 농부가 75마일 떨어진 밭에서 기른 수백 파운드의 농산물을 고물 유틸리티 트럭에 싣고 일요일 아침 시장에 가지고 나올 경우, 1,000마일 떨어진 리프먼 패밀리 농장에서 15톤의 토마토를 트랙터 트레일러로 실어 올 때보다 파운드당 탄소 배출량이 더 많다.

플로리다 토마토를 트럭에 싣고 북쪽의 시장으로 이동할 때 추가되는 탄소 배출량은 거리에 따라 0.25파운드 남짓 더해져서 플로리다 토마토의 최종 누적 탄소 배출량은 0.5 파운드가량 된다. 이 말은 플로리다의 밭 토마토보다 전형적인 온실 토마토의 탄소 배출량이 최소 6배가 더 많다는 뜻이다. 따라서 점점 더 온실 농업으로 옮겨가는 추세에 대해 이렇게 묻는 게 나을 것이다. *북부의 온실은 지속 가능한 미래인가, 아니면 이미 한물간 과거의 유산인가?*

온실 재배 기술과 생산에 있어 모든 것을 시작했고 현재 세계

선두를 달리는 네덜란드에 대해 야스퍼 숄튼Jasper Scholten에게 이 질문을 던졌다. 전 과정 평가 애널리스트인 숄튼은 국제 농업 및 식품 부문 내 환경과 지속가능성 문제를 전문적으로 다루는 네덜란드 기업 블롱크 컨설턴트Blonk Consultants에서 일하고 있다.

"지속 가능하지 않습니다." 그는 네덜란드에 있는 자신의 사무실에서 비디오 링크를 통해 단호하게 말했다. "지금 하는 방식은 지속 가능하지 않습니다."

그런데 네덜란드에서 지금 하는 방식은 적어도 북미의 방식에 비하면 꽤 앞서가고 있다. 네덜란드의 대규모 온실은 대부분 난방과 전력을 동시에 해결하는 CHP(열병합 발전)를 이용한다. 이럴 경우 천연가스로 온실을 데우고 공공 전력망에서 전기를 끌어오는 방식보다 에너지를 절반만 사용한다.

열병합 발전(미국에서는 흔히 '폐열 발전'이라고 부른다)의 원리는 대기로 흩어지는 폐열 대부분을 이용해서 전기를 만들어내는 것이다. 따라서, 온실 주변에 CHP 발전기를 설치하면 토마토에 공짜로 난방을 제공할 수 있다. 더불어 남는 전기는 그리드로 보내 전력회사로부터 상당한 대가를 받는다. 적어도 네덜란드에서는 새로운 CHP 발전기가 탄소와 스모그를 배출하는 오래된 석탄 발전소를 대체하고 있다. 말 그대로 윈윈이다. 적어도 대체할 석탄 발전소가 남아 있지 않게 될 때까지는, 숄튼도 그 점은 인정한다. 그가 말했다. "네덜란드는 천연가스에서 재생 에너지로 넘어가고 있습니다." 재생 에너지란 지열을 가리키는데, 네덜란드의 서쪽에서 자주 볼 수 있다. "만약 그렇지 않다면 온실 농업은 지속 가능성이라는 측면에서 꽤 어려워질 겁니다."

2050년 지구상의 인구는 100억 명, 누가 이들의 식량을 책임져야 하나?

남은 내 샐러드가 더 쓰게 느껴지지 않을까 싶다. 최근 들어 나는 또 다른 겨울철 온실 채소에 매료되었다. 뿌리가 그대로 붙어있고 머리가 자그마한 버터 크런치 상추다. 한때 값이 비싼 외래종이었던 이 상추는 이제 캘리포니아 상추와 경쟁을 벌이고 있다. 이 식물은 내 카트에 담겨있을 때도 여전히 살아있기 때문에 서부에서 트럭에 실려 오는 상추에 비해 신선함에 있어서 몇 광년 앞선다(실제 유통기한은 약 일주일이지만 상추에 비하면 몇 광년이다). 플라스틱 케이스에 담겨서 유통되는 점은 마음에 들지 않는다. 하지만 그 점만 눈감아주면 2월의 쌀쌀한 저녁 식사 때도 맛좋은 샐러드를 즐길 수 있게 해주는 진정한 선물이다.

아니 그랬다. 온실 채소에 대한 숄튼의 비관적인 전망을 듣고 나니 닐 맷슨에게 연락하면 내 속이 더욱 쓰릴 것 같았다. 코넬대학교 부교수인 닐 맷슨은 온실 재배의 환경 문제를 연구하고 있다. 맷슨 교수는 뜻밖에도 온실 채소가 남기는 더 큰 탄소발자국은 우리가 더 많이 먹으면 상쇄되고도 남는다며 나를 응원해 주었다.

언뜻 "이거 조롱인가?" 생각이 드는 개념이다. 하지만 맷슨이 설명하기를 채소, 심지어 비효율적인 온실에서 재배하는 채소라고 해도 대부분의 동물성단백질보다는 탄소발자국이 적게 배출된다. 12온스의 스테이크 만찬을 대규모 온실 재배 샐러드로 교체하면, 하다못해 스테이크(치킨이나 콩이 더 낫겠지만) 양을 줄이고 샐러드를 곁들이면 결과적으로 탄소 배출량이 확! 줄어든다. 덤으로 건강 문제를 해소해 매년 수백만 달러를 아낄 수 있다. 따라서 온실이 우리가 일년 내내 더 많은 채소를 먹을 수 있게 충분히 질 좋은 농산물을 생산한다면 온실가스를 줄이는 데 의미 있는 역할을 할 수 있다.

게다가 지구 온난화가 지구를 위협하는 유일한 환경 문제는 아니라고 맷슨은 지적했다. 사실 온난화는 기후 변화의 유일한 영향도 아니다. "우리는 몇 년간 캘리포니아에 대 가뭄이 들었을 때 확인했어요. 우리가 원해도 거기에서 농산물을 재배할 수 없게 될지도 모릅니다."

그 대화를 나누고 불과 9개월이 지났을 때, 닐 맷슨은 과학자라기보다 신탁을 받은 사제가 아닐까 싶은 생각이 들었다. 내가 이 책을 쓰는 동안 미국 남서부는 "역사적인 대 가뭄"이라고 불리는 위기를 맞았다. 캘리포니아와 더불어 미국의 최대 상추 생산지인 애리조나는 밭 10에이커 중 9에이커가 '심각한 가뭄'을 겪었다. 미국의 최대 저수조이며 한때 남서부의 든든한 수원지였던 미드호수는 물 빠진 욕조 같은 몰골을 드러냈다. 1930년대 건설된 이후 호수는 저수량이 최저수준으로 떨어졌다. 게다가 겨우 6월이었다.

농업이 세계 담수 사용량의 70~90퍼센트를 차지하고, 중요한 대수층帶水層(지하수를 함유한 다공질 삼투성 지층—옮긴이)이 급격히 소진됨에 따라 물 부족은 국가적·지구적으로 중대한 이슈가 됐다. 그에 따라 전통적인 농업보다 물을 90퍼센트나 적게 사용하는 온실 재배가 매력적인 대안으로 떠오르고 있다. 실제로 온실 재배는 환경적으로 이익이다. 농약 사용부터 비료 유출로 인한 하천과 수로의 부영양화eutrophication(하천과 호수에 유기물과 영양소가 들어와 물속 영양분이 많아지는 것—옮긴이)까지, 아무리 따져보아도 에너지를 많이 잡아먹는다는 점 말고는 환경적으로 이익이다. 게다가 맷슨은, 농장 일꾼들을 점점 더 구하기 힘들어지면서 로봇화된 온실이 현실적으로 필요해질 거라고 암시했다.

지속가능성에 관해서는 창조적으로 대책을 강구해야 한다는 점에서 맷슨과 숄튼은 의견을 같이한다. 마스트로나르디의 농업 회사는 온타리오 솜브라에 소위 말하는 완전한 탄소 중립 온실을 짓고 있다. 근처 비료 공장의 남는 열과 이산화탄소를 이용해 식물을 기르는 시스템이다. 또한 온타리오주에서는 토양이 나빠도 빠르게 성장하는 버드나무 같은 바이오 연료biofuel(석탄·석유 등 전에 생물체였던 물질로 된 연료—옮긴이)로 전기 에너지를 만드는 실험을 하고 있다. 적어도 이론상 바이오 연료는 탄소를 재활용하는 기계다. 연료를 태우면 성장 사이클에서 나무가 흡수한 탄소를 대기에 돌려준다.

브렉시트 전 사실상 토마토를 전량 수입했던 영국은 이제 막 폐수 처리 시설 옆에 초대형 온실을 두 동 지었다. 폐수 처리 시설의 폐열을 이용해 온실 난방을 함으로써 그들은 이제 토마토 수요의 12퍼센트를 자체 공급할 수 있을 거라고 기대한다. 그리고 에너지와 광합성에 효율적인 광원도 개발 중이다.

지속가능성은 제쳐두고라도 시설농업을 선택이 아닌 필수라 생각하는 사람들도 있다. 전 세계 인구는 2050년에 현재보다 20퍼센트 많은 100억 명이 될 것이고, 지난 8,000년 간 그래온 것처럼 다가올 30년 동안 그만한 식량 증산이 필요할 것이다. 이는 어마어마한 도전이다.

할 수 있는 잡종화는 모두 했고 옥수수와 토마토 같은 작물의 생산량은 이미 엄청나게 늘었다. 숲을 밭으로 바꾸는 정책이 환경적으로 역효과를 낳으면서 우리에게는 늘어나는 식량 수요를 어디에서 충당할 것인가 하는 질문이 남겨졌다.

이 변화는 어쩌면…, 토마토의 귀향일지도

미시간에서 비행기를 타고 집으로 오는 동안 다소 멍한 느낌이었다. 내 여행 가방은 다시 토마토로 채워졌다. 나는 토마토의 과거를 파헤치느라 꽤 오랜 시간을 보냈다. 그러나 하루 만에, 말 그대로 내 탐험의 마지막 날에 전혀 예상치 못한 토마토의 미래를 보게 되었다. 크리스마스 날을 맞은 스크루지처럼, 나는 내가 본 것과 내가 예상하는 것들이 시사하는 바를 정리하려고 애썼다. 놀라운 신세계에서는 토마토뿐만 아니라 땅에서 기르는 양파와 높은 가지에 달린 과일에 이르기까지, 슈퍼마켓 농산물 코너에 있는 거의 모든 작물이 미기후microclimates(고정된 장소, 좁은 지역 내의 기후 차이—옮긴이)까지 정밀하게 조정되는 실내에서 재배될 것이다. 나아가 컴퓨터로 관리되고, 로봇이 수확하며, 무인 트럭으로 운송될 것이다.

3,000년 농업 역사상 최초로, 비옥한 토양이라든지 생장에 유리한 날씨의 축복 따위는 필요 없게 되었다. 한편으로 한때는 가난한 이민자를 비롯해 튼튼한 허리와 일손이 되어줄 가족만 있으면 누구에게나 개방되었던 수익형 농업에 진입하는 비용은 이제 1억 달러에 이르렀다. 작물은 가뭄의 영향을 덜 받는 대신 (압력이 가중되는) 전력망에 의존한다. 흰색 점프슈트와 유압 승강기는 블루진과 트랙터를 밀어냈다. 따라서 100에이커짜리 수경재

배 온실에 잠재적인 지장이 생겼을 때 당신은 농업의 혁신을 찾기 위해 맥코믹Cyrus Hall McCormick(1809~1884. 19세기에 자동수확기를 최초로 발명한 맥코믹 농기구 회사 설립자─옮긴이) 수확기로 돌아가야 할지도 모른다.

지나치게 나아간 미래의 비전처럼 느껴져서, 이렇게 글로 쓰면서도 주저하는 나 자신을 발견한다. 독자들은 내가 마스트로나르디의 체리향 쿨에이드에 취한 게 아닐까 의심할지도 모른다. 하지만 이는 그리 멀지 않은 디스토피아적 미래다. 게다가 네덜란드에서는 이미 눈 앞에 펼쳐진 엄연한 현실이다. 많은 이가 아직 실감하지 못하는 까닭은 미국에서 큰 부분을 차지하고 있는 남부 캘리포니아와 플로리다의 쌍둥이 곡창지대에서 아직 그런 일이 일어나지 않아서일 것이다. 하지만 켄터키에서 뉴욕 업스트테이트까지 농업지역 곳곳에는 이미 초대형 온실과 수직 농장들이 들어서고 있다.

두렵고, 살짝 불안해진다. 다만 농업에서 지속적인 게 한 가지 있다면 변화다. 기계화, 잡종화, 토종 씨앗의 보존 같은 변화가 없었다면, 우리 사회는 우리가 아는 지금처럼 존재할 수 없었을 것이다. 모든 생명과 사고, 혁신은 양분에서 나오기 때문이다. 그리고 지금도 그렇듯 앞으로 수십 년 내 그 양분의 공급원이 온실이 된다면 당연히 토마토로부터 시작될 것이다.

수경재배 온실이 일종의 귀향을 의미한다면, 여기에는 멋진 대칭이 있다. 아즈텍의 치남파에서 수경재배로 길러진 최초 작물인 토마토가 500년 후, 마치 줄곧 그 시절을 그리워했던 것처럼 이때다, 하고 가장 먼저 수경재배로 돌아가는 것은 어쩌면 당연하다.

그리고 '때'는 바로 지금이다. 토마토가 지금보다 더 인기 있고 전망이 밝은 때가 있었던가. 남아메리카의 작고 쌉쌀한 열매로 시작한 토마토는 많은 중요한 세상 이벤트에 등장하는 채소계의 젤리그Zelig(어떤 상황에서도 자유자재로 변신하는 사람, 인간 카멜레온. 우디 앨런의 모큐멘터리에서 유래했다—옮긴이)로 간주될 수 있을 것이다. 고대의 번성했던 문명이 하루아침에 증발하는 것을 목격했고, 과잉된 르네상스의 희생양이었으며, 새로운 국가의 식재료에 대변혁을 일으켰다. 이런 채소가 어떻게 한동안 잊힐 수 있었는지 의아할 정도다.

토마토는 이제 남극 대륙을 포함해 모든 대륙에서 재배된다. 지구의 중력 따위에 구애받지 않는다. 최초의 유인 우주선을 타고 화성까지 무사히 여행도 했다. 게다가 오늘날 전 세계 파머스 마켓에는 테오치티틀란의 장날 이후로 보지 못했던 옛 토마토와 새 토마토들이 넘쳐난다. 그뿐인가. 뒷마당과 마을 공동 텃밭을 차지한 홈 가드너들은 최신 잡종부터 우리를 먼 조상과 땅, 기나긴 역사와 연결지어주는 에어룸 토마토까지, 유례없이 다양한 품종의 씨앗을 선택할 수 있다.

올여름에 내가 기르고 있는 에어룸 토마토는 골동품이라고 부르는 게 낫다. 1949년 테노치티틀란 근처 야생에서 채취한 'Acession LA0146'이라고만 알려진 이 품종은 피사의 대성당 문에 새겨진 토마토처럼 골이 깊게 진 특성을 지니고 있다. 뭐, 그렇게 오래되지는 않았다. 그러나 U.C. 데이비스 캠퍼스 토마토 유전자원센터의 센터장이자 전설적인 찰리 릭의 후배인 로저 체틀랫은 이 토마토를 통해 초기의 토마토들이 어땠는지 대략 짐작할 수 있을 거라고 귀띔했다.

3월 이후 나는 이 귀중한 씨앗을 몇 개 길러왔다. 처음에는 실내 불빛 아래서 파종을 하고, '인큐베이터'보다 몸집이 커지자 화분으로 옮겼다가 다시 텃밭에 옮겨 심었다. 마멋과 사슴의 침범을 막으려고 1,000볼트의 전기 펜스도 쳤다. 염소의 잉태 기간과 맞먹는 시간이 요구되는 토마토 기르기는 웬만한 믿음이 없으면 어렵다. 다행히 나의 인내심은 보상을 받았고, 올해 8월 오후 처음으로 토마토 몇 개가 익은 것을 발견했다.

맛을 위해 심은 토마토가 아니었다. 게다가 수십 년간 인위적인 선택이나 육종으로 혜택을 본 토마토도 아닌 점을 고려해서 나는 맛이 덜할 거라고 예견했다. 토마토는 본질적으로 풀이며, 16세기 이탈리아인은 식용보다 관상용으로 길렀다. 다만 나에게는 소명이 있었다. 이 귀하고 골이 진 야생 토마토의 맛이 어떤지 알아야만 했다.

시식 결과는? "나쁘지 않았다." 브랜디와인은 아니지만 나는 기분 좋게 놀랐다. 예상했던 쓴맛이나 신맛은 없었다. 일단 그 깊은 주름이 없다고 치면, 오랜 세월 사람들에게 외면당했을 이 야생 식물은 오히려 여느 파머스 마켓에는 어울리지 않게 현대의 토마토와 맛과 모양이 비슷한 에어룸이었다.

나는 토마토를 가로로 잘랐다. 골이 깊어서 슬라이스한 모양이 멋진 별처럼 보였다.

앤은 배가 고픈지 재촉했다. "어서 비엘티 샌드위치를 만들어요." 우리는 샌드위치를 만들었다. 이윽고 샌드위치를 한 입 베어문 아내의 입에서 부드러운 신음이 흘러나왔다. 기분이 좋아질 때 앤이 본능적으로 내는 그 소리를 나는 들었다. 우리는 말 없이 경건하게, 역사를 음미하며 샌드위치를 먹었다.

샌드위치를 다 먹은 내가 앤에게 소감을 물었다. 앤이 미소지으며 내게 반문했다. "당신 생각은 어떤데요?" 한 손에 쥔 토마토의 무게감이 느껴졌다. 진홍빛 표면에 반사된 햇빛을 천천히 응시하는데 마지막 한 입의 여운이 오래도록 혀끝에 감돌았다. "근데 말이야, 이 토마토에 미래가 있을까?"

| 감사의 말 |

농업과 식품에 관련된 책을 쓰면서 얻은 보상 중 하나는 보기 드
물게 온화하고 다정하며 자기 일에 열정을 지닌 이 분야 종사자들
을 만나는 기쁨이다. 이 책을 위한 취재와 자료조사가 코로나-19
로 인한 팬데믹과 거리 제한의 스트레스 속에서 진행되었다는 사
실만으로도 그들의 너그러움과 폭넓은 지원은 더욱 귀하다.

먼저 내가 전 메디치가의 궁전을 돌아볼 수 있게 허용해준 피
사 지방의 행정관prefetto에게 감사드린다. 그 방문은 결연한 의지
와 이메일 교환, 뉴욕의 마크 카르손-셀먼과 이탈리아의 기요마
르 파라다 간 수차례 전화 통화가 없었으면 성사되지 못했을 것
이다. 마찬가지로 폐관 시기에 파스타와 토마토 박물관을 방문하
게 배려해준 지울리아 마리넬리와 엘레나 하미시아에게도 고마
운 마음을 전한다. 캄파니아에서 산 마르자노 토마토의 전설을

들려준 빈센초 지오와 그의 친구들에게도 고마움을 전한다. 역사가들에게도 공평하게, 나는 데이비드 젠틸코어에게도 큰 신세를 졌다. 그의 책 《포도모로!》는 이탈리아의 토마토 역사에 관한 결정판이다. 마르게리타 피자의 기원에 관해 큰 깨우침을 주고 인터뷰에 응해준 재커리 노왁도 빠뜨릴 수 없는 은인이다.

미국으로 돌아와, 먼저 코네티컷주 하트포드의 워즈워스 아테나움 미술관의 에린 몬로와 커트니 허버트에게 감사를 전한다. 세일럼 카운티 역사학회의 커트 하커, 로널드 맥길, 캠벨 수프 컴퍼니에서 근무한 도트 홀, 럿거스대학교의 토머스 오톤, 알렉스 델콜로. 존슨 대령부터 토마토 관련 산업까지 미국에서의 초기 토마토의 역사는 역사가 존 호잉과 앤드류 F. 스미스의 광범위한 조사가 큰 도움이 되었다. 그들은 미국의 토마토 역사에 관해 뛰어난 논문을 썼다.

버피 사의 조지 볼에게도 큰 신세를 졌다. 그는 주어진 시간을 훨씬 지나서까지 인터뷰에 응해주었다. 그리고 사이먼 크로포드가 있다. 그는 첫째, 나에게 잡종 번식 기술과 이론을 가르쳐주느라 시간과 인내심을 발휘했고, 둘째, 런던에서 개최된 2021년 첼시 가든쇼에 이 책 《세상을 바꾼 10개의 토마토*Ten Tomatoes That Changed the World*》를 출품하라고 제안하며 실물 버전을 만들어주었다. 존 하인즈 의원 역사박물관의 큐레이터 에밀리 L. 루비에게도 고마움을 전한다. 그녀는 헨리 J. 하인즈와 케첩의 역사에 관련된 정보와 기록 사진을 제공해주었다. 작가 해럴드 맥기와 크레이그 르홀리에 는 관대하게도 자신들의 시간과 귀중한 통찰력을 주었다.

플로리다 '매츄어 그린' 토마토는 흔히 비난을 당하지만 나는 리프먼 가족농장 관계자들을 절대로 비난할 수가 없다. 그들 모 두 친절하고 솔직했으며 자신의 시간과 정보를 내주었다. 특히 나에게 전 공정을 보여준 켄트 슈메이커에게 감사를 전한다. 그 밖에도 기꺼이 여러 날 인터뷰와 투어, 질문 공세에 응해준 토비 퍼스, 마크 바리노, 크리스 캠벨에게도 고마움을 전한다. 플로리 다의 토마토 산업에 관한 배경 자료를 제공해준 플로리다 토마토 거래소 마이클 샤들러의 도움도 빠뜨릴 수 없다.

플로리다대학교 걸프만 연구소의 샘 허튼은 귀중한 자료를 이 용하게 허락해주었을 뿐만 아니라 바쁜 연구와 강의 스케줄에도 하루를 할애하여 토마토 식재를 위해 준비 중인 모래 토마토밭으 로 나를 데려가 주었다.

코넬대학교의 닐 맷슨과 블롱크 컨설턴트의 야스퍼 숄튼은 온 실 채소 재배의 지속가능성에 대해 전문지식을 공유해주었다. UC 데이비스 토마토 유전자원센터의 로저 체틀랫은 자신들의 컬 렉션에서 야생 멕시코 토마토 종자를 나에게 주었다. 캐나다에서 는 스브포치와 딘 테일러가 레밍턴의 온실 역사에 관련된 정보를 공유해주었고 폴 마스트로나르디 농장 방문을 주선해주었다. 폴 은 플로리다의 농장 관계자들과 마찬가지로 친절하게, 기꺼이 시간을 내주었다.

도서관 사서 스튜어트 모스의 도움이 없었으면 내 조사는 훨씬 더 어려웠을 것이며 자칫하면 제대로 마치지도 못했을 것이다. 그는 나에게 흐릿한 예전의 신문기사라든지 내가 요구한 책 요약본을 몇 시간 내에 제공해주었다. 또한 댄 스키너, 베아트리스 우기, 로라 마텔리, 네이딘 클레이만의 헌신에도 감사한다. 절친 잭 훅스는 내 초고를 읽고 통찰력 깃든 피드백을 주었다.

유능한 에이전트 몰리 프레더릭과 헤더 카에게도 깊은 감사를 전한다. 기획부터 출판, (말 그대로 내가 가장 원할 때) 치킨 수프까지 전 과정을 통해 나를 이끌어주었고, 이 책을 위해 완벽한 출판사와 완벽한 에디터 매디 콜드웰을 연결해주었다. 첫 페이지부터 끝날 때까지 그들의 탐색과 호기심, 날카로운 에디터 시각이 텍스트에 더해졌다.

마지막으로 가장 큰 감사는 존경하는 아내 앤 멀린을 위해 아껴두었다. 내가 또다시 책을 쓰는 동안 기꺼이 참고 견뎌준 아내 앤 멀린은 글로벌 펜데믹 동안 한 번도 아니고 두 번이나 마스크를 쓴 채 이탈리아로 끌려다녀야 했다. 대부분의 남편들이 집에 머물며 아내에게 갓 구워낸 맛있는 사워도우 빵을 한 덩이 더 먹으라고 권유할 때 말이다.

물론 상황이 허락했다면 나라도 그랬을 테지만.

Alberts, Robert C. *The Good Provider: H.J. Heinz and His 57 Varieties*. Boston: Houghton Mifflin, 1973.

Allen, Arthur. *Ripe: The Search for the Perfect Tomato*. Berkeley: Counterpoint, 2010.

Brown, Martin, and Peter Philips, "Craft Labor and Mechanization in Nineteenth-Century American Canning." *Journal of Economic History* 46, no. 3 (1986): 743–56.

Dickie, John. Delizia! *The Epic History of the Italians and Their Food*. New York: Free Press, 2008.

Dienstag, Eleanor Foa. *In Good Company: 125 Years at the Heinz Table, 1869–1994*. New York: Warner, 1994.

Dunn, Daisy. *The Shadow of Vesuvius: A Life of Pliny*. New York: Liveright, 2019.

Estabrook, Barry. *Tomatoland: How Modern Industrial Agriculture Destroyed Our Most Alluring Fruit*. Kansas City: Andrews McMeel, 2011.

Gentilcore, David. *Pomodoro! A History of the Tomato in Italy*. New York: Columbia University Press, 2010.

Gladwell, Malcolm. "The Ketchup Conundrum." *New Yorker*, September 6, 2004.

Goldman, Amy. *The Heirloom Tomato: From Garden to Table; Recipes, Portraits, and History of the World's Most Beautiful Fruit*. New York: Bloomsbury, 2008.

Helstosky, Carol. Pizza: *A Global History*. London: Reaktion, 2008.

Hoenig, John. *Garden Variety: The American Tomato from Corporate to Heirloom.* New York: Columbia University Press, 2018.

Hyman, Clarissa. *Tomato: A Global History.* London: Reaktion, 2019.

Jordan, Jennifer A. Edible *Memory: The Lure of Heirloom Tomatoes and Other Forgotten Foods.* Chicago: Chicago University Press, 2015.

———. "The Heirloom Tomato as Cultural Object: Investigating Taste and Space." *Sociologia Ruralis* 47, no. 1 (2007): 20–41.

Kummer, Corby. "Pasta." *Atlantic*, July 1986.

LeHoullier, Craig. *Epic Tomatoes: How to Select and Grow the Best Varieties of All Time.* North Adams, MA: Storey, 2015.

Levine, Ed. *Pizza: A Slice of Heaven.* New York: Universe, 2005.

Long, Janet. "Tomatoes." In *The Cambridge World History of Food.* Cambridge: Cambridge University Press, 2000.

Martineau, Belinda. *First Fruit: The Creation of the Flavr Savr Tomato and the Birth of Genetically Engineered Food.* New York: McGraw Hill, 2001.

Mattozzi, Antonio. *Inventing the Pizzeria: A History of Pizza Making in Naples.* New York: Bloomsbury, 2009.

Miller, Henry I, and Gregory P. Conko. *The Frankenfood Myth: How Protest and Politics Threaten the Biotech Revolution.* Westport, CT: Praeger, 2004.

Mukherjee, Siddhartha. *The Gene: An Intimate History.* New York: Scribner, 2016.

Nowak, Zachary. "Folklore, Fakelore, History: Invented Tradition and the Origins of the Pizza Margherita." *Food, Culture & Society* 17, no. 1 (2014): 103–12.

Ott Whealy, Diane. Gathering: *Memoir of a Seed Saver.* Decorah, IA: Seed Savers Exchange, 2011.

Parasecoli, Fabio. *Al Dente: A History of Food in Italy.* London: Reaktion, 2014.

Prezzolini, Giuseppe. *Spaghetti Dinner.* Greenville, OH: Coachwhip, 2018.

Restall, Matthew. *When Montezuma Met Cortés: The True Story of the Meeting*

That Changed History. New York: HarperCollins, 2018.

Rozin, Elisabeth. "Ketchup and the Collective Unconscious." *Journal of Gastronomy* 4, no. 2 (1988): 45–55.

Skrabec, Quentin R., Jr. H.J. Heinz. *A Biography. Jefferson*, NC: McFarland, 2009.

Smith, Andrew F. "The Making of Robert Gibbon Johnson and the Tomato." *New Jersey History* 108 (1990): 59–74.

———. *Pure Ketchup: A History of America's National Condiment*. Columbia: University of South Carolina Press, 1996.

———. *Souper Tomatoes: The Story of America's Favorite Food*. New Brunswick, NJ: Rutgers University Press, 2000.

———. *The Tomato in America: Early History, Culture, and Cookery*. Columbia: University of South Carolina Press, 1994.

Whealy, Kent, and Arllys Adelmann, eds. *Seed Savers Exchange: The First Ten Years*. Decorah, IA: Seed Saver Publications, 1986.

옮긴이 이은정

숙명여대 영어영문학과를 졸업한 뒤 전문번역가로 일하고 있다. 옮긴 책으로 《와일드우드》《언더 와일드우드》《와일드우드 임페리움》《나는 혼자 여행중입니다》《올빼미는 밤에만 사냥한다》《찰리와 소매치기단》《지방은 어쩌다 공공의 적이 되었나》 외 다수가 있다.

세상을 바꾼 10개의 토마토

첫판 1쇄 펴낸날 2022년 12월 5일

지은이 | 윌리엄 알렉산더
옮긴이 | 이은정
펴낸이 | 지평님
본문 조판 | 성인기획 (010)2569-9616
종이 공급 | 화인페이퍼 (02)338-2074
인쇄 | 중앙P&L (031)904-3600
제본 | 서정바인텍 (031)942-6006
후가공 | 이지앤비 (031)932-8755

펴낸곳 | 황소자리 출판사
출판등록 | 2003년 7월 4일 제2003-123호
대표전화 | (02)720-7542 팩시밀리 | (02)723-5467
E-mail | candide1968@hanmail.net

ⓒ 황소자리, 2022

ISBN 979-11-91290-17-2 03900